Bibliografische Information Der Deutschen Nationalbibliothek
Die Deutsche Nationalbibliothek verzeichnet diese Publikation
in der Deutschen Nationalbibliografie; detaillierte
bibliografische Daten sind im Internet über
https://www.dnb.de abrufbar.

Sebastian Turner / Stephan Russ-Mohl (Hrsg.)
Deep Journalism.
Domänenkompetenz als redaktioneller Erfolgsfaktor
Schriften zur Rettung des öffentlichen Diskurses, 5
Köln: Halem, 2023

Print: ISBN 978-3-86962-660-4
E-Book (PDF):   ISBN 978-3-86962-658-1
E-Book (EPUB):   ISBN 978-3-86962-659-8

ISSN 2699-5832

Den Herbert von Halem Verlag erreichen Sie auch im
Internet unter https://www.halem-verlag.de
E-Mail: info@halem-verlag.de

Dieses Buch wurde auf FSC©-zertifiziertem Papier gedruckt.

UMSCHLAGGESTALTUNG: Claudia Ott, Düsseldorf
UMSCHLAGFOTO: Jay Zynism, istock, Getty Images
LEKTORAT: Rabea Wolf
SATZ: Herbert von Halem Verlag
DRUCK: docupoint GmbH, Magdeburg
Copyright Lexicon © 1992 by The Enschedé Font Foundery
Lexicon ® is a Registered Trademark of The Enschedé Font Foundery.

Schriften zur Rettung des öffentlichen Diskurses

Sebastian Turner / Stephan Russ-Mohl (Hrsg.)

Deep Journalism

Domänenkompetenz als redaktioneller Erfolgsfaktor

HERBERT VON HALEM VERLAG

Die Reihe *Schriften zur Rettung des öffentlichen Diskurses*

Warum ist der lagerübergreifende öffentlich-demokratische Diskurs gefährdet, ja geradezu ›kaputt‹? Weshalb ist der öffentliche Wettbewerb auf dem Marktplatz der Ideen ins Stocken geraten? Und welche Rolle spielen dabei Digitalisierung und Algorithmen, aber auch Bildung und Erziehung sowie eskalierende Shitstorms und – auf der Gegenseite – Schweigespiralen bis hin zu Sprech- und Denkverboten?

Die Reihe *Schriften zur Rettung des öffentlichen Diskurses* stellt diese Fragen, denn wir brauchen Beiträge und Theorien des gelingenden oder misslingenden Diskurses, die auch in Form von ›Pro & Contra‹ als konkurrierende Theoriealternativen präsentiert werden können. Zugleich gilt es, an der Kommunikationspraxis zu feilen – und an konkreten empirischen Beispielen zu belegen, dass und weshalb durch gezielte Desinformation ein ›Realitätsvakuum‹ und statt eines zielführenden Diskurses eine von Fake News und Emotionen getragene ›Diskurssimulation‹ entstehen kann. Ferner gilt es, Erklärungen dafür zu finden, warum es heute auch unter Bedingungen von Presse- und Meinungsfreiheit möglich ist, dass täglich regierungsoffiziell desinformiert wird und sich letztlich in der politischen Arena kaum noch ein faktenbasierter und ›rationaler‹ Interessenausgleich herbeiführen lässt. Auf solche Fragen Antworten zu suchen, ist Ziel unserer Buchreihe.

Diese Reihe wird herausgegeben von Stephan Russ-Mohl, emeritierter Professor für Journalistik und Medienmanagement an der Università della Svizzera italiana in Lugano/Schweiz und Gründer des *European Journalism Observatory*.

Inhaltsverzeichnis

Teil 3   Das Konzept auf dem Prüfstand

Domänenkompetenz in der journalistischen Arbeit

Relevanz für die PR

Teil 4   FAQ

Vorwort
Das Neue am Deep Journalism:
Wie er wieder möglicher wird

In diesem Buch geht es um Journalismus mit Tiefgang, also um guten Journalismus. Der muss nicht erfunden werden – es gibt ihn bereits. Aber er ist massiv unter Druck. Warum stellen wir dann den gründlichen, inhaltlich hochkompetenten Journalismus als ›Deep Journalism‹ sprachlich in eine Reihe mit bisherigen Versuchen, den Journalismus bedeutsam oder auch nur behutsam fortzuschreiben und weiterzuentwickeln, wie etwa mit den Bezeichnungen ›New Journalism‹, ›Gonzo Journalism‹, ›Investigative Journalism‹, ›Slow Journalism‹ und ›Constructive Journalism‹?

Wir wollen mit Deep Journalism unter den vielen zur Oberfläche drängenden Spielarten des heute praktizierten Journalismus die Form herausstellen, die für das Gemeinwesen am wichtigsten ist.

Diese Art von Journalismus braucht ein neues wirtschaftliches Fundament. Dazu wollen wir einen Beitrag leisten, indem wir unsere beiden Wirkungsfelder verbinden – die Medienforschung und die Medienpraxis – und einen publizistischen Ausweg aufzeigen aus der wirtschaftlichen und damit qualitativen Abwärtsspirale. Unsere These: Wer auf Deep Journalism setzt und sein Geschäftsmodell darauf ausrichtet, der kann nicht nur seinen publizistischen Erfolg steigern, sondern auch sein ökonomisches Ergebnis. Kurz: *Deep Journalism for higher return on investment*, also auch zur Ertragssteigerung im Medienbetrieb.

Wer für den Qualitätsjournalismus einen neuen publizistischen Ansatz entwirft, der sollte ihn von allen Seiten kritisch prüfen und diskutieren lassen. Genau darum haben wir einen hervorragenden Kreis von Köpfen aus Theorie und Praxis gebeten, deren Beiträge Sie in diesem Buch versammelt finden.

Die Diskussion ist damit aber nicht abgeschlossen – sie ist eröffnet. Wir bitten um Ihre Anregungen, Verbesserungen und Kritik, je tiefgehender, desto besser: stephan@russ-mohl.de und sebastian.turner@table.media

Die Herausgeber, im Mai 2023
Stephan Russ-Mohl / Sebastian Turner

TEIL 1

Einführung

STEPHAN RUSS-MOHL / SEBASTIAN TURNER

Deep Journalism
und was ihn ausmacht

Über Domänenkompetenz, Vertikalisierung und Rebundling

Die Hiobsbotschaften zur Entwicklung der Nachrichtenmedien und des Journalismus reißen nicht ab. In den USA sind die Redaktionen in den letzten Jahren dramatisch geschrumpft. Auf lokaler und regionaler Ebene bricht das Ökosystem des Journalismus weg, das in Amerika einmal nicht zuletzt aus beeindruckenden Regional- und zahllosen Lokalzeitungen bestand. Mancherorts fällt inzwischen der Journalismus als ›vierte Gewalt‹ und Kontrollinstanz der Mächtigen nahezu komplett aus. Aber auch bei uns häufen sich die schlechten Nachrichten: Mit Entlassungswellen und Frühpensionierungen gehen jeweils heftige Verluste an journalistischer Kompetenz und redaktionellem ›Gedächtnis‹ einher.

Da lohnt es sich – und dies ist Sinn und Zweck des vorliegenden Buches –, auf Ideen und Modelle zu schauen, welche die Spirale des Niedergangs umkehren könnten: Mit mehr journalistischer Qualität ein besseres Geschäft zu machen – das ist die Herausforderung. Die Erfolgsbeispiele in diesem Buch reichen von Berlin über Hamburg bis Greifswald, und weitere Vorbilder gibt es in Washington und Brüssel. Sie verbindet: An erster Stelle steht der Anspruch, in einer Domäne so gut zu sein, dass dies dem Publikum etwas wert ist, sich also in Zahlungsbereitschaft bestimmter Zielgruppen niederschlägt. Wir haben dafür aus der Bildungsforschung den Begriff der *Domänenkompetenz* übernommen. Sie ist der Schlüssel zu Deep Journalism.

Zwei medienwirtschaftliche Techniken helfen, um Deep Journalism in Erlöse zu verwandeln und damit wirtschaftlich tragfähig zu machen: *Vertikalisierung* und *Rebundling*. Vertikalisierung heißt: In den jeweiligen Domänen oder Themenfeldern wird noch mehr in die Tiefe gebohrt. Was solche Bohrungen zutage fördern, ist nicht für alle, aber für Viele Geld wert, nicht als Rohmaterial, sondern nach entsprechender Filterung, Weiterverarbeitung und Fokussierung auf das, was bestimmte Zielgruppen unbedingt wissen sollten.

Hier kommt Rebundling ins Spiel – die erarbeiteten Rechercheresultate werden in neu gebündelten Produktformen angeboten, die den jeweiligen Zielgruppen bei der Informationssuche Zeit ersparen. Bei einer Großstadtzeitung können das Bezirksnewsletter sein, bei einem Wochenblatt für das akademische Milieu Magazine rund ums Studieren und bei einer populären Zeitschrift für Sozialwissenschaft sogar Bücher. Nichts davon erscheint revolutionär. Damit kann es umso leichter auch für andere Medien, die ihre Qualität halten oder sogar steigern möchten, anregend sein.

Deep Journalism ist also das Ziel. *Domänenkompetenz* gilt es auszubauen, zum Teil auch wiederherzustellen, um dieses Ziel zu erreichen, statt weitere Streichkonzerte in den Redaktionen zu veranstalten. Vertikalisierung und Rebundling sind die Werkzeuge, um für journalistische Domänenkompetenz Zahlungsbereitschaft zu generieren.

Wir haben uns für Deep Journalism als Formel entschieden, weil auf Deutsch ›Tiefenjournalismus‹ oder ›vertiefender Journalismus‹ weitaus weniger attraktiv klingt, auch wenn letztlich dasselbe damit gemeint ist: ein Journalismus, der unvoreingenommen und gründlich recherchiert, der im Sinne Max Webers dicke Bretter bohrt, der Hintergründe ausleuchtet, der Zusammenhänge herstellt und sich nicht von der Flut von PR-Zulieferungen überschwemmen lässt. Das setzt voraus, dass in der Redaktion hervorragende Sachkompetenz personell verankert ist. Themen sollten aus verschiedenen Perspektiven beleuchtet werden – und statt die Mediennutzer zu missionieren, sollten Journalisten ihr Bestes geben, um ›treuhänderisch‹, also im wohlverstandenen Interesse ihrem Publikum zu den Informationen zu verhelfen, die dieses zur Bewältigung ihres jeweiligen Alltags braucht.

Unser Schlüsselbegriff hierfür ist ›Domänenkompetenz‹, sprich: Sachkompetenz im jeweiligen Berichterstattungsfeld. Redaktionen, die weiterhin einen journalistischen Anspruch haben und nicht nur mit der Copy-and-Paste-Taste Pressemeldungen vervielfältigen, sind auf solche Domänenkompetenz angewiesen – insbesondere in den Bereichen, in denen Nachrichten anfallen, die für große Segmente des eigenen Publikums wichtig sind. Es braucht in den Redaktionen Spezialisten, die sich in ihren jeweiligen Domänen auskennen, um mit Erfolgsaussichten Fake News und auch die Aushöhlung des Journalismus durch immer versiertere Public Relations einzudämmen. Aber es gilt auch, dem Alarmismus zu begegnen, mit dem tagtäglich viele Medien nicht nur die Klickzahlen nach oben treiben, sondern immer wieder den Weltuntergang einläuten – und mit ihren Übertreibungen bewirken, dass teils ihre Glaubwürdigkeit schwindet, teils Fehlentscheidungen getroffen werden. Möglichst sollten in Redaktionen mehr als nur eine Person wichtige Themen regelmäßig bearbeiten und die zuständigen Redakteure Zeit und Ressourcen haben, um an Issues auch dranzubleiben.

Wenn das so ist: Gibt es Möglichkeiten, die Domänenkompetenz der Redaktionen zu stärken? In welchen Bereichen ist das

Konzept erfolgversprechend, beispielsweise zahlungsbereite, hochspezialisierte Zielgruppen und Entscheider mit verlässlich recherchierten Newslettern in ihrer jeweiligen Domäne zu versorgen und dabei einen Teil der Erkenntnisse mithilfe der breitstreuenden Medien in den öffentlichen Diskurs einzubringen?

Klärungsbedürftig erscheint uns auch, ob und inwieweit Domänenkompetenz für Journalisten und Journalistinnen bei ihrer Karriereplanung individuell wichtig ist und welche Rolle sie bei Personalentscheidungen der Chefredaktionen spielt. Ist Domänenkompetenz eine Karrierefalle (im Hinblick auf eine Festanstellung) oder ein Honorarkiller (für Freelancer)? Ist Domänenkompetenz ein Berufsmerkmal, das angestrebt wird? Wie sehen erfahrene ›Veteranen‹ des Journalismus die Entwicklung von Domänenkompetenz im Rückblick?

Sodann gilt es, zu differenzieren und weitere Erfolgsmodelle zu identifizieren: Welche Beispiele gibt es bei der Presse? Wie ist es bei ARD und ZDF um die öffentlich-rechtliche Domänenkompetenz bestellt? Wie lässt sich in vernachlässigten Feldern Domänenkompetenz entwickeln? Welche Rolle spielen Kommunikationsabteilungen, wenn sie kompetente Journalisten aufnehmen und damit auch aus Redaktionen abziehen? Welche Folgen hat es, wenn sich Domänenkompetenz in die PR verlagert?

Fragen über Fragen, denen die Einzelbeiträge in diesem Reader nachspüren. Zur Exploration haben wir sehr bewusst ein breites Spektrum von Autorinnen und Autoren gewonnen, seien das Journalisten, Medienmanager oder Wissenschaftler. Das garantiert unterschiedliche Sichtweisen, führt gelegentlich zu Widersprüchen, ergibt aber doch insgesamt ein Bild, das den apokalyptischen Visionen vom Niedergang des Journalismus und der Demokratie einen Hoffnungsschimmer am Horizont entgegensetzt.

Wer sich nicht in nostalgischer Schönfärberei verlieren möchte, wird konzedieren, dass Deep Journalism und damit Domänenkompetenz schon immer ein Programm für Minderheiten und für Bildungseliten gewesen ist und das wohl auch bleiben wird. Domänenkompetenz ist damit kein Patentrezept zur Lösung aller Probleme des Journalismus. Aber sie ist – um den Philosophen Odo Marquardt zu zitieren – nicht zuletzt »Inkompetenzkompensationskompetenz«. Das Bandwurmwort hätte Mark Twain Freude bereitet. Aber: Gibt es eine größere, eine vornehmere, eine herausforderndere Aufgabe für den Journalismus, als Inkompetenz zu kompensieren?

Die Einzelbeiträge

Die beiden Herausgeber eröffnen den Diskurs: SEBASTIAN TURNER stellt nicht nur sein Konzept von Deep Journalism und Domänenkompetenz vor, sondern skizziert auch seine bisherigen Erfahrungen bei der Umsetzung, zunächst beim Turnaround des *Tagesspiegels*, dessen Herausgeber und Teilhaber er viele Jahre war, dann im eigenen Medien-Start-up Table.Media, das inzwischen zehn Professional Briefings herausgibt, die auf zahlungsbereite Zielgruppen ausgerichtet sind. Dabei profitieren von der Arbeit dieser domänenkompetenten Redaktionen immer wieder auch große, breitstreuende Nachrichtenmedien.

STEPHAN RUSS-MOHL bettet in seinem Beitrag das Konzept der Domänenkompetenz in den größeren Kontext der Aufmerksamkeitsökonomie ein. Er arbeitet heraus, für welche Art von Nachrichten bei bestimmten Zielgruppen Zahlungsbereitschaft besteht – und wo nicht. Und er beschäftigt sich mit der Frage, wie sich sinkende Aufmerksamkeitsspannen, aber auch Aufmerksamkeitsschwankungen und -zyklen sowie die von Redaktionen in Echtzeit messbare Aufmerksamkeit, die Mediennutzer journalistischen Beiträgen widmen, auf die Domänenkompetenz auswirken.

Wir haben sodann einen Medienforscher, eine Grenzgängerin zwischen Wissenschaft und Journalismus sowie einen erfahrenen Praktiker gebeten, ausführlich zu diesen Beiträgen Stellung zu beziehen. Als Wissenschaftler beschäftigt sich CHRISTOPHER BUSCHOW mit den medienwirtschaftlichen Potenzialen und den gesellschaftlichen Risiken von Deep Journalism und Domänenkompetenz in einem digitalen *high choice media environment*. Dass sich in Marktnischen mit mehr Domänenkompetenz journalistisch profitabel arbeiten lässt, bezweifelt er nicht. Aber er sieht auch die damit einhergehenden Gefahren verstärkter Spaltung der Gesellschaft in ›Haves‹ und ›Have Nots‹ qualifizierter Information. Dabei sind wir angesichts der wachsenden Komplexität der Gesellschaft und unserer eigenen begrenzten Nachrichtenverarbeitungskapazität auch bei funktionierendem domänenkompetenten Journalismus vermutlich dazu verurteilt, nur in ganz wenigen, überschaubaren Feldern als ›Informationsbesitzer‹ am öffentlichen Leben teilzuhaben, während jeder von uns in weitaus mehr Bereichen ein ›Habenichts‹ bleibt, der letztlich Experten vertrauen muss, die in einem bestimmten Feld besser Bescheid wissen.

ALEXANDRA BORCHARDT startet mit dem Verweis, der Journalismus sei in der Vergangenheit nie so gut gewesen, wie viele seiner Produzenten behaupten. In die Zukunft gewandt und vor allem den Mediennutzern zugeneigt, sieht sie viele neue Möglichkeiten, Qualität auf eine andere Ebene zu heben. Borchardt war viele Jahre in Führungspositionen bei der *Süddeutschen Zeitung*, bevor sie Senior Research Associate am Reuters Institute for the Study of Journalism der Universität Oxford und Coach im Table Stakes Europe Programme wurde, das Verlage in der digitalen Transformation trainiert.

Der vormalige Chefredakteur der *Neuen Zürcher Zeitung* und Leiter Publizistik der NZZ AG, MARKUS SPILLMANN, schließt den ersten Teil ab und nimmt den Krieg in der Ukraine zum Anlass, um die Unverzichtbarkeit, aber auch die Grenzen von Domänenkompetenz in der Krisen- und Kriegsberichterstattung auszuloten. In seiner Funktion als Präsident des Internationalen Presseinstituts in Wien, das sich weltweit mit Fragen der Pressefreiheit und der Sicherheit von Journalisten befasst, hat er dazu Erkenntnisse und Einsichten gewonnen, die unbedingt an eine breitere Öffentlichkeit vermittelt werden sollten. Zudem erinnert er an vorteilhafte Eigenschaften, die Domänenkompetenz ergänzen sollten: Sich nicht gemein machen mit einer Sache, auch einer guten, gehört für ihn zu den journalistischen Grundtugenden. Distanz halten könne aber nur, wer über solides handwerkliches Können und fachliches Wissen verfügt und sich den digitalen Verlockungen der Selbstinszenierung entzieht.

Die Beiträge im zweiten Teil sind kürzer und lassen sich nur zum Teil thematisch gruppieren. Wir haben die Autoren gebeten, aus ihrer Sicht Stellung zu beziehen, aber auch frei zu assoziieren, ob und wie ein verstärkter Fokus auf Domänenkompetenz – und damit einhergehend auf Verticals und Rebundling – ein Erfolg verheißender Beitrag zur Qualitätssicherung und -verbesserung im Journalismus sein kann. In wenigen Fällen haben wir den eigenen Beitrag durch ein schriftliches Interview ersetzt.

Wichtig war uns, dass einige Protagonisten zu Wort kommen, die mit ihrer journalistischen Arbeit selbst für Domänenkompetenz stehen. Dazu gehören BERTHOLD KOHLER, den wir als Herausgeber der FAZ und somit als Gralshüter von ›Deep Journalism‹ gebeten haben, sich in die Karten blicken zu lassen, wie sich bei seiner Zeitung über Jahrzehnte hinweg Domänenkompetenz entwickelt hat, und RAINER ESSER, der als gelernter Journalist und Geschäftsführer der Zeit-Verlagsgruppe und ihrer vielfältigen Produkt-Familie zeigt, wie Deutschlands erfolgreichste Wochenzeitung Domänenkompetenz, Vertikalisierung und Rebundling zum Motor des wirtschaftlichen Erfolges gemacht hat. Zu nennen ist hier auch CHRISTOPH KEESE, der bei Axel Springer in den Kauf von Politico involviert war, in seinem Beitrag zu Wahrheitssuche und -findung allerdings Domänenkompetenz von ganz anderer Seite beleuchtet.

Last not least unter den etablierten Medienmarken gewährt der Chefredakteur des *Tagesspiegels*, LORENZ MAROLDT, Einblicke, wie in seiner Redaktion die Newsletter-Produktion die journalistische Arbeit verändert und inspiriert hat und wie seine Zeitung auf dem heiß umkämpften Berliner Zeitungsmarkt mit Investment in Domänenkompetenz und in Verticals zur Nr. 1 unter den Qualitätstiteln aufgestiegen ist. Seine Perspektive ergänzt ALFONS FRESE, der die Transformation des *Tagesspiegels* als langjähriger Betriebsratsvorsitzender begleitet hat.

CARL GRAF HOHENTHAL, langjähriger Wirtschaftsredakteur und -korrespondent bei der FAZ, dann stellvertretender Chefredakteur bei der *Welt* und zuletzt PR-Berater, wirft einen Blick zurück und zeigt, wie dem Journalismus über Jahrzehnte hinweg allmählich als Folge der Digitalisierung Domänenkompetenz abhanden kam. Quer zu dieser nostalgischen Betrachtung richtet GERD GIGERENZER seinen Blick auf die Zahlenblindheit vieler Journalisten und fordert – sozusagen als Basisdomänenkompetenz – mehr Wissen im Umgang mit Statistiken und bei Risikoabschätzungen ein.

Der Medienanalyst THOMAS BAEKDAL zeigt am dänischen Beispiel von *Politiken*, wie die Fokussierung auf Clickbaiting, also maximale Aufmerksamkeit online statt Domänenkompetenz, das Vertrauen der Kernleserschaft untergräbt, die ihre Zeitung dann nicht mehr wiedererkennt.

Im nächsten Unterkapitel geht es zunächst um Start-ups mit Domänenkompetenz. GABOR STEINGART geht in seinem Beitrag auf die Besonderheiten seines werbefreien Portals *The Pioneer* ein – in scharfer Abgrenzung vom öffentlich-rechtlichen Rundfunk –, und BENJAMIN FREDRICH erläutert am Beispiel des Start-ups *Katapult*, wie sich bei einem Newcomer im Mediengeschäft Domänenkompetenz entfaltet. ANTJE SIRLESCHTOV wiederum beschreibt als ehemals geschäftsführende Redakteurin der *Tagesspiegel*-Verticals und heutige Chefredakteurin von Table.Media, dem Start-up von Sebastian Turner, wie der Schwerpunkt auf Domänenkompetenz den Spezialisten befördert, während der Allrounder an Bedeutung verliert.

Der Beitrag von ANNETTE MILZ, der Herausgeberin des *medium magazins*, unterstreicht, wie zukunftsweisend die Rückbesinnung auf Domänenkompetenz für den Qualitätsjournalismus ist. WOLFGANG BÜCHNER, heute Stellvertretender Sprecher der Bundesregierung, schöpft aus breiter Erfahrung als Chefredakteur von dpa, *Spiegel* und RND und wirft einen Blick zurück auf die bisherige Transformation des Journalismus ins Digitale. Seinen Beitrag schreibt er ausdrücklich nicht in seiner derzeitigen Funktion als Regierungssprecher, sondern als erfahrener Medienprofi. Er hebt in seinem Beitrag hervor, dass das Zeitungssterben und die Redaktionszusammenlegungen auch das Geschäftsmodell für die wichtigste deutschsprachige Nachrichtenagentur dpa unterminieren, die bisher ein Eckpfeiler des domänenkompetenten Nachrichtenjournalismus war.

Weitere Beiträge befassen sich mit spezifischen Feldern, in denen es auf Deep Journalism und Domänenkompetenz ankommt. SIGRUN ALBERT, die wir für den von ihr als Geschäftsführerin geleiteten BDZV um eine Stellungnahme gebeten haben, widmet sich dabei dem Lokaljournalismus. Sie verweist auf dessen Niedergang in den USA, der sich so möglichst nicht bei uns wiederholen sollte. Darin ist sie sich mit ANKE VEHMEIER einig, die bei der Bundeszentrale für politische Bildung das Lokaljournalisten-Programm leitet und mit aktuellen Beispielen unterstreicht, wie sich auch im Lokalen mehr Expertenwissen und Sachkompetenz einbringen lassen. Dass gerade in der Lokalberichterstattung Nachrichtenmedien domänenkompetente Stärke zeigen können, betont auch der Vorsitzende des Deutschen Journalistenverbands FRANK ÜBERALL. In seinem Beitrag unterstreicht er, wie sehr angemessene Bezahlung Voraussetzung von Domänenkompetenz ist – und dass weiterhin viele Journalisten entweder ganz in die PR abwandern oder ihr Gehalt mit PR-Arbeit aufbessern – oftmals ohne dabei klare Grenzen zu ziehen, auf welcher Seite sie stehen.

Nicht zuletzt der journalistische Umgang mit der Corona-Krise hat uns vor Augen geführt, welche Defizite an Domänenkompetenz es im Journalismus und insbesondere in der Wissenschaftsberichterstattung gibt. Dass das leider bei einem seit Langem eingeführten, über die Jahre hinweg dominanten Thema der Medien nicht anders aussieht, belegt AXEL BOJANOWSKI am Beispiel der Klimaberichterstattung: Der Beitrag des heutigen *Welt*-Chefreporters, der zuvor in Personalunion Chefredakteur von *natur* und *Bild der Wissenschaft* war, ist nicht nur selbst ein herausragendes Beispiel für Domänenkompetenz im Klimadiskurs. Er zeigt auch exemplarisch, weshalb gerade bei solch existenziellen Themen journalistische Unvoreingenommenheit wichtig ist und wie Erkenntnisse der Medienforschung auch für den medialen Klimadiskurs fruchtbar gemacht werden können.

Für das Aufzeigen eines Auswegs für den Fernseh- und Videojournalismus ist dann KATJA SCHUPP zuständig, Journalistik-Professorin an der Universität Mainz und langjährige Redakteurin für Außenpolitik sowie im Programmbereich Zeitgeschichte/Zeitgeschehen beim ZDF. Sie plädiert für mehr Teamarbeit – auch, um der Domänenkompetenz im Bewegtbild-Journalismus aufzuhelfen.

Schweigen beim öffentlich-rechtlichen Rundfunk

Schmerzlich ist dagegen, dass es uns trotz mehrerer Anläufe nicht gelungen ist, hochrangige aktive Vertreter des öffentlich-rechtlichen Rundfunks, darunter drei Intendantinnen und Intendanten, zu einer Stellungnahme zu bewegen, obschon vom Programmauftrag her ja gerade ARD und ZDF gefordert wären, wenn es Deep Journalism und Domänenkompetenz hochzuhalten gilt.

Es soll an den Senderspitzen ja auch gut ausgestattete Kommunikationsabteilungen geben, die sich hier hilfreich hätten betätigen können. Fehlanzeige, trotz intensivsten Bemühens. Es fällt uns schwer, uns den Spott über Entspannungsmöglichkeiten auf Massagesitzen auch in Dienstwagen zu verkneifen, in denen man ausgeruht einen klugen Text hätte verfassen können.

STEFAN BRAUN widmet sich dem Verhältnis von Politik und Medien. Unter den sich rapide verändernden Rahmenbedingungen setzten sich beide Seiten unter Stress – domänenkompetente Berichterstattung bleibe so vielfach auf der Strecke.

Blick nach Österreich und in die Schweiz

Wichtig waren uns auch Stimmen aus Österreich und der Schweiz. Wir unterschätzen ja in Deutschland gerne die beträchtlichen kulturellen Differenzen zu unseren Nachbarn. Bemerkenswert ist, wie in Wien eine kleine, aber feine katholische Wochenzeitung, *Die Furche*, immer wieder Deep Journalism und Domänenkompetenz zelebriert, auch bei Themen, die weit über Religiöses hinausreichen. Die Chefredakteurin, DORIS HELMBERGER-FLECKL, verrät uns, wie ihr das gelingt.

In puncto Domänenkompetenz hat indes vor allem die Schweiz Vorzeigbares zu bieten, was vielleicht nicht nur mit der Wirtschaftskraft und dem Bildungsbürgertum des Landes zu tun hat, sondern auch mit der direkten Demokratie und einem zum Dienst an der Gemeinschaft verpflichtenden Milizsystem, das es nicht nur beim Militär gibt. Beides trägt dazu bei, das Interesse an den öffentlichen Angelegenheiten unter den Bürgerinnen und Bürgern wachzuhalten – und regt die Nachfrage nach erstaunlich domänenkompetenten Medien an. Das gilt nicht nur für die Deutsch-Schweiz, wo allein in Zürich mit der NZZ und dem *Tages-Anzeiger* zwei Qualitätszeitungen um die Gunst der Leserinnen und Leser konkurrieren, die man mit vergleichbaren redaktionellen Ressourcen in größeren Städten wie Hamburg, Stuttgart, Köln oder Wien vergeblich sucht. Sondern auch für einen überschaubaren Sprachraum wie das Tessin, wo mit dem *Corriere del Ticino* und *La Regione* zwei kleine Regionalzeitungen tagtäglich vorführen, wie domänenkompetent selbst in der Nische Redaktionen sein können.

Wie andererseits Domänenkompetenz durch Outsourcing untergraben wird, belegt der Medienkolumnist KURT W. ZIMMERMANN ausgerechnet an der Auslandsberichterstattung des größten privaten Medienunternehmens der Schweiz, der TX Group. Um dem Druck der Digitalisierung Stand zu halten, hat sie nicht nur ihre Redaktionen radikal zusammengelegt, sondern teilt sich mit der *Süddeutschen Zeitung* ihre Auslandskorrespondenten, die dementsprechend aus Deutschland stammen. Das wiederum geht nicht gut, weil Auslandsberichterstattung immer auch mit Gegebenheiten zu Hause korrespondiert, die in der Schweiz sich eben doch historisch ganz anders entwickelt haben als im Nachbarland. Redaktionen, so Zimmermann, verzichteten aus finanziellen Gründen auf geistige Autonomie. Der Zürcher *Tages-Anzeiger* sei so in seiner Auslandsberichterstattung journalistisch »eine deutsche Kolonie« geworden.

Domänenkompetenz beim Nachwuchs

Mangelnde Domänenkompetenz ist wohl auch deshalb zum Problem des Journalismus geworden, weil in vielen Redaktionen altgediente Journalistinnen und Journalisten frühpensioniert wurden – und mit ihrem Ausscheiden auch das redaktionelle ›Gedächtnis‹ drastisch geschrumpft ist. Zumal in vielen Medienunternehmen in Zeiten von Google auch die hauseigenen Archive nicht mehr gepflegt werden. Vor diesem Hintergrund ist es besonders spannend und wichtig, wie es beim Nachwuchs um Domänenkompetenz bestellt ist. Was Berthold Kohler in seinem Beitrag über die Nachwuchsförderung bei der FAZ schreibt, bestätigt in einem Interview für die Deutsche Journalistenschule (DJS) in München deren Leiterin, HENRIETTE LÖWISCH: Gerade weil der Fokus der Ausbildung an der Schule auf Vermittlungskompetenz liegt, achtet die jeweilige Auswahlkommission bei den Bewerbern penibel darauf, dass sie spezifische Fachkompetenzen mitbringen.

Wie der Nachwuchs selbst die heutigen Qualifikationsanforderungen sieht, haben ergänzend zum Beitrag von Henriette Löwisch die DJS-Absolventen STEFAN HUNGLINGER und SERAFIN REIBER für unser Buch notiert. Hunglinger arbeitet als Nachwuchsjournalist unter anderem für die *taz*, Reiber ist beim *Spiegel* tätig. ANDREA RÖMMELE, Professorin für politische Kommunikation an der Hertie School in Berlin, blickt ebenfalls auf den Nachwuchs und beleuchtet die Ausbildung. Dabei sieht sie ein großes Defizit beim Medienmanagement. Ihr Vorschlag, nach einem Blick auf die sichtbarsten Innovatoren: Es gilt, Journalisten vermehrt auch im Management auszubilden und einzusetzen.

Relevanz für die PR

Dass Domänenkompetenz nicht nur im Journalismus, sondern auch in der vorgelagerten Presse- und Öffentlichkeitsarbeit relevant ist, betonen die Beiträge von STEFAN REKER, IRINA LOCK und CHRISTOPH HARDT. Stefan Reker, der nach langjähriger journalistischer Praxis in angesehenen Medien zum Verband der Privaten Krankenversicherung (PKV) in die PR gewechselt ist, erläutert, weshalb der Mangel an Domänenkompetenz in vielen Redaktionen inzwischen Unternehmen und Verbände geradezu zwingt, mit den eigenen Zielgruppen direkt und damit an den Massenmedien vorbei zu kommunizieren.

Irina Lock, Professorin für strategische Kommunikation an der Universität Jena, akzentuiert, dass für sie die Kenntnis von Journalisten und journalistischer Praxis zur Kern-

›Domänenkompetenz‹ von PR-Expertinnen und -Experten zählt. Christoph Hardt skizziert, wie er erst bei Siemens und dann beim Gesamtverband der Versicherungswirtschaft einen Newsroom eingerichtet hat, der Mitarbeiter, Medien und Öffentlichkeit unmittelbar mit Nachrichten versorgt.

... der Vorhang zu und alle Fragen offenbart

Bei der Vorbereitung dieses Buchs sind den Herausgebern viele kluge und kritische Fragen gestellt worden. Ehe der Vorhang fällt und mit Brecht viele Fragen offenbleiben, haben sie versucht, die wichtigsten zu beantworten. Dabei präzisieren die Herausgeber noch einmal, warum Domänenkompetenz, Vertikalisierung und zielgruppengerechtes Bundling drei Erfolgsfaktoren für die wirtschaftliche Grundlage des digitalisierten Qualitätsjournalismus der Zukunft sind.

Dank

Abschließend gebührt allen unser Dank, die zu diesem Buch etwas beigesteuert haben. Das Projekt hat sich verwirklichen lassen, weil die Autorinnen und Autoren auf ihr Honorar verzichtet haben. Die Herausgeber wiederum werden ihren Erlös aus dem Buch ›Reporter ohne Grenzen‹ spenden, um damit ukrainischen Journalistinnen und Journalisten zu helfen – sowie Berufskolleginnen und Kollegen aus Russland und Belarus, die sich im Exil befinden. Sie gehen hohe Risiken für eine freie Presse ein.

TEIL 2

Domänenkompetenz – das Konzept

SEBASTIAN TURNER

Deep Journalism.
Eine Chance für die Qualitätsmedien

Es gibt Hoffnung für die Qualitätsmedien: Die Abwärtsspirale aus sinkenden Einnahmen und schrumpfenden Redaktionen ist nicht unabänderlich. Ein neuer Ansatz schafft jetzt die Schubumkehr. Mit ausgebauten Redaktionen und Deep Journalism lässt sich der wirtschaftliche Erfolg steigern. Der Schlüssel dazu ist die Domänenkompetenz. Wer sie entwickelt, kann bei Publikum und Einnahmen gewinnen. Dabei entsteht ein neues Mediensegment: die Domänen-Leitmedien.

Die Medien kämpfen mit einem Kompetenz-Paradox. Noch nie war das Bildungsniveau von Journalisten höher. Doch zugleich nimmt in den Redaktionen seit zwei Jahrzehnten ab, was die Wissenschaft als ›domänenspezifische Kompetenz‹ bezeichnet: die tiefe, gründliche Kenntnis von Zusammenhängen und Entwicklungen in umfassenden Fachgebieten, die über Jahre gepflegt wird und auch dann bereitsteht, wenn sich ein Thema nicht oben auf der Tagesordnung befindet. Nur mit dieser

Domänenkompetenz können die Medien ihre Rolle für Gesellschaft und Demokratie wahrnehmen – als unabhängiges Frühwarnsystem, bevor Entscheidungen getroffen und Entwicklungen weit fortgeschritten sind.

Die Tragweite zeigt aktuell Russlands Überfall auf die Ukraine: Es gab eine breite öffentliche Diskussion über die Pipeline Nordstream 2. Was aber kaum oder gar nicht in der Öffentlichkeit verhandelt wurde: Wichtige deutsche Energieverteilernetze und Gasspeicher wurden in den letzten Jahren an Russland verkauft und sie leerten sich, je mehr russischen Truppen die Ukraine umzingelten. Dass es so kam, ist die Verantwortung von Politik und Wirtschaft. Dass dies nicht rechtzeitig breit diskutiert wurde, zeigt die mangelnde Domänenkompetenz der Medien. Wer verstehen will, warum die Domänenkompetenz in den Redaktionen so gelitten hat, muss den Zwiespalt kennen, in den diese die Digitalisierung geführt hat. Die digitale Revolution stellte die Medien vor eine einfache, aber schicksalhafte Frage: Sollen sie ihre Einnahmen lieber von den Lesern holen oder von der Werbung? Viele haben sich für die Werbung entschieden und damit erst ihre Inhalte und dann ihr Publikum gravierend verändert.

Werbung als zentrale Einnahmequelle hat ihre Ursprünge schon vor einem halben Jahrhundert. In den 1970er-Jahren begann die Blüte werbefinanzierter Qualitätsmedien. Sie überzeugten mit der *Leseranalyse Entscheidungsträger* (LAE) die Werbetreibenden davon, dass es nicht nur die breite Masse als Zielgruppe für Kaffeepulver und Waschmittel gibt. Mit Anzeigen in den Leitmedien konnten sie den ›Entscheidern‹ alles anbieten, was teuer und anspruchsvoll war, von der Bürotechnik bis zum Luxusparfüm. Die Zeitungen und Zeitschriften druckten immer mehr Anzeigen, und um die immer zahlreicheren Seiten zu füllen, bauten sie ihre Redaktionen aus. Je dicker die Hefte, desto breiter gefächert das Wissen der Redaktionen. Zugleich wurde von den Verlagen immer weiter gefasst, wer zu den Entscheidungsträgern zählt. In den 1970er-Jahren war es gut ein

Prozent der Bevölkerung, bis heute hat sich der Wert verdreifacht. Drei Jahrzehnte – bis zur Jahrtausendwende – führte das werbezentrierte Modell zu besserer redaktioneller Qualität. Die Werbeeinnahmen und die redaktionelle Leistung drehten sich in einer Aufwärtsspirale. Das Betriebssystem der Qualitätsmedien funktionierte. Wer in redaktionelle Qualität investierte, verbesserte sein wirtschaftliches Ergebnis – auch wenn er nur nach den Werbeeinnahmen schielte und aus dem Blick verlor, was die ›Entscheider‹ als Medienpublikum ausmacht. Das verstärkte noch die Bezeichnung, die die Verlage dieser Gruppe anhefteten. Die Marketingdefinition ›Entscheider‹ betont die berufliche Position, aber verstellt, worum es dieser Gruppe bei der Lektüre besonders geht. Es ist das Publikum mit besonders großer Sachkenntnis, dessen Berufserfolg von *better informed decisions* abhängt, bei ihm verbindet sich höchste Aufmerksamkeit mit ausgeprägter Domänenkompetenz. Man könnte es von den ›Opinionleadern‹ und den ›Influencern‹, die sich durch Ichstärke und Multiplikationsfreude auszeichnen, abgrenzen als ›Competence-Leader‹ oder ›Competencer‹. Sie können in ihren Themenfeldern journalistische Qualität besonders gut beurteilen. Mit der Digitalisierung kam das Dilemma. Die seit der Jahrtausendwende boomende Digitalwerbung folgt anderen Spielregeln als die Printwerbung. Es muss nicht zuerst ein kompetenter Entscheider als zahlender Leser gewonnen werden, damit dann Anzeigen beachtet werden können. Das Publikum für die digitale Werbung kommt – oft nur für Sekunden – über Suchmaschinen und soziale Medien.

Deren Algorithmen folgen einer anderen Logik. Sie machen uns nicht entscheidungskompetent, sie reizen unsere Gefühle und bestätigen unsere Vorurteile, sie leben von der Zuspitzung und nicht von der Differenzierung. Durch immer feinere Messung der immer falscheren Signale prägte sich der Journalismus neu aus – hin zur Zuspitzung und Emotion, weg vom einordnenden, zusammenhängenden Wissen. Besonders viele Klicks bekommen die journalistischen Formate, die polarisieren. Das ist denkbar ungeeignet als Wissensbasis für umsichtige Entscheidungen. Dafür findet sich aber ein flüchtiges Millionenpublikum, das oft nur für Sekunden vorbeischaut. Dessen Werbeklicks bringen nur noch einen Bruchteil der früheren Umsätze der Printwerbung – aber immerhin etwas Geld in die Kasse. Denn die Einnahmen aus gedruckten Anzeigen brachen dramatisch ein. So sahen sich die Verlagsleute – seit Jahrzehnten fixiert auf die Werbeeinnahmen – gezwungen, den kleineren Digitalwerbeumsätzen nachzujagen. Ihre Erfahrungen sprachen dagegen, dass man bei den Lesern neue Einnahmen erzielen könnte. So schrumpften mit den Anzeigeneinnahmen auch viele Redaktionen. Das alte Betriebssystem der Qualitätsmedien kam an sein Ende. Wer nach altem Stil werbeorientiert das wirtschaftliche Ergebnis verbessern will, stutzt notgedrungen die redaktionelle Qualität.

Besonders lehrreich ist die Berg- und Talfahrt von Gruner + Jahr. Der Verlag profitierte wie kaum ein anderer vom Anschwellen der gedruckten Entscheiderwerbung. *Capital*, *Impulse*, *Börseonline*, die kurzlebige *Financial Times Deutschland* und sogar der *Stern* fischten mit der Leseranalyse Entscheidungsträger gewaltige Anzeigenumsätze. Inzwischen sind die meisten Medienmarken aufgegeben, der Rest dient zur Massenvermarktung als Sendeplatzlabel bei RTL. Eine klare Entscheidung für die Breite, gegen die entscheidenden Leserinnen und Leser mit höchster Kompetenz. Das ist zwar konsequent, aber letztlich auch enttäuschend.

Bei vielen Medien vollzieht sich die Abwendung von den ›Competence Leaders‹ dagegen schleichend. Die Printredaktionen wurden Jahr für Jahr reduziert und sollten zugleich die Online-Ausgaben von früh bis spät befüllen. Bei nahezu allen Medien müssen weniger Köpfe mehr Output produzieren. Die Fachleute füttern jetzt themenübergreifend im Schichtdienst das klickende Publikum, frühere Bildungsexperten schreiben über Verteidigung und Chinakundige über Sport, wo immer sie die Nachrichtenlage hintreibt, und es fehlt die Zeit, im angestammten Fachgebiet in die Tiefe zu gehen und auf dem Laufenden zu bleiben. Agenturmaterial, PR-Zulieferungen, die sich auch hinter dem Etikett ›Content Marketing‹ verbergen, und Übernahmen aus den sozialen Medien breiten sich aus. Der britische Journalist Nick Davis gab der verdünnten redaktionellen Qualität den Namen ›Churnalism‹, er beschrieb schon 2008 den »Churn«, das Abwandern der Domänenkompetenz (zit.n. PONSFORD/DAVIS 2022).

Der Kompetenzverlust zeigt sich auch bei den eingesparten Auslandskorrespondenten. In Moskau begrüßte der deutsche Botschafter um die Jahrtausendwende neunzig Korrespondenten. Selbst vor den Kriegs-Gleichschaltungsgesetzen Putins waren davon kaum mehr als zwanzig übrig. Die Aufgabe übernehmen häufig flexible Auslandsteams in den Heimatredaktionen, die gestern aus dem Hindukusch und heute aus Lwiw berichten, meist ohne örtliche Vernetzung und Sprachkenntnisse. Auch der Personalhunger der Pressestellen schmälert die Domänenkompetenz der Redaktionen. Unternehmen und Verbände betreiben eigene Newsrooms und locken ihre Fachbeobachter aus den Redaktionen mit mehr Geld und weniger Wochenendarbeit. Der Chef eines großen Verbandes wunderte sich darüber, dass er in den Redaktionen kaum noch auf Kenner seiner eigenen Branche stieß. Erst als es zu spät war, dämmerte ihm, dass er für seinen Verbandsnewsroom selbst den Markt leergekauft hatte, wie Oligarchen Torjäger für ihre Clubs. Ein Eigentor: In den Redaktionen findet seine Branche dürftiger statt, dafür sind jetzt die Ausgaben des Verbandes für PR besonders hoch.

Wie handeln gut ausgebildete, kritische Journalisten, die aber Domänenkompetenz nicht mehr ausprägen können, wenn sie dem Stoffdruck der Interessengruppen begegnen? Natürlich folgen sie nicht unkritisch der Meinungslinie eines Verbandes. Sie verschaffen sich einen Überblick über die schnell zugänglichen wesentlichen Pole im Kosmos der Interessengruppen, etwa indem sie die Standpunkte von Gewerkschaften und Arbeitgebern zu einem Thema einholen oder von Regierung und Opposition oder Industrie und NGOs.

Wenn sie ihren Standpunkt innerhalb dieses Meinungskorridors zwischen den dominanten Polen der organisierten Interessengegensätze formulieren, handeln sie nicht unkritisch, und zugleich gehen sie nicht das Risiko ein, sich mit einer abseitigen Meinung zu blamieren. Mangels eigener Domänenkompetenz sind sie zugleich im engen Spektrum des Meinungskorridors der Interessengruppen gefangen. Das geht solange gut, wie die Interessengruppen ein Interesse haben, die relevantesten Argumente ins Schaufenster zu stellen. Bilden sie ein Meinungskartell, das wichtige Aspekte ausblendet, ist der domänen-inkompetente Journalist schnell ein Kartellbruder, ob er will oder nicht.

Ein anschauliches Beispiel liefert wieder Deutschlands verfahrene Lage angesichts des russischen Überfalls auf die Ukraine. Die Regierung propagierte wechselseitige wirtschaftliche Abhängigkeit mit Russland, die Opposition sprach sich vehement gegen Frackinggas aus. Die Wirtschaft trat für das günstige Pipelinegas aus Russland ein und die NGOs lagen auf Linie der Opposition – kein Flüssiggas. Es gab im konventionellen Interessenorchester einfach keine prominente Stimme, die Deutschlands gefährliche Rohstoffabhängigkeit von einem Führerstaat problematisierte oder gar LNG-Terminals forderte. Nicht einmal die hochbezahlten Risikoerspürer in den Kapitalsammelstellen erkannten die existenzbedrohende Abhängigkeit der Unternehmen, in die sie investieren. Im Meinungskorridor der Interessengruppen kam das Thema Rohstoffabhängigkeit nicht vor, und der meinungsbildende Journalismus hat es nicht gemerkt, weil er sich nicht kompetent genug fühlte, den Meinungskorridor unbegleitet zu verlassen. In nahezu allen Nachbarländern führte die öffentliche Debatte zum Aufbau von Flüssiggas-Häfen. Nicht einmal das kam im deutschen Meinungskorridor an.

Ein anderes Beispiel für einen irreführenden Meinungskorridor – harmloser und doch Bände sprechend – begegnet einem in der Kultur- und Kreativwirtschaft, zu der die Medien selbst gehören. Es gibt einen offiziellen Jahresbericht der Bundesregierung, der jedes Jahr die Entwicklung dieses Sektors dokumentiert. Bei jährlichen Gipfeltreffen von Kabinettsmitgliedern und den Spitzenvertretern der Teilbranchen vom Musikinstrumentebau über die Buchverlage und Filmer bis zu den Werbeagenturen wird der Bericht vorgestellt, und die Medien berichten darüber. Als Sprecher auf dem Kreativwirtschaftsforum der Bundesregierung im Jahr 2019 stieß ich im öffentlich zugänglichen Bericht auf einen merkwürdigen Widerspruch. Der wirtschaftliche Branchentrend war über alle Teilbranchen hinweg positiv, obwohl man im Laufe des Jahres kaum positive Nachrichten von einzelnen Unternehmen hören konnte. Es stellte sich bei der Lektüre heraus, dass in der Erhebung eine Verzerrung angelegt war, die den tatsächlichen Branchentrend in das Gegenteil verkehrte.

Die Kreativwirtschaft hatte in Wahrheit ein schlechtes Jahr. Für die Teilbranche der Spieleentwickler bestand aber keine eigene Auswertung. Um die Gamer dennoch in der Kreativwirtschaft mitzählen zu können, wurden die Zahlen der gesamten Softwarebranche einbezogen. Die Softwarebranche ist allerdings so groß und erfolgreich, dass sie alle negativen Trends der Kreativbranche mühelos überstrahlt. Die Absurdität wird deutlich, wenn man weiß, dass allein das größte deutsche Softwareunternehmen SAP größer ist als der gesamte Kunstmarkt, die gesamten darstellenden Künste, die gesamte Musikwirtschaft und die gesamte Filmwirtschaft – zusammen!

Ich konnte das nicht glauben und fragte im federführenden Wirtschaftsministerium nach. Doch – es gehe halt nicht anders, wurde mir gesagt. Ich fragte bei den Verbänden. Die meisten hatten den Bericht noch nie gelesen. Vereinzelt aber wurde mir gesagt: Ja, wir wissen von der Absurdität, das ist seit Jahren so, aber wir hängen das nicht an die große Glocke, denn so stehen wir besser da. Das Ergebnis ist ein in die Irre führender Meinungskorridor, in dem sich Verwaltungsunsinn, Verbandsoberflächlichkeit und Funktionärseitelkeit begegnen. Dass die Medien sich sogar in ihrer eigenen Domäne über Jahre in diesem irreführenden Meinungskorridor aufgehalten haben, spricht für sich.

Wer die Welt der Interessengruppen, zu denen in Deutschland allein laut Lobbyregister des Bundestages über fünftausend juristische Personen und Plattformen gehören, beobachtet, stellt immer wieder fest, dass auch die schärfsten Gegenpole in einem Themengebiet oft übereinstimmen, wenn sie eine gemeinsame Forderung zulasten der Allgemeinheit haben. Der Meinungskorridor der Interessengruppen ist naturgemäß so gut wie nie deckungsgleich mit dem öffentlichen Wohl. Wenn Journalisten nicht über die Domänenkompetenz verfügen, diese Differenzen zu erkennen, leidet die Qualität ihrer Arbeit.

Man ahnt, wie die kompetentesten Leser auf das Ausdünnen der Medien reagieren. Sie wenden sich ab. Die Auflagen fallen mit wenigen Ausnahmen und oft dramatisch. Um ihren Informationsbedarf zu füllen, nehmen die Entscheider heute dafür ganz andere Summen in die Hand: Beratungsunternehmen, Medienauswerter und deutlich ausgebaute interne Informationsabteilungen kosten deutlich mehr Geld, als je für Abonnements ausgegeben wurde. Großunternehmen zahlen für die Medienbeobachtung gerne eine Million Euro und mehr im Jahr. Davon landen bei den Verlagen, ohne deren Inhalte die Medienbeobachtung nichts zu melden hätten, aber nicht einmal ein Zehntel, was nicht zwingend für die Verhandlungsgüte der Verlage spricht.

Das Geld für besonders kompetente Information ist also gar nicht weg, es fließt sogar üppig – nur nicht mehr in die Redaktionen.

Das aber ist nicht unabänderlich, wie Beispiele aus den USA, Dänemark und inzwischen auch aus Deutschland zeigen. Während sich in den USA die Zahl der Zeitungsredakteure in den letzten Jahren halbierte und ganze Regionen als News Deserts ohne seriösen, unabhängigen Journalismus auskommen müssen, gibt es einen Jobboom bei den ›Verticals‹. Diese hochspezialisierten Publikationen leben von einer Domänenkompetenz, die alles übertrifft, was bisher angeboten wurde. Sie sind die neuen Domänen-Leitmedien. Einer der Vorreiter, *Politico* aus Washington, wurde 2022 von Axel Springer übernommen. Nach Branchenberichten zahlte der deutsche Verlag für dieses eine junge US-Unternehmen mit hoher Domänenkompetenz so viel, wie er zuvor für den Verkauf von einem ganzen Stapel Traditionsmarken mit *Hörzu*, *Hamburger Abendblatt* und *Berliner Morgenpost* zusammen erlöst hat. Das erstaunlichste Beispiel erscheint in Dänemark. Aus dem Regionalblatt *Jyllands Posten* entwickelte sich der Vertikalverlag Watch Medier. Seine führende Publikation widmet sich der Containerschifffahrt und beschäftigt allein für dieses Thema elf Redakteure.

In Deutschland hat der *Tagesspiegel* seine Redaktion durch Verticals um gut ein Drittel von 150 auf über 200 Redakteure massiv ausgebaut, und der Digitalpublisher Table.Media beschäftigt als größtes deutsches Start-up für Qualitätsjournalismus inzwischen über 100 Mitarbeiter, um Themen wie Bundespolitik, China, Europa, Afrika, Sicherheit, Klima, Nachhaltigkeit, Bildung und Forschung zu vertiefen. Allein für die Publikationen Europe.Table und China.Table sind jeweils zwölf Journalisten tätig. Die China-Fachleute bringen es zusammen auf über einhundert Jahre Erfahrung in China.

Allen Verticalangeboten ist gemein, dass sie nicht mit Emotionen um die Erregbaren aus den sozialen Medien buhlen, sondern mit umfassender Kompetenz um die entscheidenden Köpfe. Werbeeinnahmen spielen nur eine untergeordnete Rolle. Sie nehmen hohe Preise für die Abonnements – tausend und mehr Euro im Jahr – und vermitteln ihren Kunden dafür auch den entsprechenden Mehrwert.

Den relevanten, alleinstellenden Mehrwert präzise zu bestimmen und dann zu liefern – diese Methode kann den Qualitätsmedien ganz neue Perspektiven aufzeigen. Damit vermeiden sie, im Strukturwandel die Unique Selling Proposition (USP) zu vergessen. Das unterläuft Unternehmen in allen Branchen, immer nach dem abschreckenden Vorbild Kodak. Das Foto-Unternehmen dachte, es verkauft Chemieprodukte und nicht Erinnerungen und wurde deshalb von Apple und Samsung abgelöst, die dieses Versprechen dank Digitalisierung mit Smartphones besser erfüllen.

Welchen Mehrwert, welche Nutzenversprechen können die Qualitätsmedien geben – losgelöst von ihrer Herkunft aus der papierverarbeitenden Industrie? Der Handwerkskasten der Markenführung bietet dazu ein hilfreiches Werkzeug: Ein Positionierungskreuz mit vier Dimensionen schafft eine erste Grundordnung.

Entscheidermedien: Segmente & Leistungsversprechen

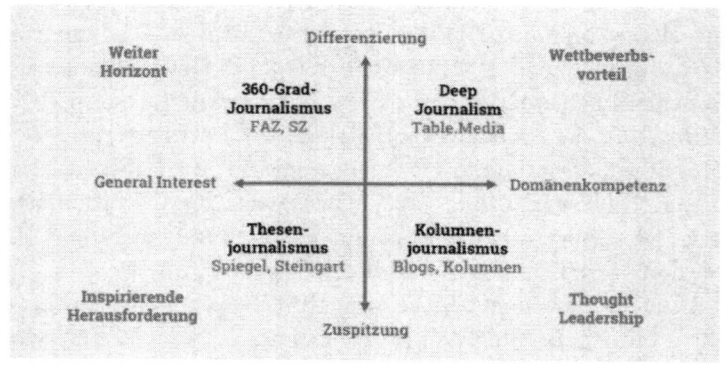

Quelle: Table.Media 2022

Auf der waagrechten Achse lässt sich die Kompetenz abbilden: der Inhalt. Der eine Inhalte-Pol, General Interest, markiert die breite, umfassende Vermittlung von Wissen: nahezu jedes Themeninteresse wird überblickend bedient. Der entgegengesetzte Inhalte-Pol ist die Konzentration auf eine Domäne, die Domänenkompetenz.

Die vertikale Achse beschreibt die journalistische Herangehensweise: die Form. Hier steht an einem Ende die maximale Differenzierung der pointierten Zuspitzung am anderen Ende gegenüber. Diese Positionierungsmatrix entlang Inhalt und Form teilt die Welt der Leitmedien in vier Hauptfelder mit entsprechenden vier Grundnutzen auf: Die General-Interest-Anbieter gliedern sich in die Differenzierer und die Zuspitzer. Ein typisches Medium, das General Interest und Differenzierung vereint, sind die überregionalen Tageszeitungen wie *FAZ*, *SZ* oder *New York Times* mit ihrem umfassenden 360-Grad-Angebot. Ihr Nutzenversprechen ist die fundierte Erweiterung des Horizonts. Am anderen Ende der Skala findet sich die Zuspitzung wie bei meinungsstarken Wochenmagazinen. Dieser journalistische Zugang wird auch ›Thesenjournalismus‹ genannt. Jeder Beitrag konzentriert sich auf eine These und spitzt so für das Publikum die komplexeste Stoffmenge auf eine Schlussfolgerung zu. Ihre Rolle ist in den Worten von Gabor Steingart, der den *Spiegel*-Spirit in die Newsletterwelt geschippert hat, der »Contrarian«. Das kann man mit der alemannischen Narrenfigur des ›Widerwurz‹ übersetzen. Er stellt sich grundsätzlich gegen die herrschende Meinung. Gerne auch dann, wenn sie zutrifft. Der Markenkern des Contrarian ist herausfordernde Inspiration als Kontrastmittel zum Mainstream.

Auf der Seite der Domänenkompetenz findet sich das ganze Spektrum der Fachinformationen. Im Feld der Differenzierer sind die Entscheiderbriefings wie von *Politico*, *Tagesspiegel*-Background und Table.Media verortet. Ihr USP ist das Wissen für bessere Entscheidungen, sie liefern einen kontinuierlichen Wettbewerbsvorteil.

Die Zuspitzung unter den Domänenkompetenten leisten hochkompetente publizistische Einzelkämpfer, die die moderne Form des Kolumnisten einnehmen. Man kann dieses Segment deshalb auch als ›Kolumnenjournalismus‹ bezeichnen. Diese Veröffentlichungen arbeiten pointiert neue Trends und originelle Meinungen heraus und bereichern den Diskurs mit dem Mehrwert »Thought Leadership«. Sie verdienen ihr Geld an Hochschulen oder Thinktanks oder, wie der angesehene Wissenschaftsblogger Jan Martin Wiarda, durch Moderation. Sie betreiben die Publizistik vor allem zur Profilpflege. Wiarda veröffentlicht die monatlichen Einnahmen seines Blogs. Der gestandene Journalist erreicht nur ausnahmsweise das Tarifgehalt eines Volontärs im ersten Ausbildungsjahr. Den überwiegenden Anteil seines Lebensunterhalts erzielt er mit Moderationsaufträgen der Wissenschaftseinrichtungen, über die er in seinem Blog schreibt. Ein Spannungsverhältnis, das er unumwunden einräumt.

Mit diesem publizistischen Koordinatensystem lassen sich Marktlücken entdecken und erfolgreich ansprechen. Der Berliner *Tagesspiegel* identifizierte auf diesem Weg 2014 die Politikentscheider als Lesergruppe. Man mag sich wundern, dass diese Gruppe auch über zwei Jahrzehnte nach dem Hauptstadt-Umzugsbeschluss noch nicht entdeckt war. 2014 war der *Tagesspiegel* hinter BZ, *Berliner Zeitung* und *Berliner Morgenpost* die viertgrößte Zeitung der Hauptstadt mit marktüblich erodierender Auflage. Systematisch baute der *Tagesspiegel* die redaktionelle Domänenkompetenz seither in wichtigen Politikfeldern aus. Dutzende hochqualifizierte Journalisten wurden hinzugewonnen – über 50 nennt die Website heute allein für die Verticals. Es wurden neue Produkte in diesen Domänen gestartet: hochpreisige Informationen im Wochen- und Tagesintervall, dazu Fachveranstaltungen. In der Zeitung erscheint davon das allgemein Interessante. Die Abopreise der Zeitung wurden jedes Jahr deutlich erhöht und dennoch stieg die verkaufte Auflage. Der Marktanteil nimmt seit dreißig Quartalen kontinuierlich zu. Zugleich kommen Erlöse aus den angesprochenen Domänen in die Kasse, die Zeitung meldet auch »finanziell einen Riesenerfolg«. Inzwischen ist der *Tagesspiegel* von Position vier auf Platz eins als größte Hauptstadtzeitung vorgerückt, die verkaufte Auflage im Abonnement und am Kiosk (IVW 4/2022) ist mittlerweile doppelt so hoch wie bei der Nummer zwei. Die ausgebauten Domänenkompetenzen zeigen sich auch bei den Medienzitaten. Im jüngsten Ranking (Media Tenor 2022) ist der *Tagesspiegel* bundesweit unter den Top 5 der meistzitierten deutschen Medienmarken. Der Effekt scheint mit dem Konzept verbunden zu sein. Table.Media wird jede Woche von dpa oder Reuters zitiert und ist in seinen Themenfeldern in der Regel nach wenigen Wochen eine vielzitierte Quelle.

Die Strategie von *Politico, Jyllands Posten, Tagesspiegel* und Table.Media wird – wie gesagt – von Fachleuten als ›Vertikalisierung‹ und ›Rebundling‹ bezeichnet. Die Angebote, der Preis und die Tiefe der Berichterstattung werden je nach Thema und Leserschaft neu gebündelt und bepreist, frei von den Zwängen der Drucktechnik und der Logik der Werbemärkte.

In den USA hat der Trend schon zu einer erstaunlichen Verschiebung der publizistischen Kontinentalplatten geführt. Die Medien rücken von den Bevölkerungszentren zu den Nachrichtenzentren. Während im Druckzeitalter die Nähe der Druckmaschine zu den Lesern dazu führte, dass die großen Medienhäuser in den Ballungsräumen wie Los Angeles, Chicago und New York entstanden, haben sich die erfolgreichen vertikalen Neugründungen an den Nachrichtenzentren herausgebildet. An der Wallstreet folgte dem digitalen Frühaufsteher Bloomberg in den letzten Jahren *Business Insider*. Noch erstaunlicher ist die Entwicklung in Washington, D.C., das mit 700.000 Einwohnern kleiner als ein New Yorker Stadtteil ist. In der amerikanischen Hauptstadt bilden *Politico, Axios, Roll call, Punchbowl* und *The Hill* inzwischen ein eigenes Ökosystem der Deep-Journalism-Medien.

Was in den USA schon eine stabile neue Säule im Mediensektor ist, bildet sich in Deutschland erst heraus. Es ist eine erfreuliche Nachricht für die Qualitätsmedien. Mit Deep Journalism gibt es wieder ein Betriebssystem, das mehr Qualität auch wirtschaftlich belohnt.

(Aktualisierte Langfassung eines Beitrags, der in der *Welt* am 6.5.2022 erschienen ist. https://www.welt.de/kultur/medien/plus238507561/Gastbeitrag-Wie-die-Leitmedien-sich-neu-erfinden-koennen.html)

Literatur

PONSFORD, DOMINIC; DAVIS, ALFIE (2022): Churnalism 2022: Where do UK's leading news websites get their stories from? In: *Presse Gazette Future of the Media*. https://pressgazette.co.uk/news/churnalism-2022/

STEPHAN RUSS-MOHL

Domänenkompetenz in der Aufmerksamkeitsökonomie

Wo »echte« Expertinnen und Experten sich mit Journalismus auseinandersetzen, gleichen sich oft ihre Bewertungen und Bedenken. Nur zwei Beispiele: Zur Berichterstattung über den Krieg in der Ukraine beobachtet etwa Oliver Palkowitsch, der als Sicherheitsberater in Krisen- und Kriegsgebieten arbeitet und u.a. für die OSZE in der Ukraine und im Donbass war:

> »Schaue ich auf die deutsche Medienlandschaft, stelle ich fest, dass eine vergleichsweise gering ausgeprägte Militärexpertise vorhanden ist. Das soll weniger eine Kritik am Engagement der Experten sein. Doch fehlt den Fachleuten, seien es (pensionierte) Generäle, Historiker oder Politikwissenschaftler, der ›direkte Blick ins Gelände‹. Umgekehrt fehlt es Journalisten, welche die Nachrichtenlage aufbereiten, oft an fachlichem Hintergrund« (PALKOWITSCH 2022).

Zur Rolle der Medien in der Corona-Pandemie sagte der Virologe Christian Drosten als Laudator bei der Verleihung des Hanns-Joachim-Friedrichs-Preises 2021:

»Wir werden lange zu knabbern haben an der Aufarbeitung dieser Pandemie. Eine Nachbesinnung ist nicht nur in der Politik und der Wissenschaft, sondern unbedingt auch im Journalismus nötig. Unsere Realität ist das, was die Medien uns spiegeln. Hierin liegt eine immense Verantwortung, die manche als Macht begreifen. Wie viel Zuspitzung ist möglich, wie stark darf man personalisieren, um ein regulatives Ziel zu erreichen? Darf es in den Unterhaltungsformaten des Journalismus ein ›Teile und Herrsche‹ geben, also das Teilen von Meinungen zur Beherrschung eines Marktanteils? In einer Pandemie kostet unverantwortliches Handeln Menschenleben. Wegen der dynamischen Verbreitung des Virus bedeutet dies nicht Einzel-, sondern Massenschicksale« (DROSTEN 2021).

Ähnliche Statements, die direkt oder verklausuliert einen Mangel oder Verlust an Domänenkompetenz im Journalismus beklagen, gibt es, wenn man sich auf die Suche machen würde, wohl zu nahezu allen denkbaren Themen – zum Beispiel zur Berichterstattung über Inflation und Verschuldung, zum Arbeitsmarkt und zur Rentenpolitik, zum Atomausstieg oder zur Zukunft des Verbrennungsmotors in der Automobilindustrie. Zum einen ist die Welt in den letzten Jahrzehnten komplexer geworden, zum anderen sind viele Redaktionen geschrumpft, sodass sie die Komplexität der Welt noch weniger als zuvor abbilden können. Zudem gab und gibt es wohl immer eine Kluft zwischen wissenschaftlichem Erkenntnisstand und dem, was Journalismus allgemeinverständlich oder auch nur für die gebildeten Stände zu vermitteln vermag, und obendrein braucht es oftmals journalistische Domänenkompetenz, um unterschiedliche wissenschaftliche Sichtweisen zu einem Thema angemessen einzuordnen.

In der Politik sieht es nicht anders aus als im Journalismus: »Wir haben in Deutschland leider ein System, in dem ökonomische Kompetenz in der Regierung direkt leider kaum vertreten ist. Vieles ist outgesourct in Institute und Ratgebergremien. Selbst der Chefökonom im Bundeswirtschaftsministerium ist kein Ökonom, sondern Jurist«, sagt Andreas Peichl, der am Ifo-Institut für Wirtschaftsforschung das Zentrum für Makroökonomik und Befragungen leitet (PEICHL 2022).

Wenn allenthalben die Verflachung des Journalismus festgestellt wird, dann darf es nicht am Ruf nach der Gegenbewegung fehlen, am Ruf nach ›Deep Journalism‹. Seine Notwendigkeit ist unbestritten, seinen Möglichkeiten im Zeitalter von Digitalisierung und Aufmerksamkeitsökonomie widmet sich dieses Buch.

Aber wie unterscheidet sich Domänenkompetenz im Journalismus von Sachkompetenz, Ressortkompetenz, Dossierkompetenz? Eine Abgrenzung ist trennscharf nicht möglich und dennoch sinnvoll.

Über *Domänenkompetenz* kann man zwar individuell verfügen, aber sie bildet sich noch stärker im Team heraus. Hintergrund- und Sachwissen zu einem Themenfeld medialer Berichterstattung erlaubt es dem Autor oder der Redaktion, unvoreingenommen und angemessen Entwicklungen darzustellen, in größere Zusammenhänge einzuordnen, aber auch, die ›richtigen‹ Experten zu identifizieren und ihnen die jeweils relevanten, der Sachverhaltsaufklärung dienlichen Fragen zu stellen. Essenziell sind die tiefe, gründliche Kenntnis von Zusammenhängen und Entwicklungen in Fachgebieten, die über Jahre gepflegt wird und auch dann bereitsteht, wenn sich ein Thema zeitweise nicht oben auf der Tagesordnung befindet. Aus Nutzersicht geht es um ›Ahnung, die man spürt‹.

Sachkompetenz ist die wesentliche Komponente von Domänenkompetenz und zugleich das, was jeder Journalist in seinem Berichterstattungsfeld haben sollte oder sich zumindest erarbeiten muss, wenn er von kundigen Mediennutzern ernst genommen werden möchte und als ehrlicher Makler zwischen Experten und Publikum aufklärend und unvoreingenommen vermitteln will. Zur Sachkompetenz kommt dann allerdings gute Vernetzung hinzu, um journalistisch domänenkompetent zu sein – sowohl unter den jeweiligen Experten als auch möglichst im Team der eigenen Redaktion.

Ressortkompetenz ist stärker institutionalisiert als Sach- und Domänenkompetenz: Zwar kann auch über sie der einzelne Journalist verfügen, also zum Beispiel ein kompetenter Wissenschafts-, Wirtschafts- oder Politikjournalist sein. Aber in der Regel wird man eben dem Ressort, dem er angehört, Kompetenz zusprechen, wenn dort mehrere Journalisten arbeiten, die sich in ihrer Domänen- und Sachkompetenz wechselseitig ergänzen und vielleicht ja auch beflügeln.

Dossierkompetenz ist noch enger zu sehen als Domänenkompetenz: Sie bezieht sich jeweils auf ein spezifisches, meist komplexes Thema, mitunter auch auf eine einzige investigative Geschichte, und verstärkt sich mit fortschreitender Recherche. Im Wissenschaftsbetrieb war sie in der ›guten alten Zeit‹ in aller Regel erreicht, wenn der Grenznutzen weiterer Fachlektüre gegen null ging, sich also das angelesene Wissen zu wiederholen begann. Das war allerdings, bevor die große Publikationsflut den Forschungsbetrieb umgestülpt hat. Sie überfordert inzwischen ja nicht nur Wissenschaftsjournalisten, sondern auch die Wissenschaftler selbst. Eigentlich ist keiner mehr in der Lage, all die Studien zu Corona oder zum Klimawandel oder zu den Digitalisierungsfolgen auch nur annähernd zu ›verarbeiten‹ – womit wir auch schon an dieser Stelle auf die Grenzen nicht nur von Dossier- und Domänenkompetenz, sondern auch von Ressort- und Sachkompetenz verweisen müssen.

Domänenkompetenz ist stärker fokussiert als Sachkompetenz und weniger stark institutionalisiert als Ressortkompetenz. Sie ergibt sich aber eben doch häufig erst durch das Zusammenwirken mehrerer sachkompetenter Redakteure plus ihrer freien Mitarbeiter in einem Ressort oder auch in einem temporär zusammengestellten redaktionellen Team. Verstärkt wird es gelingen, Domänenkompetenz im Team zu entwickeln und vorzuhalten – mit gemeinsamem thematischen Fokus, gespeist aus Erfahrung, Wissen und unterschiedlichen Sichtweisen, die sich wechselseitig ergänzen und befruchten.

Domänenkompetenz ist fluider und damit wohl auch zeitgemäßer als Ressortkompetenz: Ressortkompetenz ist starr, ausgewiesen in Planstellen. Domänenkompetenz ist flexibel, kurzfristig veränderbar, anzureichern, aufzustocken durch freie Mitarbeiter – und gegebenenfalls auch wieder auszudünnen, was freilich gefährlich ist, weil sie dann im Bedarfsfall nicht mehr greifbar ist.

Erinnert sei an Arthur Ochs, den ersten Verleger der *New York Times* aus der Sulzberger-Dynastie, der in seiner Redaktion »stets genug Leute um sich herum haben wollte, die zur Stelle sind, wenn es gilt, über den Untergang der Titanic zu berichten« (zit. n. SHEPARD 1986: 83). Sein Blatt hat übrigens seinerzeit tatsächlich einen Pulitzer-Preis für die Geschichte über das gesunkene Luxusschiff bekommen – und sein Diktum wirkt wohl bis heute nach, denn die *New York Times* verfügt derzeit über die Domänenkompetenz von 1.700 Journalistinnen und Journalisten in der eigenen Redaktion, darunter rund 200 in circa 30 Korrespondentenbüros rund um den Globus.

Man kann in einer Hierarchie in der Regel nur einem Ressort zugehören, aber ressortübergreifend und in mehreren Feldern über Domänenkompetenz verfügen und diese je nach Nachrichtenlage einbringen und erweitern. Feste Ressorts werden, um Domänenkompetenz zu verstärken, immer öfter durch temporäre Teams ergänzt – auch durch redaktionsübergreifende, mitunter internationale Zusammenarbeit, wie sie auf geradezu spektakuläre Weise bei den Recherchen zu den Panama-Papers und zum Cum-ex-Steuerhinterziehungsskandal möglich wurde.

Domänenkompetenz kann und muss man sich in bestimmten Situationen (z. B. Pandemieausbruch) auch erst erarbeiten. Wenn hinreichend Ressortkompetenz (z. B. in einer Wissenschaftsredaktion wie bei der *FAZ*) vorhanden ist, geht das allerdings schneller als im Wald- und Wiesenjournalismus – auch, weil zur Domänenkompetenz eben ein Netzwerk von Expertinnen und Experten gehört, die man ansprechen und einbeziehen kann, wenn man selbst noch nicht oder nicht mehr weiterweiß.

Indikatoren für die abnehmende Bedeutung von Ressortkompetenz sind das schleichende Schrumpfen großer und kleiner Ressorts, bei den kleinen – wie den Wissenschafts- oder Medienressorts – oft bis zu deren Auflösung. Dies dürfte freilich auch der Ausbildung von Domänenkompetenz entgegenwirken – ebenso wie die Aufgabenumverteilung innerhalb von Redaktionen und Ressorts: Redaktionsarbeit ist stressiger geworden, dank der unzähligen neuen Verbreitungskanäle auch kürzer getaktet. Die Zeit für Recherchen schrumpft, bei denen sich Domänenkompetenz entfalten könnte. Diese Prozesse sind von der Medienforschung unzureichend erfasst, teils mangels Auskunftsbereitschaft der Medienunternehmen, aber auch mangels Interesses der Mehrzahl der Journalismusforscher an der organisatorisch-betriebswirtschaftlichen Seite der Redaktionsarbeit und der Aufmerksamkeitsökonomie.

In vielen Leitmedien unter Einschluss des öffentlich-rechtlichen Rundfunks scheint sich die Ressort- und Domänenkompetenz rückläufig zu entwickeln. Kanalübergreifende Vermittlungskompetenz und Präsenz sind heutzutage wichtiger – und damit einhergehend schrumpft womöglich die Sachkompetenz vieler Redaktionen. Als Folge von Sparzwängen, aber auch der Digitalisierung, gewinnen Generalisten gegenüber Spezialisten die Oberhand. Damit einhergehend sind PR-Zulieferungen unverzichtbarer geworden. Auch ein »Journalismus, der nichts will« (Johannes Gross) scheint gegenüber einem einseitigen Thesen- und Haltungsjournalismus auf dem Rückzug.

Wir wissen auch nicht, inwieweit der Journalismus und die sozialen Medien mit ihrem Mangel an Domänenkompetenz, mit ihrer Empörungskultur, mit moralischem Rigorismus, mit Schwarz-

Weiß-Malerei und vorschnellen Schuldzuweisungen dazu beitragen, dass Experten mit Domänenkompetenz sich gegen Karrieren in der Politik entscheiden. Dass es inzwischen so ist, lässt sich aber mit einem hohen Maß an Plausibilität vermuten.

Allenthalben fehlt es also im öffentlichen Leben an dem, was die Mehrzahl der Autorinnen und Autoren dieses Büchleins einfordern: Domänenkompetenz. Wobei die Herausforderung darin besteht, unter den Wettbewerbsbedingungen der Aufmerksamkeitsökonomie solche Domänenkompetenz im Journalismus, zumal in den Leit- und Qualitätsmedien und im öffentlich-rechtlichen Rundfunk durchzusetzen, zum Teil auch ›nur‹ wiederzugewinnen.

Es gibt, vor allem auf lokaler und regionaler Ebene, einschneidende Verluste an Ressortkompetenz und auch an redaktionellem ›Gedächtnis‹, weil es ja oft die älteren, erfahreneren Journalisten mit höherem Einkommen sind, die bei Entlassungsrunden mit Abfindungsangeboten zuerst freigestellt werden. Bei betriebsbedingten Kündigungen geht es andersherum – aber auch wenn junge Redakteure zuerst vor die Tür gesetzt werden, kann das zu einem Verlust an Domänenkompetenz führen, z.B. durch Überalterung, weil plötzlich die ›jungen‹ Perspektiven mit frischerem Hochschulwissen fehlen.

Diejenigen, die in den Redaktionen verbleiben oder als Nachwuchskräfte neu hinzukommen, sind oftmals so vielfältig im Einsatz, dass sie kaum die Chance haben, Domänenkompetenz so auszubilden wie ihre Vorgänger. Multitasking und schnell produzierter Output sind gefragt, allein schon die vielen Ausspielkanäle, die von der Redaktion inzwischen zum Teil rund um die Uhr bedient sein wollen, überfordern den einzelnen Journalisten – unter Einschluss der Kommunikation mit den Mediennutzern.

Hinzuzufügen ist wohl, dass die mit Domänenkompetenz einhergehenden Tugenden Merkmale sind, die unter heutigen Bedingungen nicht nur im Journalismus im Schwinden begrif-

fen sind. In der Gesellschaft hat sich – bis in den Wissenschaftsbetrieb hinein, dessen *raison d'etre* ja aus dem Gebrauch von Ver-
nunft besteht – das Klima verändert: Glauben ersetzt zusehends
Wissen, und Glaubensgemeinschaften bekämpfen sich mit einer
Intoleranz, die wir als ›Kinder der Aufklärung‹ längst für mittel-
alterlich und überwunden hielten. Augenmaß schwindet, ebenso
die Bereitschaft, Argumente abzuwägen, dazuzulernen, auch indem man der jeweils anderen Seite Gehör schenkt, freilich ohne
dabei gesichertes Wissen infrage stellen zu müssen.

Aufmerksamkeitsökonomie statt Domänenkompetenz?

Damit sind wir beim zweiten Stichwort angelangt, das diesen
Essay charakterisiert: der Aufmerksamkeitsökonomie. Sie prägt
unsere digitalisierte Gesellschaft – und wer erörtern will, welche Chancen die Entwicklung von mehr Domänenkompetenz im
Journalismus hat, sollte sich zunächst damit auseinandersetzen,
was Aufmerksamkeitsökonomie ist und wie sie ihrerseits den
Journalismus prägt, ja im Griff hat.

Beginnen wir bei dem Forscher, der zumindest im deutschsprachigen Raum den Diskurs um die Aufmerksamkeitsökonomie wie
kein anderer in Gang gebracht hat: der Wiener Sozialwissenschaftler und Raumplaner Georg Franck. Je reicher und offener eine Gesellschaft ist, um so »offener und aufwendiger wird der Kampf
um die Aufmerksamkeit ausgetragen« (FRANCK 1998: 11). Mit der
Brillanz des Außenseiters, mehr essayistisch als streng fachwis-
senschaftlich, hat er die ökonomischen Grundlagen dieses Wett-
bewerbs um die Präsenz im öffentlichen Rampenlicht analysiert,
und zwar lange bevor soziale Netzwerke wie Facebook, Instagram
und TikTok diesen Wettbewerb auf eine neue Stufe beförderten.

Franck zeigte, wie neben der uns vertrauten Ökonomie des
Geldes ein zweiter Wirtschaftskreislauf entstanden ist – ein
»mentaler Kapitalismus«, in dem nicht mehr primär um Geld-

einkommen und materielle Güter konkurriert wird, sondern um öffentliche Beachtung, um gesellschaftliches Ansehen, um Prominenz oder Reputation. Gewinne an Aufmerksamkeit lassen sich dann freilich ihrerseits oftmals in zusätzliche Macht und/ oder zusätzliches Einkommen transformieren.

Der Autor sezierte also, wie der uns umgebende und längst auch die gesellschaftliche Entwicklung treibende Publicity-Rummel funktioniert, nicht zuletzt auch als ein Jahrmarkt der Eitelkeiten. Wie stets in der Ökonomie geht es dabei um die Allokation knapper Ressourcen: in diesem Fall der Aufmerksamkeit. Sie ist nicht materiell, aber eben doch sehr häufig ›materialisierbar‹. Um sie zu generieren, sind ebenfalls Ressourcen nötig – seien das materielle wie Geld oder geistige wie Kreativität, am besten beides, wobei sich hier im Lauf der Zeit die Relationen kräftig verschoben haben dürften: In der Welt der Werbung konnte und kann man Aufmerksamkeit kaufen, wobei auch hier im Kampf um die *eyeballs* nicht nur Geld, sondern auch – meist käufliche – Kreativität zählen (vgl. TURNER 2000).

Im redaktionellen Bereich fungierten in der ›alten‹ Medienwelt die Journalisten als die ›Gatekeeper‹, die in relativer Autonomie entscheiden konnten, was Nachricht wird und was nicht – wobei diese Entscheidungen dann professionell waren, wenn sie durch Nachrichtenwerte und -faktoren gedeckt waren, was wiederum unter Einsatz von Domänenkompetenz redaktionell zu klären war. Heute zählt dagegen die in Echtzeit messbare Aufmerksamkeit, die eine Nachricht erzielt – und dahinter tritt inzwischen sogar die Prüfung ihres Wahrheitsgehaltes oftmals zurück.

Franck selbst hat seine Aufmerksamkeitsökonomie weiterentwickelt: zunächst in *Mentaler Kapitalismus* (FRANCK 2005), dann in *Vanity Fairs* (FRANCK 2021). Die »dunkle Seite« der Monetarisierung von Aufmerksamkeit beschreibt er dort als eine Art »Klimawandel« der kollektiven mentalen Sphäre, welcher die Existenz unseres gesellschaftlichen Daseins bedroht.

Unterschiedliche Zahlungsbereitschaft

Der Begriff ›Aufmerksamkeitsökonomie‹ hat sich sowohl im Wissenschaftsbetrieb als auch umgangssprachlich verselbstständigt und spielt inzwischen überall dort eine Rolle, wo um Zahlungsbereitschaft und Zeit von Mediennutzern konkurriert wird, also insbesondere in der Werbung und in den Public Relations, im Journalismus und in der Unterhaltungsbranche.

Öffentliche Aufmerksamkeit war und ist kostbar. Deshalb geben Unternehmen, Regierungen sowie Non-Profit-Organisationen immer mehr Geld aus, um sie zu erzielen. Dagegen waren und sind Medienkonsumenten daran gewöhnt, Nachrichten und aktuelle Informationen gratis oder zu reduzierten Preisen zu erhalten, weil sich über Jahrzehnte hinweg die meisten Medienprodukte überwiegend aus Werbeerlösen finanzierten. Um diese zu erzielen, mussten Medien allerdings die Aufmerksamkeit ihrer Nutzer gewinnen und an sich binden.

Was die Zahlungsbereitschaft der Mediennutzer in der Aufmerksamkeitsökonomie anlangt, gibt es indes Unterschiede, die in der jahrelangen Grundsatzdiskussion unterbelichtet geblieben sind, ob Nachrichten und Journalismus online etwas kosten dürfen. Diese Grundsatzdiskussion begann übrigens mit einem unvollständigen und so die Sachaussage krass verfälschenden Zitat. Stewart Brand erklärte 1984 auf der ersten Hacker-Konferenz: »Information wants to be free, because the cost of getting it out is getting lower and lower all the time« (zit. n. MECKEL 2010). Über Jahre hinweg hat sich dieser Satz zum geflügelten Branchen-Credo verselbstständigt und als Rechtfertigung dafür herhalten müssen, die Menschheit online gratis mit demselben hochwertigen Journalismus zu beglücken, den die Medienunternehmen mit ihren Printprodukten weiterhin verkaufen wollten. Die andere Hälfte von Brands Statement ist indes nicht minder wichtig. Miriam Meckel hat sie ausgegraben: »Information wants to be expensive, because it's so valuable. The right information in the right place just changes your life« (zit. n. MECKEL 2010). Das vollständige Zitat könnte fast so etwas wie das Leitmotto unseres Buchprojektes sein.

Noch wichtiger sind indes Einsichten von James T. Hamilton, einem Medienökonomen, der heute an der Stanford University Journalismus lehrt. Er hat frühzeitig auf die Unterschiede bei der Zahlungsbereitschaft von Mediennutzern je nach ihrer Betroffenheit von bestimmten Nachrichten hingewiesen. Hätten Medienmanager und Verleger seiner Differenzierung Beachtung geschenkt, wäre vermutlich mit Gratis-Angeboten weniger Geld versenkt worden. Paywalls wären nicht nur früher eingeführt, sondern auch anders gestaltet worden.

In Anlehnung an Hamilton (2004: 10ff.) besteht

1. höchste Zahlungsbereitschaft auf »Produzenten-Märkten« – also dort, wo Mediennutzer berufsrelevante Information abgreifen können, die für das eigene Erwerbsleben und Fortkommen wichtig ist.

2. Auch »Konsumenten-Märkte« funktionieren leidlich: Für Verbraucher-Nutzwert besteht Zahlungsbereitschaft, weil das Verlustrisiko für Mediennutzer auf Verbrauchermärkten ohne solche Information größer ist.

3. Zahlungsbereitschaft besteht auch auf Unterhaltungs-Märkten: Hier ist die gelieferte Information Selbstzweck, sie dient der Zerstreuung, und solche Lustbarkeiten kosten eben Geld.

4. Schwierig wird es dagegen bei Politik und öffentlichem Leben: Die Zahlungsbereitschaft für Nachrichten und Informationen, um die Rolle als Staatsbürger angemessen spielen zu können, ist auch deshalb gering, weil man – realistisch betrachtet – bei Wahlentscheidungen nur infinitesimale Einflusschancen hat. Der Ökonom Anthony Downs

hat bereits 1957 geschlussfolgert, Wähler würden sich deshalb entscheiden, »rational ignorant« zu bleiben.

Hamilton bestätigt (E-Mail an den Verfasser v. 14.6.2022), dass die von ihm in Anlehnung an Downs identifizierten vier Typen der Information weiterhin zu unterscheiden sind und aus seiner Sicht die Zahlungsbereitschaft für Information prägen – auch wenn mit dem Aufstieg von Google und Facebook die traditionellen Medien, die Nachrichten produzieren, vieler Anzeigen-Dollars verlustig gingen. Für Fakten, die man anderswo im Netz gratis bekommt, kann man niemanden zur Kasse bitten. Das wiederum heißt, dass Nachrichtenmedien sich durch distinktive Produktdifferenzierung auszeichnen müssen – sie müssen Elemente aufweisen, die man nicht woanders bekommt.[1] Um genau solche Produktdifferenzierung geht es, wenn es gelingen soll, Domänenkompetenz dort anzubieten, wo auf Produzentenmärkten berufsrelevantes Wissen abrufbar sein soll.

Der Siegeszug der Public Relations

In den 1960er- bis 1990er-Jahren, also lange vor dem Digitalisierungsschub, erlangten Öffentlichkeitsarbeiter und Pressestellen immer mehr Einfluss, indem sie die Redaktionen ›gratis‹ mit Nachrichtenmaterial versorgten, um auf diese Weise die öffentliche Aufmerksamkeit auf bestimmte Themen zu lenken. Sie legten geschickt Zuckerspuren, denen die Redaktionen immer öfter

---

[1] Auszug aus Hamiltons E-Mail im Original: »The rise of Google and Facebook has shifted advertising dollars away from traditional media companies that produce original news reporting. In terms of the five supply incentives that lead to the production of information, this has meant for news a shift away from advertising and toward subscription and nonprofits. On the web, price gets competed down to marginal cost, and the mc of one more page view is zero. If you are offering facts freely available elsewhere, you can't charge. This means that news outlets need to have distinct product differentiation, e.g., distinctive elements not available elsewhere.«

folgten – mitunter auch, um diese abzulenken und unerwünschte Themen aus dem öffentlichen Diskurs herauszuhalten.

So verschob sich zunächst langsam, dann mit der Digitalisierung beschleunigt die Ressourcenausstattung und damit auch die Machtbalance und die Domänenkompetenz zwischen Journalismus und PR: Kam in den 1980er-Jahren statistisch in den USA noch auf einen PR-Experten jeweils ein Journalist, so wurden daraus bereits bis zum Jahr 2008 jeweils eine Übermacht von vier bis fünf PR-Experten pro Journalist (GREENSLADE 2014). Neuere, verlässliche und auf den deutschen Sprachraum bezogene Daten sind mir nicht bekannt.

Dabei glaubte Barbara Baerns schon in den 1980er-Jahren zeigen zu können, dass die PR-Seite »Themen und Timing« der Nachrichtengebung unter Kontrolle hätte (BAERNS 1985). Die Machtverschiebung seither dürfte zur Erosion der Sachkunde im Journalismus entscheidend beigetragen haben. Weil sich mit der gezielten Generierung von Aufmerksamkeit mehr Geld verdienen ließ und lässt als im journalistischen Nachrichtengeschäft, gab es auch einen *brain drain* von den Redaktionen in die PR-Stäbe und -Agenturen. Domänenkompetenz kam den Redaktionen abhanden, weil sie von deren Zulieferern weggekauft wurde (vgl. auch den Beitrag von Hardt, S. 277) – übrigens mitunter auch, um bis dato kritische domänenkompetente Berichterstattung unter die eigene Kontrolle zu bekommen.

Neue Spielregeln der digitalisierten Aufmerksamkeitsökonomie

Neu aufgemischt wurde die Aufmerksamkeitsökonomie dann nochmals im Zuge der Digitalisierung: Der Journalismus wurde seines Schleusenwärter-Monopols beraubt. Zum einen gewannen die Nutzer über das Internet direkten Zugang zu einer unendlichen Vielzahl von Quellen und damit zu Auswahlmöglichkeiten, die jeden Nachrichtenkonsumenten überfordern. Zum anderen bekamen wenige Betreiber von Suchmaschinen und sozialen Netzwerken in nie gekanntem Ausmaß die Möglichkeit, mithilfe von Algorithmen fernzusteuern, was jeder einzelne von uns im Internet zugespielt bekommt und somit erfährt.

Andererseits geben uns soziale Netzwerke Möglichkeiten der Selbstdarstellung, die eine geradezu narzisstische Selfie-Kultur und damit neue Ausprägungen von Aufmerksamkeitsökonomie haben entstehen lassen. Facebook, YouTube, Instagram, Snapchat und TikTok lassen grüßen. In der digitalen Welt gelten somit auch für die Aufmerksamkeitsökonomie neue Spielregeln.

Desinformation und Propaganda auf dem Vormarsch

Aufmerksamkeit lässt sich einerseits kinderleicht und preiswert mit Fake News, dramatisierender Schwarz-Weiß-Malerei und mit Verschwörungstheorien generieren. Es wird inzwischen mit Desinformation mehr oder weniger systematisch, teils gezielt, teils geschrotet, auf Öffentlichkeiten und bestimmte Zielgruppen Einfluss genommen, indem man deren Aufmerksamkeit gewinnt und absorbiert (RUSS-MOHL 2017; SKINNER 2022). Der Verbreitung von Desinformation können – trotz aller Faktenchecks – Journalisten nur begrenzt entgegenwirken: Fake News verbreiten sich oftmals viel rasanter und in anderen Filterblasen als deren Korrekturen. Dabei sind in den Kampf um Aufmerksamkeit zunehmend auch Spin-Diktatoren (GURIEV/TREISMAN 2022; ARO 2022) und – zum Teil in deren Diensten – ganze Heerscharen von Spin Doctors, Trolls und Social Bots involviert. Das Beispiel des Kreml – und auch anderer Diktaturen, die ihr Mediensystem von der westlichen Welt abgekoppelt und Pressefreiheit auf null reduziert haben – zeigt, wie die Bevölkerungsmehrheit in einer »schönen, neuen« Propagandawelt lebt, die mit den Tatsachen nichts mehr zu tun hat (PÖRKSEN 2022; für Nordkorea: SCHILLER 2023), also: wie dort Orwells 1984 Wirklichkeit geworden ist. In Russland lassen sich der Krieg und die russischen Kriegsverbrechen in der Ukraine – Hokuspokus – propagandistisch nahezu zum Verschwinden bringen.

Auch um zu Propaganda ein Gegengewicht zu entwickeln, brauchen wir in den Redaktionen wieder mehr Domänenkompetenz. Dass es inzwischen eigene Faktencheck-Ressorts gibt, spricht ja Bände – und ist für den Journalismus, zumal in gut ausgestatteten Redaktionen des öffentlich-rechtlichen Rundfunks, eher ein Armutszeugnis denn eine Bereicherung: Denn eigentlich ist Faktencheck ja die vornehmste Aufgabe eines jeden Journalisten. Er lässt sich also gar nicht in eigene Organisationseinheiten ›auslagern‹, ohne dass der Journalismus seinen entscheidenden professionellen Kompetenzanspruch aufgibt.

Die neue Zielgruppe für Domänenkompetenz:
zahlungsbereite Mediennutzer

In Zeiten, als das Mediengeschäft überwiegend aus Werbeerlösen finanziert wurde, konkurrierten die Medien vor allem um die Zeit und damit die Aufmerksamkeit des Publikums. In der neuen digitalisierten Aufmerksamkeitsökonomie geht es dagegen, weil die Werbeerlöse weitgehend von Suchmaschinen und sozialen Netzwerken abgeschöpft werden, bei den Nachrichtenmedien vermehrt um die Aufmerksamkeit der *zahlungsbereiten* Mediennutzer – also um jene Aufmerksamkeit, die in Zeit gewährt und zusätzlich mit Geld abgegolten wird.

Weil beim breiteren zahlenden Publikum mit dem Tribut oftmals auch die Erwartung verbunden ist, eigene Vorurteile bestätigt zu bekommen, sind einstmals auf Überparteilichkeit und Unabhängigkeit bedachte Medien – darunter sogar die *New York Times* und die *Washington Post* – in ihrer Berichterstattung einseitiger geworden. Es hat sich auch bei uns, vom *Spiegel* über die *Zeit* bis hin zu Steingarts *Pioneer Briefing*, der Thesenjournalismus verstärkt, der in den jeweiligen Zielgruppen-Milieus Vorurteile bedient und verstärkt, statt auf Domänenkompetenz zu setzen, die differenziert und nach allen Seiten offen ist. Der jeweilige Confirmation Bias der Journalisten bedient und verstärkt so den Confirmation Bias des jeweiligen Publikums.

Das dürfte allerdings nicht für die jeweils viel kleinere Gruppe von Mediennutzern gelten, die in ihrem spezifischen professionellen Umfeld auf möglichst präzise, unvoreingenommene und sauber recherchierte Nachrichten angewiesen ist. Hier tut sich eben die Marktnische für domänenkompetenten Journalismus auf. Auch diesem erschweren gleichwohl drei weitere Charakteristika der Aufmerksamkeitsökonomie das Tagesgeschäft – mit schrumpfenden Aufmerksamkeitsspannen, mit Aufmerksamkeitsschwellen und Aufmerksamkeitszyklen.

Schrumpfende Aufmerksamkeitsspannen

Vor allem Smartphones haben dazu beigetragen, dass viele von uns rund um die Uhr vernetzt sind. Deren kleine Bildschirme dünnen allerdings unsere Informationsaufnahme-Kapazität aus, ja limitieren diese. Die Aufmerksamkeitsspanne schrumpft. Schon vor ein paar Jahren berichteten die Medien, die Nutzer seien mit acht Sekunden durchschnittlicher Aufmerksamkeitsspanne auf dem Level von Goldfischen angelangt (BERNAZZANI 2017).

Aufmerksamkeitsschwellen

Roland Schatz hat zusammen mit angelsächsischen Forschern (ECCLES/NEWQUIST/SCHATZ 2007) den Begriff der Aufmerksamkeitsschwelle in die Diskussion um die öffentliche Wahrnehmung von Issues eingebracht: Um in der Öffentlichkeit registriert zu werden, müssen Themen im medialen Diskurs einen gewissen Prozentsatz der Aufmerksamkeit erringen – der freilich in Abhängigkeit von der jeweiligen Nachrichtenlage und damit im Wettbewerb um Aufmerksamkeit variiert. Als gesichert dürfte die Erkenntnis gelten, dass mit extremen Schwarz-Weiß-Positionen in der Aufmerksamkeitsökonomie leichter die Wahrnehmungsschwelle zu überspringen ist als mit differenzierten Grauschattierungen.

Damit Medien Wirkungen erzielen, muss ein Thema allerdings nicht nur die Aufmerksamkeitsschwelle durchbrechen, sondern sich in der öffentlichen Arena halten und Handlungsdruck erzeugen. Gerade jetzt, wo sich viele Seiten eines Themas zu bemächtigen versuchen, um sich von der Welle öffentlicher Aufmerksamkeit mittragen zu lassen und um von ihr zu profitieren, ist unbestechliches domänenkompetentes Handling in den Redaktionen wichtig, das der Fernsteuerung der Berichterstattung durch Kommunikationsmanagement von außen oder durch Aktivisten in den Redaktionen selbst entgegenwirkt.

Aufmerksamkeitszyklen

Der Journalismus unterliegt in der Aufmerksamkeitsökonomie der Zyklizität. Analytisch unterscheiden lassen sich in aller Regel mehrere Phasen eines Aufmerksamkeitszyklus (LUHMANN 1971; DOWNS 1972, ausführlicher: RUSS-MOHL 1981: 16ff. und 1993): die Latenzphase, Initial- und Aufschwungphase, Umschwung- und Abschwungphase eines Zyklus sowie dessen Terminalstadium. Nach diesem Schema lässt sich zum Beispiel auch die Berichterstattung zur Corona-Pandemie analysieren (vgl. RUSS-MOHL 2021), wobei dieser Zyklus einige Besonderheiten aufweist: seine Intensität, seine lange Dauer, die Ausbildung mehrerer Peaks statt eines Kulminationspunkts und eine mit dem Ausbruch des Kriegs in der Ukraine abrupt einsetzende Abschwungphase, die gleichwohl Anfang 2023 noch immer nicht das Terminalstadium erreicht hat.

An kaum einem anderen Beispiel lässt sich derzeit eindrucksvoller zeigen, welche gesellschaftlichen, politischen und wirtschaftlichen Kollateralschäden mangelnde journalistische Domänenkompetenz verursachen kann – auch wenn das verständlicherweise weiterhin ein Thema ist, das die Medien nach Möglichkeit tabuisieren (RUSS-MOHL 2021; NEFF 2022). Es ufert auch so aus, dass es wissenschaftlich nur schwer in den Griff zu kriegen ist. Um fair zu bleiben, ist natürlich festzuhalten, dass bei Ausbruch der Corona-Pandemie keine Redaktion Domänenkompetenz zu Covid-19 haben konnte – selbst virologische und epidemiologische Fachmagazine tappten ja zunächst im Dunkeln.

Wenn andererseits in den Redaktionen zumindest gut ausgestattete Wissenschaftsressorts vorhanden gewesen wären, wären uns mediale Angst- und Panikmache in nie gekanntem Umfang, das 24/7-Bombardement mit Inzidenzen und anderen, wenig aussagekräftigen Statistiken (z.B. Tote, bei denen unklar war, ob sie an oder nur mit dem Coronavirus verstorben sind) sowie der Rückgriff auf immer dieselben Experten aus der Charité und dem regierungsnahen Robert Koch-Institut vielleicht doch erspart geblieben – ebenso wie viele unsinnige und unwirksame Regulierungen und Grundrechteeinschränkungen. Wir alle mussten sie erdulden, auch weil sie von der Mehrzahl der Medien ziemlich lammfromm hingenommen wurden, obschon sich über deren Wirksamkeit auch nach drei Jahren Pandemie die Wissenschaften höchst uneins sind – wie wir heute wissen. Wir sollten allerdings nicht den Rückschaufehler begehen, denn hinterher ist man bekanntlich allemal klüger. Aber dennoch gilt es, das Debakel der Corona-Berichterstattung medial und wissenschaftlich aufzuarbeiten (RUSS-MOHL 2021).

Messbarkeit von Aufmerksamkeit in Echtzeit

Während in den Sozial- und Geisteswissenschaften inzwischen wohl der Aufmerksamkeitszyklus für die Aufmerksamkeitsökonomie seinen Kulminationspunkt überschritten hat, verschärft und verlagert sich in den Medien und im Journalismus selbst der Wettbewerb um Aufmerksamkeit weiter – einhergehend mit einem Zerfall von Öffentlichkeit in Teilöffentlichkeiten, die rivalisieren, sich teils wechselseitig abschotten und die Gesellschaft polarisieren, ja: spalten, weil es in der Aufmerksamkeitsökonomie so etwas wie eine Prämie für Vorurteilsverstärkung und Emotionalisierung gibt, die Arbeit an der gesellschaftlichen Spaltung also nicht nur politisch, sondern auch wirtschaftlich ›profitabel‹ sein kann.

Zusammenfassend: Wer was zu sehen, zu hören und zu lesen bekommt, wird zunehmend von Algorithmen entschieden, die intransparent sind und insbesondere in den sozialen Netzwerken die Nachrichtenauswahl mitsteuern. Der Journalismus ist zwar nicht mehr exklusiver Gatekeeper, aber weiterhin für die Generierung des überwiegenden Teils von Nachrichten mit zuständig, soweit sie für den öffentlichen Raum relevant sind.

Einhergehend mit der Digitalisierung können Journalisten in Echtzeit messen, wie viele Klicks und damit wie viel Aufmerksamkeit eine Meldung und damit ein Thema erzielt. Weil Aufmerksamkeit auch für den Journalismus längst zur harten Währung geworden ist, die über Erfolg bestimmt, entsteht die Versuchung, jeweils den Themen – und leider oftmals auch den Spins – den Vorrang zu geben, die am meisten geklickt werden. Journalisten und Medien orientieren sich in ihrer Nachrichtenauswahl immer mehr an der Nachfrage der Nutzer, auch weil es an Domänenkompetenz in den Redaktionen mangelt.

An dieser Stelle droht die mediale Aufmerksamkeitsökonomie aber umzukippen und zum gesellschaftlichen Verhängnis zu werden: Mediale Überaufmerksamkeit erzeugt – Corona ist das Musterbeispiel, aber auch beim Rinderwahn, bei SARS und der Vogelgrippe hat das so funktioniert – bei den Nutzern sowohl Angst und Panik als auch fokussiertes Interesse, also steigende Nutzernachfrage. Letztere verleitet wiederum die Redaktionen zur Verengung und Dramatisierung der Berichterstattung. Die Katze beißt sich immer wieder in den Schwanz – Angst-Erzeugung wird zum Kollateralschaden, den Nachrichtenmedien generieren. Vieles, was von 2020 bis Anfang 2022 nicht mit Corona zu tun hatte, fand zudem medial zumindest zeitweise kaum noch statt.

Domänenkompetenz als Chance

Tür und Tor für die Boulevardisierung des Journalismus werden so geöffnet. Nicht nur Sex & Crime, auch Panikmache wie zuletzt während der Corona-Pandemie und jetzt in der Ukraine-Berichterstattung vor dem drohenden Atomkrieg gehören inzwischen zum Alltagsgeschäft der Qualitätsmedien, unter Einschluss der öffentlich-rechtlichen Sender.

Das tägliche Trommelfeuer an Krisen- und Katastrophenmeldungen und seine Wirkungen sind eine Facette der Aufmerksamkeitsökonomie, die dringend weiterer Forschung und im Journalismus selbst verstärkter Diskussion bedarf. Nicht zuletzt wird unter Bedingungen von Unsicherheit und Krisenhaftigkeit der menschliche und journalistische Herdentrieb wirksam, der Medienhypes auslösen und verstärken kann. Journalisten werden so zu »victims of groupthink«, zu Gefangenen des Gruppen-Denkens (JANIS 1972).

Deep Journalism, sprich: mehr Domänenkompetenz könnte hier als doppelte Sicherung wirken: Sie hilft, Propaganda und Fake News zu entlarven, aber redaktionelle Expertise schützt auch gegen mediale Übertreibung, Vereinfachung, Angstmache. Domänenkompetente Redaktionen sind somit nicht nur recherchierende Faktenchecker, sondern auch Moderatoren des gesellschaftlichen Diskurses, und zwar im Doppelsinn des Wortes, weil sie sowohl mäßigend auf die Darstellung und Verzerrung von Wirklichkeit Einfluss nehmen als auch zwischen Experten und

Publikum vermitteln, sprich: Einsichten und Erkenntnisse der Öffentlichkeit zugänglich machen. Auch wenn die breitere Öffentlichkeit mitunter erst auf dem Umweg über zahlungsbereite Newsletter-Abonnenten erreicht wird, entsteht der erwünschte Sicker-Effekt: Wenn die spezialisierten Redaktionen mit Massenmedien kooperieren, oder auch die Massenmedien deren Rechercheergebnisse kopieren, profitieren der Journalismus und die Allgemeinheit insgesamt von solchen Angeboten. Soweit die realistische Perspektive.

Gleichwohl zum Schluss noch ein utopisches Gedankenspiel: Wie wäre es, wenn eine Tageszeitung (vielleicht die experimentierfreudige *taz*) oder ein oder zwei öffentlich-rechtliche Rundfunkanstalten (der WDR und der BAYERISCHE RUNDFUNK?) den Mut aufbrächten, auszuscheren und ihren Nachrichten- und Informationsjournalismus vom Kopf auf die Füße zu stellen?

Die Macht in freiheitlichen Gesellschaften ist ja nicht allein auf die politische Exekutive konzentriert, sondern auch auf die Parlamente, die Wirtschaft und Wissenschaft, auf das Rechtswesen und die Medien. Und das Publikum interessiert sich für Vieles – nicht nur für Regierungspolitik und Sport. Obendrein dürfen, ja sollen, wenn es um für die Gesellschaft Wichtiges geht, Journalisten auch Themen setzen und das Publikum für neue Themen und Domänen interessieren – allerdings ohne missionarischen Übereifer. Daran anknüpfend wäre *thinking out of the box* statt tradiertem *groupthink* gefragt: ein redaktioneller Umbau, der Parlamente, Wirtschaft, Wissenschaft, die Medien selbst sowie die Auslandsberichterstattung gleichberechtigt neben die herkömmliche Berichterstattung über die Regierungspolitik und den Sport stellt – auch beim Verteilen der redaktionellen Ressourcen, also beim Aufbau und der Pflege innerredaktioneller Domänenkompetenz.

Statt ›nur‹ in der Politik gegen den Mainstream zu bürsten, wie das links von der Mitte weiterhin die *taz* und der *Freitag* betreiben, und rechts davon *Tichys Einblick*, *Achgut* und die Schweizer *Weltwoche*, wäre mein Experiment politisch weniger ›radikal‹ und würde doch für andere, zeitgemäßere Themenschwerpunkte sorgen:

- Die Parlamentarier könnten ihre Arbeit sichtbarer machen und wären nicht mehr nur Mehrheitsbeschaffer für die Exekutive. Vermehrte Berichterstattung über ihre Arbeit wäre auch ein Beitrag zur Wiederbelebung von Demokratie.
- Allein mit dem Fokus auf Wissenschaft wäre tagtäglich für viele ›good news‹ gesorgt, die freilich stärker journalistisch und damit populärwissenschaftlich aufzubereiten wären, als das etwa *Science Daily* vermag.
- Der Akzent auf die Auslandsberichterstattung, den im deutschsprachigen Raum die kleine, aber feine NZZ noch immer vorlebt, wäre gerade für Deutschland als Export- und Tourismus-Weltmeister mehr als angemessen.
- Eine stärkere Fokussierung auf Wirtschaft würde mehr Menschen zu der Einsicht verhelfen, dass Manna nicht vom Himmel regnet, dass Einkommen, das umverteilt werden soll, zunächst erwirtschaftet werden muss und Schulden – auch die der öffentlichen Hand – leider, leider irgendwann zurückzuzahlen sind.
- Mehr Berichterstattung über Medien und Journalismus könnte nicht nur das Verständnis der Mediennutzer für den Medienbetrieb und ihr Qualitätsbewusstsein schärfen, sondern vielleicht sogar ihrer Zahlungsbereitschaft für guten Journalismus und für den Rundfunkbeitrag aufhelfen.

Es gilt also schlichtweg, die Aufmerksamkeitsökonomie zu bändigen, indem in den Redaktionen wieder mehr auf Domänenkompetenz geachtet wird. An ihr fehlt es überall dort, wo Redaktionen sehr stark ausgedünnt wurden. Versuche, dem Trend zu journalistischer Leichtgewichtigkeit und Volatilität entgegenzuwirken, verdienen deshalb Unterstützung. Es gilt, das Regime der Aufmerksamkeitsökonomie im Medienbetrieb im Interesse einer informierten Wählerschaft und damit einer funktionsfähigen Demokratie einzudämmen.

Domänenkompetenz ist freilich kein Patentrezept. Auch sie unterliegt Grenzen der Finanzierbarkeit. Aber es lohnt sich gewiss, in unserer hochkomplexen Gesellschaft weitere Nischen zu identifizieren, wo Menschen aus Neu- und Wissbegier oder um ihres eigenen beruflichen Fortkommens willen zahlungsbereit sind, um Nachrichten und Informationen domänenkompetent vermittelt zu bekommen − und diese Nischen zu bedienen.

Eine weitere Herausforderung besteht sodann im Brückenbau zu generalistisch orientierten Leitmedien: Wenn Domänenkompetenz für die breitere gebildete Bevölkerung fruchtbar gemacht werden soll, sollten diejenigen, die sie bereitstellen, einen Teil ihrer Rechercheergebnisse und Einsichten den generalistisch orientierten Leit- und Mainstream-Medien verfügbar machen. Das sollte ohne Kannibalisierungseffekt gelingen − und im besten Fall profitieren davon beide Seiten: die eine durch solide recherchierte Information, die andere durch zusätzliche Aufmerksamkeit, die sich auch auf diese Weise generieren lässt.

Literatur

ARO, JESSICA (2022): *Putins Armee der Trolle: Der Informationskrieg des Kreml gegen die demokratische Welt.* München: Goldmann

BAERNS, BARBARA (1985): *Öffentlichkeitsarbeit oder Journalismus?* Köln: Verlag Wissenschaft und Politik

BERNAZZANI, SOPHIA (2017): Das Goldfisch-Dilemma: Inhalte für kurze Aufmerksamkeitsspannen. In: *Hubspot*, vom 21.3.2017. https://blog.hubspot.de/marketing/inhalte-fuer-kurze-aufmerksamkeitsspannen

DOWNS, ANTHONY (1972): Up and down with ecology − the »issue attention cycle«. In: *Public Interest*, Nr. 28, S. 28-50

DROSTEN, CHRISTIAN (2021): *Laudatio – Hanns-Joachim-Friedrichs-Preis* vom 4.11. https://www.hanns-joachim-friedrichs.de/index.php/laudatio-preistraeger-gierstorfer.html

ECCLES, ROBERT G.; NEWQUIST, SCOTT C.; SCHATZ, ROLAND (2007): Reputation and Its Risks. In: *Harvard Business Review*, February, 2-10

FRANCK, GEORG (1998): *Ökonomie der Aufmerksamkeit. Ein Entwurf.* München, Wien: Edition Hanser

FRANCK, GEORG (2005): *Mentaler Kapitalismus. Eine Ökonomie des Geistes.* München, Wien: Edition Hanser

FRANCK, GEORG (2020): *Vanity Fairs: Another View of the Economy of Attention.* Cham: Springer Nature

GREENSLADE, ROY (2014): PRs outnumber journalists in the US by a ratio of 4.6 to 1. In: *Guardian* v. 14.4. https://www.theguardian.com/media/greenslade/2014/apr/14/marketingandpr-usa

GURIEV, SERGEI; TREISMAN, DANIEL (2022): *Spin Dictators. The Changing Face of Tyranny in the 21st Century.* Princeton: Princeton University Press

HAMILTON, JAMES T. (2004): *All the News That's Fit to Sell.* Princeton: Princeton University Press

JANIS, IRVING L. (1972): *Victims of Groupthink: A psychological study of foreign-policy decisions and fiascoes.* Boston: Houghton Mifflin Company

LUHMANN, NIKLAS (1971): Öffentliche Meinung. In: LUHMANN, NIKLAS: *Politische Planung.* Opladen: Westdeutscher Verlag, S. 9-34

MECKEL, MIRIAM (2010): Information muss frei sein – und teuer. In: *Handelsblatt* vom 08/09.10. http://de.ejo-online.eu/digitales/information-muss-frei-sein-und-teuer

NEFF, BENEDICT (2022): Die Ächtung der Ungeimpften. In: NZZ v. 11.11., S. 17

NOELLE-NEUMANN, ELISABETH (1980): *Die Schweigespirale. Öffentliche Meinung – unsere soziale Haut.* Zürich, München: Piper

NOLTE, KRISTINA (2005): *Der Kampf um Aufmerksamkeit. Wie Medien, Wirtschaft und Politik um eine knappe Ressource ringen.* Frankfurt/M., New York: Campus

PALKOWITSCH, OLIVER (2022): Die Schlacht um Sewerodonezk. In: *FAZ* v. 30.6. 2022

PEICHL, ANDREAS (2022): »Keinen Bock mehr auf die Beratung dieser Politik«. Interview in *FAZ* v. 1.7., S. 22

PÖRKSEN, BERND (2022): Weltbilder erschüttern mit Arnold Schwarzenegger – oder wie man Desinformation und Propaganda wirksam bekämpft. In: *NZZ* v, 4.7. https://www. nzz.ch/feuilleton/weltbilder-erschuettern-mit-arnold-schwarzenegger-oder-wie-man-desinformation-und-propaganda-wirksam-bekaempft-ld.1691236

RUSS-MOHL, STEPHAN (1981): *Reformkonjunkturen und politisches Krisenmanagement.* Opladen: Westdeutscher Verlag

RUSS-MOHL, STEPHAN (1993): Konjunkturen und Zyklizität in der Politik: Themenkarrieren, Medienaufmerksamkeits-Zyklen und »lange Wellen«. In: *Politische Vierteljahresschrift*, Sonderheft Nr. 24: Policy-Analyse, S. 356-370

RUSS-MOHL, STEPHAN (2017): *Die informierte Gesellschaft und ihre Feinde. Warum die Digitalisierung unsere Demokratie bedroht.* Köln: Herbert von Halem

RUSS-MOHL, STEPHAN (2021): Stärken und Schwächen der Berichterstattung über Corona. In: SCHATZ, ROLAND (Hrsg.): *Bericht zur Lage der Informationsqualität in Deutschland.* Zürich: Innovatio Verlag, S. 27-53

SCHILLER, ANNA (2023): Im Tunnel. In: *Frankfurter Allgemeine Sonntagszeitung* v. 1.1., 3

SHEPARD, R.Z. (1986): Restless on his Laurels. In: *Time* v. 5.6. https://content.time.com/time/subscriber/article/0,33009,957882-1,00.html

SIMON, HERBERT A. (1971): *Designing Organizations for an Information-rich World*. Baltimore, MD: Johns Hopkins University Press. https://web.archive.org/web/20201006235931/https:/digitalcollections.library.cmu.edu/awweb/awarchive?type=file&item=33748

SKINNER, BARNABY (2022): Von Selensky über Nawalny bis Michael Jackson – wer im Fokus russischer Desinformation steht. In: NZZ v. 7.7. https://www.nzz.ch/visuals/von-nawalny-ueber-selenski-bis-zu-pop-ikone-michael-jackson-wer-im-fokus-russischer-desinformation-steht-ld.1691911?reduced=true

TURNER, SEBASTIAN (2000): *Spring! Das Geheimnis erfolgreicher Werbung*. Mainz: Verlag Hermann Schmidt

CHRISTOPHER BUSCHOW

Medienwirtschaftliche Potenziale, gesellschaftliche Risiken

Die Übernahme des 2007 gegründeten Medienunternehmens *Politico* durch Axel Springer im Oktober 2021 unterstreicht, dass die größten wirtschaftlichen Chancen für den Journalismus gegenwärtig in Marktnischen gesehen werden. Axel Springer soll für *Politico* einen Kaufpreis von rund einer Milliarde us-Dollar gezahlt haben, was etwa dem Fünffachen des Jahresumsatzes von *Politico* entspricht und damit die teuerste Akquisition in Springers Unternehmensgeschichte darstellt (NICOLAOU/BARKER 2022).

Politico ist vor allem deshalb zum lukrativen Übernahmeziel geworden, weil es mit seinen fachjournalistischen Nischenangeboten (›Verticals‹) besonders zahlungskräftige Geschäftskunden erreicht, vorrangig Lobbyisten in Washington und Brüssel, politische Entscheider und das gehobene Management von Behörden. Unter *Politico Pro* vermarktet man eine »Policy Intelligence Platform« zu Jahrespreisen von rund 10.000 us-Dollar pro Abonnement, die aktuelle Berichterstattung, exklusive Hintergrundinformationen und Datenbankanwendungen zu politischen Fachthemen anbietet: »Politico Pro's founding editor-in-chief, Tim Grieve, said the subscription service covers the nitty-gritty details of federal policy ›at a level of specificity that you can't get anywhere else‹« (BATSELL 2015: 80). Im Jahr 2021 generierte *Politico* bereits 60 Prozent seiner Gesamterlöse mit diesen institutionellen Kunden (AXEL SPRINGER 2021).

Vor diesem Hintergrund verwundert es nicht, dass in den letzten Jahren zahlreiche digitale Medienangebote entstanden sind, die eine ähnliche Nischen- und Spezialisierungsstrategie verfolgen (COOK/SIRKKUNEN 2013) – überwiegend als fachjournalistische Neugründungen (in den USA z.B. *The Information*, *Law360*, *Insider Intelligence*), in wenigen Fällen aber auch innerhalb etablierter Medienhäuser (z.B. beim Berliner *Tagesspiegel*).

Politico kann als Prototyp und Wegbereiter eines aufstrebenden Geschäftsmodells[1] im digitalen Journalismus gelten, das die Herausgeber des vorliegenden Bandes mit dem Konzept der »Domänenkompetenz« charakterisieren (TURNER 2022: 14).[2] Sie argumentieren, dass die neuen »Domänen-Leitmedien« (ebd.) wie *Politico* dem Journalismus sowohl wirtschaftlich als auch inhaltlich nützen können: Auf der einen Seite, weil eine hohe Domänenkompetenz ihrer Journalisten den Medienunternehmen einen ökonomischen Wettbewerbsvorteil verspricht und durch nutzerseitige Zahlungsbereitschaft für Abonnements honoriert wird. Auf der anderen Seite, weil Domänenkompetenz eine Qualitätsspirale nach oben in Gang setzen kann, in welcher eine wachsende Abonnentenschaft immer weitere Investments in diese spezialisierten Kompetenzen erlaubt. Ihrer Ansicht nach

---

[1] Unter einem Geschäftsmodell wird die grundlegende Geschäftslogik eines Unternehmens verstanden, insbesondere die Art und Weise, wie es Wert für seine Kunden stiftet (PICARD 2011).

[2] Der Beitrag von Sebastian Turner in diesem Band ist die aktualisierte Langfassung des zitierten Textes.

ist ein neues »Betriebssystem« in Entstehung begriffen, »[...] das mehr Qualität auch wirtschaftlich belohnt« (TURNER 2022: 15). Erwartet wird also ein heilsamer *circulus virtuosus*, der die demo-kratisch-infrastrukturellen Leistungen des Journalismus wieder mit den privatwirtschaftlichen Interessen von Einzelorganisa-tionen verschränken soll, so wie es im alten Geschäftsmodell der Massenmedien, das bekanntlich von der Digitalisierung ausgehe-belt wurde, bis zu einem gewissen Grad möglich war (BUSCHOW 2018). Angesichts der durchaus erheblichen Innovationsdefizite im Journalismus in Deutschland (BUSCHOW/WELLBROCK 2020) scheint dies eine vielversprechende Perspektive.

Doch sind die Erwartungen, die an Domänenkompetenz als Grundlage für das prosperierende Geschäftsmodell der ›Domä-nen-Leitmedien‹ gerichtet werden, aus kommunikationswissen-schaftlicher Perspektive gerechtfertigt? Welche wirtschaftlichen Chancen bestehen für diese Medienprodukte? Welche Risiken für die Rolle des Journalismus in unserem demokratischen Ge-meinwesen stehen ihnen gegenüber?

In diesem Beitrag wäge ich medienwirtschaftliche Chancen und gesellschaftliche Risiken von fachjournalistischen Nischen-medien gegeneinander ab und unterbreite Hinweise für empi-rische Anschlussforschung. Die Überlegungen fußen auf dem Verständnis der kommunikationswissenschaftlich fundierten Medienökonomie, die den Journalismus nicht allein als privates Wirtschaftsgut betrachtet, das in Unternehmen Vermögenswerte stiften soll, sondern ebenso als öffentliches Kulturgut mit spe-zifischen Funktionen und Wirkungen im demokratischen Ge-meinwesen (KIEFER/STEININGER 2014).

Domänenkompetenz im massenmedialen Geschäftsmodell

Die Herausgeber des vorliegenden Bandes gehen von dem Konzept der Domänenkompetenz aus, das sie in diesem Band (vgl. Beiträge Russ-Mohl/Turner [S. 14] und Turner [S. 29]) näher definiert haben. Ihre Überlegungen korrespondieren mit der Forschung zu Kompetenzen im Journalismus, welche spätestens in den 1970er-Jahren zum Gegenstand der Kommunikationswissenschaft geworden sind (DONSBACH 1978; WEISCHENBERG 1990). Die Domänen- bzw. Sachkompetenz von Journalisten wird im Fach gemäß einer gängigen Definition verstanden als das »Wissen, das notwendig ist, um den Themen gerecht zu werden, die Gegenstand journalistischer Berichterstattung sind« (LOOSEN/WEISCHENBERG 2002: 97).

Als produktiv erweist sich der Vorschlag der Herausgeber, die journalistischen Kompetenzen mit neuen Finanzierungswegen für den digitalen Journalismus zusammenzudenken. Denn mit dem Fokus auf Domänenkompetenz wird die wesentliche Erfolgsbedingung für das Geschäftsmodell der neuen fachjournalistischen Nischenangebote auf Ebene der Journalisten und ihrer Kompetenzen verortet.

Für das massenmediale Geschäftsmodell der Tageszeitung war Domänenkompetenz hingegen noch von eher untergeordneter Bedeutung. Denn an die breite Öffentlichkeit als Publikum (und eben nicht an eine enge Gruppe von Spezialisten) waren die massenmedialen Produkte des Druckzeitalters schon deshalb gerichtet, weil sie nur so auf dem Lesermarkt möglichst hohe Reichweiten und, damit verbunden, Fixkostendegression, Verkaufs- und vor allem Werbeerlöse generieren konnten (KIEFER/STEININGER 2014). Die ausgeprägte Finanzierung über den Werbemarkt ermöglichte eine deutliche Reduktion des Vertriebspreises für die Endverbraucher, sodass Zeitungen wiederum wesentlich größere (vermarktbare) Leserschaften erreichen konnten (BUSCHOW 2018). Eine zu tiefe Beschäftigung mit Fachinhalten im Sinne einer ausgeprägten Domänenkompetenz wäre dafür nur abträglich gewesen und hätte den allgemeinverständlichen Charakter des an Massenpublika gerichteten Zeitungsprodukts beeinträchtigt. Dieses Geschäftsmodell protegierte eher die Generalisten. Tiefe, spezialisierte Berichterstattung fand ihren Ort vor allem in den Branchen- und Fachmedien oder in Informationsdiensten wie *Bloomberg News*.[3]

Medienwirtschaftliche Potenziale

Unter Bedingungen des digitalen Medienmarktes ist das massenmediale Geschäftsmodell mehr und mehr in Auflösung begriffen (BUSCHOW 2018; NIELSEN 2019), während ›Vernischung‹ als ein vielversprechender Weg zur finanziellen Tragfähigkeit des digitalen Journalismus gehandelt wird (BRUNO/NIELSEN 2012; COOK/SIRKKUNEN 2013; PICARD 2014; SINGER 2018). Schon 2009 fragte Siegfried Weischenberg: »Gibt es für … [den Journalismus] künftig nur die Alternative *Nischendasein oder Nichtsein?*« (WEISCHENBERG 2009: 25; Hervorhebungen im Original).

In einem digital induzierten »high-choice media environment« (VAN AELST et al. 2017) kann die Fokussierung auf spezifische Nischen, die mehr oder weniger exklusiv bedient werden, ein wirtschaftlich vielversprechendes Gegenmodell darstellen zu den »unfocused something-for-everyone one-size-fits-no-one

---

3 Nichtsdestotrotz werden Einsparungen in den Redaktionen etablierter Massenmedien, die häufig dazu führen, dass eine intensive Beschäftigung mit nur einem Themenfeld nicht mehr möglich ist, als wesentliche Herausforderung für die Zukunftsfähigkeit eines wissens- und evidenzbasierten Journalismus gesehen (DONSBACH 2013; PATTERSON 2013). Auf diese Kostenkürzungen reagieren in letzter Zeit einige gemeinnützige Neugründungen: Prototypisch für solche ›Field-Repair‹-Aktivitäten, die die wachsenden Defizite in vielen Medienunternehmen zu kompensieren versuchen, ist das stiftungsfinanzierte Science Media Center Germany (SMC). Das SMC als neuartige Unterstützungsinfrastruktur versucht die Domänenkompetenz des (Wissenschafts-)Journalismus zu erhöhen, indem es diesem journalistische Vorprodukte bzw. ›Rohstoffe‹ in Form von Expertenstatements, Einschätzungen und Hintergrundinformationen zu wissenschaftsbezogenen Themen und Veröffentlichungen zur kostenlosen Weiterverarbeitung bereitstellt, ergänzt um weitere Maßnahmen zur Unterstützung und Stärkung der journalistischen Arbeit (BUSCHOW/SUHR/SERGER 2022).

news products« (PICARD 2006: 130) des Printzeitalters. Ohne die hohen Kosten für den Druck und Vertrieb eines physischen Produkts sind diese Nischenangebote heute medienwirtschaftlich nochmals deutlich attraktiver geworden (SINGER 2018).

Das gilt insbesondere für die ›Domänen-Leitmedien‹ wie *Politico*, welche die Herausgeber dieses Bandes definieren als Medien für Entscheider mit ausgeprägten Sachkenntnissen, deren Berufserfolg von »better informed decisions« abhängt (TURNER 2022). Sie bilden einen spezifischen Typus fachjournalistischer Medien (DERNBACH 2009), die die Vernischung in ihrem Themengebiet nochmals deutlich intensivieren und dabei primär auf Leserzahlungen setzen. Ihr Geschäftsmodell ist vor allem deshalb Erfolg versprechend, weil es von der hohen Zahlungsbereitschaft einer eng umrissenen, finanzstarken Kundengruppe profitieren kann. Diese verspricht sich von spezialisierten B2B-Abonnements einen deutlichen Wissens- und Informationsvorsprung in ihrem (beruflichen) Fachgebiet, wie schon die allgemein hohe Bedeutung des individuellen Nutzwerts digitaljournalistischer Inhalte für die Zahlungsbereitschaft nahelegt (BUSCHOW/WELLBROCK 2019). ›Domänen-Leitmedien‹ können sich so bis zu einem gewissen Grad auch von der Volatilität des Werbemarktes entkoppeln und die journalistischen Inhalte zum Kern ihres Geschäftsmodells machen.[4]

Obwohl es bislang an empirischer Evidenz mangelt, scheint die Hypothese plausibel, dass das skizzierte Geschäftsmodell Marktgängigkeit mit einer Stärkung der journalistischen Kompetenz (und damit indirekt auch der Qualität von Inhalten) verbinden kann. Denn die wirtschaftlichen Perspektiven, die sich aus ›Domänen-Leitmedien‹ ergeben, schaffen mit großer

---

4   Allerdings existieren in den Vereinigten Staaten auch einige primär anzeigenfinanzierte Modelle, die am Werbemarkt die attraktive Zielgruppe der B2B-Nutzer anbieten können. Hierzu zählen u.a. *Axios, Industry Dive* und *Morning Brew*. Die folgende Analyse ist auf solche Angebote nur begrenzt anwendbar.

Wahrscheinlichkeit Anreize für Medienunternehmen, in ihr Personal zu investieren. Journalisten mit einer ausgeprägten Domänenkompetenz sind wesentliche Voraussetzung dafür, die anspruchsvollen und informierten Geschäftskunden überhaupt an das hochpreisige Medienprodukt zu binden. Diese Beschäftigungseffekte werden auch durch *Politico* belegt, das heute in den USA und Europa über 900 Mitarbeiter zählt, davon etwa die Hälfte Journalisten (POLITICO 2022).

In der Folge sind positive Auswirkungen auf einige der inhaltsbezogenen Qualitätskriterien des Journalismus zu erwarten (ARNOLD 2016). Denn anders als bei durchschnittlichen Konsumenten sind Qualität und Nutzen für die jeweilige Kundengruppe eines ›Domänen-Leitmediums‹ nach dem Konsum besser erkennbar und beurteilbar, da die Rezipienten in der Regel selbst bereits hohe Expertise im Berichterstattungsfeld besitzen (TURNER 2022), also das grundlegende medienökonomische Problem der mangelnden Qualitätstransparenz hier weniger einschlägig sein dürfte (KIEFER/STEININGER 2014). Bestenfalls können diese Angebote gesellschaftlich positive Effekte zeitigen, im Fall von *Politico* beispielsweise, indem Politik oder Verwaltung auf einen elaborierteren Wissensstand zurückgreifen und so zumindest prinzipiell stärker evidenzgetragene Entscheidungen treffen können.

Gesellschaftliche Risiken

Die kommunikationswissenschaftlich fundierte Medienökonomie schärft das Bewusstsein dafür, dass Geschäftsmodelle nicht nur im Hinblick auf ihre Marktfähigkeit, sondern auch auf ihre dienende Funktion für den Journalismus untersucht werden sollten (KIEFER/STEININGER 2014). Wirtschaftliche Tragfähigkeit bildet überhaupt erst die Voraussetzung dafür, dass der Journalismus als öffentliches Gut die ihm zugedachte Rolle im demokratischen Gemeinwesen einnehmen kann.

Auch wenn ein Zusammenhang zwischen Domänenkompetenz und Qualitätssteigerung plausibel ist, entfalten qualitätsvolle journalistische Inhalte die gewünschten gesellschaftlichen Wirkungen nicht von alleine. Im Gegenteil kann es zu nicht-intendierten Effekten kommen, die von denjenigen, die ein Geschäftsmodell unternehmerisch ausgestalten, nicht beabsichtigt sind, aber dennoch die spezifischen Funktionen und Wirkungen untergraben, die dem Journalismus in demokratischen Gesellschaften zugeschrieben werden.

Idealtypisch soll der Journalismus Bürger informieren und einen geteilten Themenhaushalt der Gesellschaft gewährleisten, er soll Wähler zur Meinungs- und Willensbildung befähigen, als ›vierte Gewalt‹ im Staate gesellschaftliche Kräfte kontrollieren und regulieren, schließlich eine gemeinsame Öffentlichkeit herstellen, in der gesellschaftliche Probleme debattiert und gelöst werden können. Vor der Folie dieser normativen Erwartungen, die die Journalismustheorie postuliert (CHRISTIANS et al. 2009; MCQUAIL 1992), ergeben sich vor allem die folgenden drei Risiken des Geschäftsmodells der ›Domänen-Leitmedien‹.

Domänenkompetenz kann einer Rollenverschiebung im Journalismus Vorschub leisten: Wie Reich und Lahav (2020) herausarbeiten, haben Journalisten immer schon als »knowledge broker«[5] fungiert, vergleichbar mit Markt- und Aktienanalysten, Policy Beratern oder Risikomanagern, lediglich gestützt auf ein anderes Werte- und Normensystem. Wenn journalistische Arbeitgeber im Modell der ›Domänen-Leitmedien‹ nun vermehrt zu Informations- und Datenbankdienstleistern für spitze B2B-Zielgruppen werden, handeln auch die Journalisten hier möglicherweise nicht mehr im Interesse der breiten Öffentlichkeit, sondern viel-

---

5   Sie definieren deren Aufgabe wie folgt: »[...] specialized knowledge-brokers' primary role is to detect, accumulate, analyze, present and disseminate different types of knowledge to different types of knowers under changing circumstances and contexts« (REICH/LAHAV 2020: 3).

mehr als hoch spezialisierte Dienstleister für eben diesen kleinen Abonnentenkreis, der seinen eigenen Nutzen maximiert. Im Ergebnis kann es zu einer Verschiebung des konventionellen Rollenverständnisses (DEUZE 2005) kommen, das den Journalismus und seine Redaktionen im 20. Jahrhundert im Wesentlichen getragen hat. Die Journalismusforschung sollte empirisch prüfen, ob sich das Berufsselbstverständnis von Journalisten in neuen ›Domänen-Leitmedien‹ vom Durchschnitt der Population unterscheidet und wie sie professionelle Distanz zu ihren Berichterstattungsgegenständen, die nicht selten auch ihre Kunden sein werden, organisieren.

Themen für einige wenige, zahlungskräftige Geschäftskunden werden priorisiert: Das Geschäftsmodell der ›Domänen-Leitmedien‹ funktioniert nur, wenn hochpreisige Abonnementeinnahmen generiert werden. Der Journalismus ist also darauf angewiesen, genau jene Nischen und Themengebiete zu bearbeiten, die die zahlungskräftigsten Zielgruppen interessieren – mit den Worten von *Politico*: »[...] the nitty-gritty details of federal policy at a level of specificity that you can't get anywhere else« (BATSELL 2015: 80). Im Gegensatz zum massenmedialen Geschäftsmodell geht es nicht mehr um die Themen, mit denen eine möglichst breite Öffentlichkeit erreicht und informiert werden kann. Im Unterschied zur gedruckten Zeitung, bei der das Feuilleton bisweilen vom werbestarken Wirtschaftsressort mitgetragen wurde, findet in der Regel auch keine unternehmensinterne ›Quersubvention‹ von Themen statt. Für die Vereinigten Staaten hat Usher (2021) eindrücklich darauf hingewiesen, dass die Einführung von digitalen Paid-Content-Angeboten selbst bei vielen General-Interest-Medien dazu geführt hat, dass diese ihre Berichterstattung auf Themen für ein kaufkräftiges, weißes, liberales Publikum umgestellt haben (»News for the rich, white, and blue«) – zulasten solcher Themen, die bei diesen Zielgruppen nicht reüssieren. Es besteht daher Grund zu der Annahme, dass mit der Ausbreitung von ›Domänen-Leitmedien‹ und unter der Voraussetzung ihres wachsenden wirtschaftlichen Erfolgs die Vielfalt der behandelten Themen im Journalismus abnehmen wird, wobei der Schwerpunkt auf die profitablen Nischen gelegt wird, während die unrentablen eher vernachlässigt werden. Denn auch, wenn die ›Domänen-Leitmedien‹ anderen Medien durch ihre Nischenstrategie keine direkte wirtschaftliche Konkurrenz bereiten sollten, kann es zwischen den verschiedenen Typen von Geschäftsmodellen durchaus zu einer Rivalität um unternehmensexterne Ressourcen kommen, z.B. um die fähigsten Nachwuchsjournalisten, die knappe Aufmerksamkeit der Konsumenten, auch um die besten Mediengründer und welchem Geschäftsmodell sie sich zuwenden. Die Folge für den gesamten journalistischen Markt kann sodann eine sukzessive Umstellung von General-Interest-Medien hin zu immer mehr (unverbundenen) Nischen- und ›Vertical‹-Angeboten sein. Inwieweit die ›Domänen-Leitmedien‹ letztlich investigative Recherchen und Scoops oder vielmehr hochspezialisierten Service-Journalismus hervorbringen, sollte die Journalismusforschung, z.B. durch Inhaltsanalysen, empirisch untersuchen.

Es kann zu einer Atomisierung von Öffentlichkeit kommen: Den wichtigsten Einwand gegen Nischenmedien hat Weischenberg wie folgt formuliert:

»[...] [S]o haben die Verfassungsväter und -mütter nicht gewettet, als sie die Medien und ihre Journalisten mit rechtlichen Privilegien ausstatteten. Dafür sollen wir alle (!) etwas zurückbekommen – und nicht nur Angler wie Horst Hrubesch und Vogelhausbauer wie Mike Krüger, die Modelleisenbahner, Motorradfreaks, Blumenbeetarchitekten, Weight-Watchers, Gullitechniker und andere Menschen mit einem ›special interest‹. Ich glaube nicht – und ich *will* auch nicht, dass der Journalismus nur in thematischen Winkeln, wo er Publikumssegmente bedient, überleben kann« (WEISCHENBERG 2009: 26; Hervorhebung im Original).

Seit Weischenberg darauf hingewiesen hat, hat sich die Öffentlichkeit unter den Bedingungen des digitalen Medienmarktes (Plattformisierung, Algorithmisierung, Datafizierung usw.) weiter deutlich ausdifferenziert (EISENEGGER 2021; HABERMAS 2021), während auch grundsätzlich von einer »Krise des Allgemeinen« (RECKWITZ 2017) die Rede ist. In der Folge kommt dem Journalismus heute (normativ gesehen) eine nochmals gesteigerte Bedeutung zu bei der Organisation einer integrativen Öffentlichkeit und von gesellschaftlichem Zusammenhang. Unternehmerische Antworten braucht es deshalb nicht zuletzt auf die Frage: Wie gelangen öffentlichkeitsrelevante fachjournalistische Nischeninhalte wieder an eine breitere Öffentlichkeit?

Einige überlegenswerte Wege können an dieser Stelle[6] nur angedeutet werden:

- Eine etablierte Medienorganisation könnte ausgewählte Nischen fachjournalistisch bearbeiten, einen Teil dieser originären Recherchen für die Allgemeinheit ›umformen‹ und so ihre General-Interest-Berichterstattung anreichern, diese ggf. sogar aus Erlösen der Nischen querfinanzieren (wie z.B. beim *Tagesspiegel*).
- Mehrere ›Domänen-Leitmedien‹ könnten unter einer gemeinsamen Dachmarke kooperieren, die die wichtigsten Recherchen der einzelnen Spezialisten aggregiert und an ein breiteres Publikum heranführt.
- Etablierte Medienhäuser könnten mit neuen ›Domänen-Leitmedien‹ zusammenarbeiten, z.B. über Lizenzdeals (wie etwa Table.Media).
- Neue Typen von (gemeinnützigen) Medienorganisationen sind vorstellbar, die sich für die Verknüpfung von Nische und Breite engagieren: Etwa eine journalistische Plattform, die Inhalte zahlreicher Anbieter teilweise einkauft, an einem

6   Ich danke Sebastian Turner für Hinweise und den Austausch zu diesen Ansätzen.

Ort bündelt (WELLBROCK/BUSCHOW 2022), oder ein Intermediär zwischen einzelnen Domänen und den Medien wie z. B. das Science Media Center Germany, das an der Schnittstelle von (Natur-)Wissenschaft und Journalismus vermittelnd tätig ist (BUSCHOW/SUHR/SERGER 2022).

- Schließlich könnte man auf einen gewissen Automatismus des Medienmarktes setzen: Kuratoren und Trittbrettfahrer werden die für eine größere Allgemeinheit relevanten, originären Recherchen aus Nischenmedien – auch gegen deren Willen – schon in die breite Öffentlichkeit tragen.

Aufgabe der Journalismusforschung wäre es, jenseits anekdotischer Evidenz systematisch zu untersuchen, inwiefern diese unterschiedlichen Wege heute bereits eingeschlagen werden und ob sie sich als funktional für das angestrebte Ziel erweisen, fachjournalistische Nischeninhalte wieder in eine breitere Öffentlichkeit zu tragen.

Fazit

Mit dem Konzept der Domänenkompetenz haben die Herausgeber dieses Bandes einen fruchtbaren Vorschlag vorgelegt, der die Debatte um künftige Geschäftsmodelle in einem zunehmend ausdifferenzierten Medienmarkt mit Fragen der journalistischen Kompetenz verbindet. Die ›Domänen-Leitmedien‹ versprechen sowohl wirtschaftliche Tragfähigkeit als auch inhaltliche Qualitätsgewinne. Das Geschäftsmodell kann für qualifizierten Nachwuchs im Journalismus sorgen, Anreize zu Investitionen in journalistische Kompetenzen schaffen und im Ergebnis auch die Qualität der produzierten Medieninhalte mittelbar steigern, was schließlich wissens- und evidenzbasierte Entscheidungen der Abnehmer zur Folge haben kann. Insofern erweisen sich ›Domänen-Leitmedien‹ als ein heilsamer Ansatz, der über eine rein monetäre Wertstiftung für Unternehmen hinausgeht.

Allerdings erhellt eine tiefergehende medienökonomische Analyse auch einige Kehrseiten des Geschäftsmodells: Die ›Domänen-Leitmedien‹ halten den Adressatenkreis ihrer Inhalte bewusst exklusiv, ihre Finanzierung fußt darauf, wesentlich mehr Menschen auszuschließen als einzubinden. Dem Rollenbild des Journalisten droht in diesem Modell eine allmähliche Verschiebung hin zum ›knowledge broker‹ für eng umrissene, zahlungskräftige Geschäftskunden. Wie eine Atomisierung von Öffentlichkeit verhindert werden kann, Nischeninhalte also auch eine breitere Öffentlichkeit erreichen können, ist wenig erprobt. Dies wirft die Frage auf, ob die journalistischen Ressourcen hier richtig eingesetzt sind, wenn aktuell nur ein relativ kleiner Teil der Gesellschaft (unmittelbar und mittelbar) von den Leistungen dieses Journalismus profitiert.

Nicht zuletzt steht zur Diskussion, ob eine Vernischung und Fragmentierung von Medienarbeit die richtige Antwort auf transdisziplinäre, global vernetzte und zunehmend eskalierende gesellschaftliche Herausforderungen sein kann – oder ob ein integrativeres Arbeitsmodell des Journalismus für die Bearbeitung dieser Themen besser geeignet wäre (zu neuen Organisationsformen im Journalismus vgl. BUSCHOW/SUHR 2022). Dass das Geschäftsmodell der ›Domänen-Leitmedien‹ allein die zentralen Probleme des Journalismus lösen kann, steht jedenfalls nicht zu erwarten.

Literatur

ARNOLD, K. (2016): Qualität des Journalismus. In: M. LÖFFELHOLZ; L. ROTHENBERGER (Hrsg.): *Handbuch Journalismustheorien*. Wiesbaden: Springer VS, S. 551-563

AXEL SPRINGER (Hrsg.) (2021, 15. Juni): *Eine Million Digital-Abos: News-Angebote von Axel Springer erreichen Rekordwert*. https://

www.axelspringer.com/de/ax-press-release/eine-million-digital-abos-news-angebote-von-axel-springer-erreichen-rekordwert

BATSELL, J. (2015): *Engaged Journalism. Connecting with Digitally Empowered News Audiences*. New York: Columbia University Press

BRUNO, N.; NIELSEN, R. K. (2012): *Survival is Success. Journalistic Online Start-Ups in Western Europe.* Oxford: Reuters Institute for the Study of Journalism. https://reutersinstitute.politics.ox.ac.uk/our-research/survival-success

BUSCHOW, C. (2018): *Die Neuordnung des Journalismus. Eine Studie zur Gründung neuer Medienorganisationen.* Wiesbaden: Springer VS

BUSCHOW, C.; SUHR, M. (2022): Change Management and New Organizational Forms of Content Creation. In: M. KARMASIN; S. DIEHL; I. KOINIG (Hrsg.): *Media and Change Management. Creating a Path for New Content Formats, Business Models, Consumer Roles, and Business Responsibility*. Cham: Springer International, S. 381-397

BUSCHOW, C.; SUHR, M.; SERGER, H. (2022): Media Work as Field Advancement: The Case of Science Media Center Germany. In: *Media and Communication*, 10(1), S. 99-109

BUSCHOW, C.; WELLBROCK, C.-M. (2019): *Money for nothing and content for free? Zahlungsbereitschaft für digitaljournalistische Inhalte* (Unter Mitarbeit von D. Kunkel) Whitepaper im Auftrag der Landesanstalt für Medien NRW. Düsseldorf: Landesanstalt für Medien NRW. https://www.medienanstalt-nrw.de/fileadmin/user_upload/lfm-nrw/Foerderung/Forschung/Zahlunsbereitschaft/LFMNRW_Whitepaper_Zahlungsbereitschaft.pdf

BUSCHOW, C.; WELLBROCK, C.-M. (2020): *Die Innovationslandschaft des Journalismus in Deutschland*. Wissenschaftliches Gutachten im Auftrag der Landesanstalt für Medien NRW. Düsseldorf:

Landesanstalt für Medien NRW. https://doi.org/10.25643/
bauhaus-universitaet.4240

CHRISTIANS, C. G.; GLASSER, T. L.; MCQUAIL; D.; NORDENSTRENG,
K.; WHITE, R. A. (2009): *Normative theories of the media: Journalism
in democratic societies*. Urbana, Chicago: University of Illinois
Press.

COOK, C.; SIRKKUNEN, E. (2013): What's in a Niche? Exploring
the Business Model of Online Journalism. In: *Journal of Media
Business Studies*, 10(4), S. 63-82

DERNBACH, B. (2009): *Die Vielfalt des Fachjournalismus. Eine
systematische Einführung.* Wiesbaden: Springer vs

DEUZE, M. (2005): What is Journalism? Professional Identity
and Ideology of Journalists Reconsidered. In: *Journalism*, 6(4),
S. 443-465

DONSBACH, W. (1978): Zur professionellen Kompetenz von
Journalisten. In: W. HÖMBERG (Hrsg.): *Journalistenausbildung.
Modelle, Erfahrungen, Analysen.* München: Ölschläger, S. 108-121

DONSBACH, W. (2013): Journalism as the new knowledge
profession and consequences for journalism education.
In: *Journalism*, 15(6), S. 661-677

EISENEGGER, M. (2021): Dritter, digitaler Strukturwandel
der Öffentlichkeit als Folge der Plattformisierung.
In: M. EISENEGGER; M. PRINZING; P. ETTINGER; R. BLUM
(Hrsg.): *Mediensymposium. Digitaler Strukturwandel der
Öffentlichkeit: Historische Verortung, Modelle und Konsequenzen.*
Wiesbaden: Springer, S. 17-39

HABERMAS, J. (2021): Überlegungen und Hypothesen zu einem
erneuten Strukturwandel der politischen Öffentlichkeit.
In: *Leviathan*, 49(37), S. 470-500

KIEFER, M. L.; STEININGER, C. (2014): *Medienökonomik* (3. Aufl.).
München: Oldenbourg

LOOSEN, W.; WEISCHENBERG, S. (2002): Das Drehkreuz der
Redaktion. Kompetenz-Dimensionen des »Datenbank-

Journalismus«. In: *Medien & Kommunikationswissenschaft*, 50(1), S. 93-101

MCQUAIL, D. (1992): *Media performance: Mass communication and the public interest*. London: Sage

NICOLAOU, A.; BARKER, A. (2022, 7. Januar): New cohort of media start-ups focus on paying readers, not page clicks. In: *Financial Times*. https://www.ft.com/content/5ab5b5b7-f4a2-4eae-996a-75d7649b5c5d

NIELSEN, R. K. (2019): Economic Contexts of Journalism. In: K. WAHL-JORGENSEN; T. HANITZSCH (Hrsg.): *The Handbook of Journalism Studies*. New York: Routledge, 2. Aufl., S. 324-340

PATTERSON, T. E. (2013): *Informing the News: The Need for Knowledge-Based Journalism*. New York: Vintage

PICARD, R. G. (2006): *Journalism, value creation and the future of news organizations*. Joan Shorenstein Center on the Press, Politics and Public Policy, John F. Kennedy School of Government, Harvard University. https://shorensteincenter.org/wp-content/uploads/2012/03/r27_picard.pdf

PICARD, R. G. (2011): *The Economics and Financing of Media Companies*. New York: Fordham University Press, 2. Aufl.

PICARD, R. G. (2014): Twilight or new dawn of journalism? Evidence from the changing news ecosystem. In: *Journalism Practice*, 8(5), S. 488-498

POLITICO (Hrsg.) (2022): *About Politico*. https://www.politico.com/about-us

RECKWITZ, A. (2017): *Die Gesellschaft der Singularitäten. Zum Strukturwandel der Moderne*. Berlin: Suhrkamp

REICH, Z.; LAHAV, H. (2020): What on Earth do Journalists Know? A New Model of Knowledge Brokers' Expertise. In: *Communication Theory*, 31(1), S. 62-81

SINGER, J. B. (2018): Entrepreneurial Journalism. In: T. P. VOS (Hrsg.): *Journalism*. Boston: De Gruyter, S. 355-372

TURNER, S. (2022, 6. Mai): Wie die Leitmedien sich neu erfinden können. In: *Die Welt* (108), S. 14-15

USHER, N. (2021): *News for the Rich, White, and Blue: How Place and Power Distort American Journalism.* New York: Columbia University Press

VAN AELST, P. et al. (2017): Political communication in a high-choice media environment: a challenge for democracy? In: *Annals of the International Communication Association*, 41(1), S. 3-27

WEISCHENBERG, S. (Hrsg.) (1990): *Journalismus & Kompetenz. Qualifizierung und Rekrutierung für Medienberufe.* Opladen: Westdeutscher Verlag

WEISCHENBERG, S. (2009): Nischendasein oder Nichtsein? In: B. DERNBACH; T. QUANDT (Hrsg.): *Spezialisierung im Journalismus.* Wiesbaden: Springer VS, S. 23-34

WELLBROCK, C.-M.; BUSCHOW, C. (2022): Plattformen im Digitaljournalismus: Interindustrielle und interdisziplinäre Grenzübertritte. In: *Communicatio Socialis*, 55(1), S. 44-56

ALEXANDRA BORCHARDT

Schluss mit dem Selbstbetrug!

Der moderne Journalismus ist besser als sein Image, lange war das umgekehrt. Noch nie kamen Formate so vielfältig daher, investigative Recherchen so international, erhielten so viele Stimmen Raum. Nie zuvor ließen sich, Bilder, Filme, Tonaufnahmen und Datenanalysen so einfach von jedem produzieren wie heute und über eine Fülle von Plattformen verbreiten. Tatsächlich nutzen viele Journalistinnen und Journalisten diese Möglichkeiten. Dennoch jammert die Branche. Alles sei flach und flüchtig geworden, statt Qualitätsanspruch regiere das Zahlendiktat, und das Publikum sei auch nicht mehr das, was es mal gewesen sei. Dabei haben sich Medienschaffende ihre Welt über viele Jahrzehnte mit ein paar Annahmen schöngeredet, auf deren Basis es sich zwar frohen Mutes arbeiten ließ, von denen jedoch kaum eine durch Daten belegt war. Man könnte auch sagen: Die Geschäftsgrundlage hieß Selbstbetrug.

Zunächst einmal war da die Behauptung, man schreibe oder sende für ›die Öffentlichkeit‹. Auf Institutionen wie die *Tagesschau* mochte das gerade noch zutreffen. Aber die Redaktionen selbst der größten Tageszeitungen hätten ganz ohne Dashboards wissen können, dass es das so oft beschworene allgemeine Publikum – *die* Leser – nie gegeben hat. Wer die sogenannten ›Qualitätszeitungen‹ las, war gebildet, überwiegend männlich und zahlungskräftig. Damit lebten die Verlage gut. Wer beim publizistischen Angebot nicht zugriff, dem war eben nicht zu helfen. Erst als die lukrativen Zielgruppen zu schrumpfen begannen, entdeckte manch ein Medienhaus seine Mission: Plötzlich wollte und will man vielfältiger werden, gerne alle erreichen. Aber wie macht man das, wenn man ganzen Gruppen jahrzehntelang das Gefühl vermittelt hat, für sie sei kein Platz am Tisch der Informationen?

Welchen Wert hat eine Nachricht?

Die zweite ungeprüfte Behauptung betrifft die Substanz: den Nachrichtenwert. Man entscheide unabhängig, was wichtig sei – so umschrieben Journalistinnen und Journalisten das Blattmachen nach Bauchgefühl. Aber wichtig für wen? Was gerne mit Bedeutung verbrämt wurde, hatte häufig eher mit Bequemlichkeit und Opportunitäten zu tun. Der Stoff war gerade verfügbar und/oder im besten Fall dazu geeignet, jemanden damit zu beeindrucken: den Chefredakteur, die Kollegen, die Konkurrenz, sich selbst. Nutzte die Story auch dem Publikum? Wer hätte es je prüfen wollen. Heute belegen Daten, dass Journalismus noch immer gnadenlos am Bedarf vorbei produziert. Redaktionen liefern deutlich zu viel Politik und Aktuelles, zu wenig Er- und Aufklärung. Jahr um Jahr belegt dies der Digital News Report des Reuters Institutes an der Universität Oxford. Im Zeitalter des Informations-Überflusses führt das dazu, dass Nutzer immer größere Teile des Angebots ignorieren.

Mehr ›von oben‹ geht nicht

Die dritte nicht belegte Annahme rankt sich um die Struktur, in der Journalismus weltweit produziert wird: Redaktionen und Webseiten sind in Ressorts oder entlang von Gemeindegrenzen aufgeteilt. Dem liegt die Vermutung zugrunde, dass sich Menschen für Ressorts interessieren, Schachteln, die man nur füllen müsse. Sie haben Namen wie ›Innenpolitik‹, ›Außenpolitik‹, ›Wirtschaft‹, ›Wissenschaft‹, ›Sport‹ oder ›Feuilleton‹. Man erzog seine Konsumenten dazu, der Struktur zu folgen. Ist man ehrlich, müsste man zugeben: Mehr von oben geht nicht. Denn die Ressorts spiegeln exakt den Aufbau von Regierungen. Jedes Ministerium bekommt sein Ressort, jede Gemeinde ihr Außenbüro. Diese Einteilung hat ihren Sinn, wenn Reporter Verwaltungen und Politiker kontrollieren sollen, eine wichtige Funktion von Journalismus in der Tat. Möchten sie jedoch die Bedürfnisse ihrer Nutzer bedienen – wofür einiges spricht –, werden die Schachteln unpraktisch. Der Fußballfan interessiert sich nicht unbedingt für Tennis, sondern vor allem für ›seinen‹ Verein. Wer begeistert Fahrrad fährt, mag alles zum Thema Mobilität verschlingen, die Debatte um Atomkraft aber ignorieren. Junge Eltern folgen vielleicht der Diskussion ums Kindergeld, aber nicht der um den Länderfinanzausgleich.

Die digitale Welt hat die Nutzer zu Erwachsenen gemacht. Sie wollen selbst entscheiden, was sie brauchen, wann und wie. Die alte Ordnung verstehen sie nicht mehr, Ressorts sind leere Hüllen geworden. Stimmen Angebot und Service nicht, wenden sich die Konsumenten ab. Das gilt besonders für diejenigen, die mit der Digitalisierung aufgewachsen sind, wo vor allem *user experience* zählt. Statt des Senders steht jetzt der Empfänger im Mittelpunkt.

Das kränkt diejenigen mit Sendungsbewusstsein, und unter diesen sind viele Journalisten. Wer gekränkt ist, teilt lieber aus, statt den eigenen Beitrag zu reflektieren. Und so schimpfen Redakteure gerne auf die potenziellen Konsumenten: Die bevorzugten das Krasse, Laute, Flache statt manch liebevoll erdachte Story. Doch in Wahrheit lieben die Nutzer Qualität, ihr Anspruch ist sogar gestiegen. Zwar klicken sie auf schrille Schlagzeilen. Jeder von uns ist ein bisschen Voyeur, schon die Biologie legt uns nahe, die Welt permanent nach potenziellen Gefahren abzusuchen. Aber Leserinnen, Hörer oder Zuschauerinnen operieren mit Radar: Wenn es zu flach wird, drehen sie ab – zumindest, bevor es ans Zahlen geht. Journalismus ohne Tiefe hat keine Zukunft mehr.

Audiences first – Nutzer im Mittelpunkt

Und hier kommt das ins Spiel, worum es geht in diesem Sammelband: Deep Journalism und Domänenkompetenz. Die meisten Nutzer spüren recht zuverlässig, ob Autorinnen und Autoren ihr Fach beherrschen, oder ob Copy-and-Paste ihr liebstes Recherche-Tool ist. Und das gilt vom TikTok-Clip bis zum 1.000-Wörter-Essay. Wer nur blufft, ist schnell enttarnt in einer Welt, in der es stets nur ein paar Klicks bis zum nächsten Erklär-Stück sind. Verlage müssen deshalb nicht nur in Technik, sondern vor allem auch in ihre Reporterinnen und Redakteure investieren. Wer den Ukraine-Krieg verstehen, sein Geld anlegen, sich auf dem Arbeitsmarkt behaupten oder sich einfach nur intelligent unterhalten lassen will, der gibt nur Geld dafür aus, wenn das Preis-Leistungs-Verhältnis stimmt. Zur guten Leistung gehört das passende Format, der angemessene Ton, das inspirierende Bild und der ungewöhnliche Gedanke genauso wie die journalistische Selbstverständlichkeit, dass alle Fakten stimmen. Nur wer sein spezielles Publikum und dessen Bedürfnisse kennt, bringt es hier zur Könnerschaft.

Viele Redaktionen machen sich deshalb das *Audiences first*-Konzept zu eigen, das die Nutzer in den Mittelpunkt stellt.

Bei diesem Ansatz geht es darum auszuloten, was verschiedene Nutzergruppen brauchen, um sie dann einigermaßen passgenau zu bedienen. Dazu gehört, sich nicht nur mit deren Interessen, sondern auch deren Konsumgewohnheiten zu beschäftigen, entsprechende Angebote zu entwickeln und zu testen. Während für die eine der Podcast funktioniert, braucht die andere das kurze Erklär-Video, der Dritte möchte sich in einen Text vertiefen und das am liebsten am Wochenende. Domänenkompetenz ist eine Voraussetzung dafür. Denn nur derjenige, der sein Publikum und dessen Ansprüche kennt, wird den richtigen Ton treffen, die passende Plattform wählen und damit einen entsprechenden Mehrwert bieten.

Die Domänen, die es zu beherrschen gilt, können sich mit den althergebrachten Ressorts decken, oft weichen sie aber davon ab. Wer Erklär-Angebote für junge Nutzer konzipiert, die denen dabei helfen sollen, die Weltlage zu verstehen, muss fachübergreifend und anschaulich arbeiten können. Wer Berufspendler bedienen will, sollte sich mit den praktischen Fragen des Von-A-nach-B-Gelangens ebenso auskennen wie mit Verkehrspolitik, Steuerfragen, technischen Innovationen und Umweltbilanzen. Empathie für die Zielgruppe, Know-how und eine gewisse Leidenschaft sind Voraussetzungen für die Mitgliedschaft in einem Audience-Team. So wie die Nutzer durchaus zu verschiedenen Zielgruppen gehören können – ein Fußball-Fan mag gleichzeitig junger Familienvater sein – sollten sich auch die Produzenten an mehreren Teams beteiligen können. Ressort- und abteilungsübergreifendes Arbeiten wird überall dort zur Norm, wo es die Fachkompetenz erfordert.

Für Chefinnen und Chefs heißt das vor allem loslassen können. Audience-Teams müssen experimentieren dürfen und für ihre Ergebnisse Verantwortung übernehmen. Die erste Verpflichtung der Reporter gilt ihrem Publikum, nicht dem Füllen von Seiten oder Programmslots und auch nicht der Demonstration von Ressort-Loyalität. *Audiences first* ist die nächste Stufe von *Digital first*.

Zwangsläufig hinterlässt das Lücken. Die gedruckte Zeitung will immer noch erstellt, das lineare Fernsehprogramm bestückt werden. Domänenkompetenz funktioniert aber nur, wenn Reporterinnen und Experten sich mit Leidenschaft und Akribie vertiefen können, sie brauchen Zeit. Die Produktion muss deshalb einfacher werden. Abgeschafft werden sollte, was nur dem Ego der Produzenten, nicht aber ihrem Publikum dient. Das klappt nicht überall. So wie Ärzte über wachsenden Verwaltungsaufwand klagen, jammern Redakteure über immer mehr Zwänge. Taggen, Teasern und Titeln frisst viel von der Zeit, die früheren Generationen von Journalisten zum Telefonieren blieb.

Eine Hoffnung gibt es: Künstliche Intelligenz wird Redaktionen und Verlagen zunehmend dabei helfen, Nutzer passgenau zu bedienen, ohne dass dies wertvolle Arbeitsstunden verschlingt. KI kann sortieren, personalisieren, auswerten, ansprechen, erinnern und automatisierbare Inhalte erstellen. Tiefe liefern kann sie nicht. Dafür werden diejenigen gebraucht, die schon immer stolz auf das waren, was für eine Demokratie unerlässlich ist: auf starken Journalismus. Und der kann noch besser werden.

Literatur

REUTERS INSTITUTE FOR THE STUDY OF JOURNALISM: *Digital News Report* (erscheint jährlich). Oxford University. https://www.digitalnewsreport.org/

MARKUS SPILLMANN

Grenzen der Domänenkompetenz. Lemmingeffekte in der Kriegsberichterstattung

»Der Himmel über Bagdad ist erleuchtet.« Mit diesen Worten beginnt die weltweit erste Live-TV-Berichterstattung eines Krieges. Es ist die Nacht auf den 17. Januar 1991. In Bagdad steht der Neuseeländer Peter Arnett auf dem Dach des Rashid-Hotels. Er kommentiert für CNN den Beginn des Zweiten Golfkriegs, während hinter ihm amerikanische Cruise-Missiles einschlagen. Es wird auch der erste Waffengang der Moderne, bei dem die Aufnahmen der Bordkameras amerikanischer Kampfjets über die TV-Schirme in die Wohnstuben flimmern. Sie zeigen den angeblich chirurgischen Beschuss von militärischen Zielen im Wüstensand.

›Live‹ suggeriert im Journalismus so etwas wie Wahrheit. Wir aber wissen inzwischen: Arnett durfte sein Hotel nur selten verlassen, seine Aufnahmen wurden durch die irakische Zensurbehörde freigegeben. Und chirurgisch war auch dieser Krieg nicht, im Gegenteil. Die Rückeroberung Kuwaits, die quasi live im Fernsehen mitverfolgt werden konnte, war begleitet von sehr klassischen Formen der Manipulation.

Arnett war beiden Konfliktparteien für die Meinungsbildung wertvoll. Diese Rolle sollte ihm ironischerweise beim Dritten Golfkrieg unter George W. Bush zum Verhängnis werden. Der legendäre Kriegsreporter, der 1966 für seine Vietnam-Korrespondenz im Auftrag der Associated Press den Pulitzer-Preis erhalten hatte, äußerte sich 2003 in einem Interview mit dem irakischen Staatsfernsehen kritisch über die erneute US-Intervention. Das wurde in seiner Wahlheimat als unpatriotischer Defätismus wahrgenommen und löste einen Sturm der Entrüstung aus. Der Journalist stand plötzlich selbst unter Beschuss. Er setze sich zu wenig für die gerechte Sache ein, oder eben: Er sei kein wahrer Patriot. Sein damaliger Arbeitgeber NBC beugte sich dem Volkszorn: Arnett wurde fristlos entlassen.

Recherche unter erschwerten Bedingungen

Mit dieser Anekdote verbindet sich die Frage, wie unabhängig, unvoreingenommen und domänenkompetent eigentlich Journalistinnen und Journalisten in einer Kriegszone berichten können und berichten dürfen, ohne sich dem Vorwurf auszusetzen, der ›gerechten Sache‹ zu schaden. Seit dem Überfall Russlands auf die Ukraine am 24. Februar 2022 hat sie wieder eine besondere Brisanz erhalten.

Auf der Suche nach Antworten muss man sich einige Charakteristika der Krisen- und Kriegsberichterstattung in Erinnerung rufen. Zunächst ist die journalistische Berichterstattung aus einem Kriegsgebiet nicht vergleichbar mit der Situation, wie sie Medienschaffende in Friedenszeiten und in freiheitlich verfassten Staaten wie etwa Deutschland oder der Schweiz antreffen. In der Ukraine herrscht seit dem 24. Februar 2022 Kriegsrecht. Das schränkt die Arbeit der in- und ausländischen Medienvertreter ein. Zum einen dürfen Journalisten gewisse Informationen gar nicht veröffentlichen. Es herrscht Zensur und die Bewegungsfreiheit ist eingeschränkt.

Dann wurde bei Kriegsbeginn das Programm der staatlichen Fernsehsender gleichgeschaltet. Sie informieren heute einheitlich im Auftrag der Regierung. Als unabhängige und kritische Informationsquelle fallen diese Sender weg. Ausländische Reporter wiederum werden von offizieller Seite zwar freigiebig mit Angaben über Verluste, Truppenbewegungen, Gräueltaten der Russen versorgt. Zur Lage der ukrainischen Streitkräfte aber erfahren sie sehr wenig. Kaum je darf ein ausländischer Journalist bei den Verteidigern für längere Zeit ›embedded‹ arbeiten, um sich ein eigenes Bild zu verschaffen. Der Zugang zu Kampfzonen oder etwa an Orte, an denen angeblich Kriegsverbrechen stattgefunden haben sollen, erfolgt häufig verzögert und in der Regel unter Aufsicht. Das heißt nicht, dass das, was die Journalisten dann zu Gesicht bekommen, falsch sein muss. Aber es ist halt auch nicht gesichert, ob es immer der Wahrheit entspricht.

Der unzweifelhafte Opferstatus der Ukraine und seiner tapferen Bevölkerung angesichts des kaltblütig durchgeführten russischen Angriffs und der damit einhergehenden Gräuel wird so sehr betont, dass eine kritische Hinterfragung der jeweiligen Geschehnisse nicht angebracht erscheint. Schließlich ist die ungehinderte Berichterstattung aus den russisch besetzten Gebieten für westliche Journalisten faktisch unmöglich, und sie wird aus Russland selbst immer schwieriger.

Eine Form der Schwarmintelligenz

Krisen- und Kriegsberichterstattung ist nicht nur gefährlich, sondern auch aufwendig und kompliziert. Wer als Journalist beispielsweise unmittelbar nach der US-Invasion von 2003 mutterseelenallein in den Irak reiste, erwartete in Bagdad Chaos. Die Amerikaner waren damit beschäftigt, ein Mindestmaß an Sicherheit herzustellen, der irakische Widerstand war längst noch nicht gebrochen, zwischen den Sunniten und Schiiten gärte es, in einzelnen Stadtteilen herrschte Anarchie. Immer wieder kam es zu Anschlägen, aber auch zu krimineller Gewalt im Zuge der zusammengebrochenen staatlichen Ordnung. Wenige Stunden zuvor hatte man noch die Annehmlichkeiten einer europäischen Metropole genossen, lebte und arbeitete in einer gewaltarmen Umgebung, mit fließend Wasser und Essen, das nicht krank macht, und einer funktionierenden Infrastruktur wie Verkehrsmittel, Strom und Mobilfunknetz.

Nun aber befindet sich der Berichterstatter in einem Land, das ihm fremd ist: Er ist der Sprache nicht mächtig, benötigt einen Übersetzer. Er ist ein Westler, daher vielleicht als Entführungsopfer attraktiv, er ist übermüdet von der langen Anreise via Nachtflug und stundenlangen Taxifahrt ins Land. Er fühlt sich bedroht, ohne aber genau zu wissen, wo eigentlich welche Gefahren lauern. Und er ist konfrontiert mit einer gewalttätigen Umgebung, einheimische Gastfreundschaft hin oder her. Dazu kommt der Druck, recherchieren und berichten zu müssen. Er braucht also Informationen, Gesprächspartner, Zugänge.

Da es nicht nur ihm so geht, sondern vielen anderen auch, bildet sich jeweils rasch eine Art Schicksalsgemeinschaft, häufig in den Lobbys der führenden Hotels am Platz oder in von Regierung oder Armee betriebenen Medienzentren. Dort tauschen sich neu eintreffende Journalisten mit bereits länger umherirrenden aus, durchmischt mit Vertretern unzähliger internationaler Hilfsorganisationen und der UNO, Regierungsvertretern und schmierig-schummrigen Gestalten. Es entsteht eine Form der Schwarmintelligenz, die öfters das ist, was der Begriff suggeriert: eingemittete Ansichten und sich zu Fakten verfestigende Mutmaßungen. Auch gut geschulte und erfahrene Journalisten – domänenkompetente Profis, die das Land und seine Kultur kennen – sind nicht immer gefeit davor, in dieser Atmosphäre Falschmeldungen aufzusitzen.

Das Phänomen, sich bei der Nachrichtenbeschaffung wie Lemminge zu verhalten, ist im Journalismus nicht unbekannt. In Ausnahmesituationen ist diese Gefahr besonders groß. Sich davor schützen kann, wer über profunde Orts- und Sachkenntnisse, viel Erfahrung und auch ein gerütteltes Maß an Selbstvertrauen in die eigene Urteilsfähigkeit besitzt.

Nun können sich aber nur noch wenige Redaktionen fest angestellte und vor Ort stationierte Korrespondenten leisten, die über mehrere Jahre eine Entwicklung beobachten und entsprechend sach- und landeskundig sind. Es wäre dies die Voraussetzung dafür, die Relevanz von Entwicklungen und Einzelereignissen realistisch einzuschätzen und sich vor allem auch dann nicht ins Bockshorn jagen zu lassen, wenn es einmal hektisch wird. Praktisch kein größeres deutschsprachiges Medium aber hat in Kiew bis zum Kriegsausbruch über eigene Kräfte verfügt. Die meisten westlichen Medien berichteten entweder aus Warschau, aus Wien oder sinnigerweise aus Moskau.

Die Stunde des Fallschirm-Journalismus

Dazu kommt, dass Redaktionen eigene Mitarbeiter in Kriegszonen fast reflexartig zurückbeordern, nicht zuletzt auch aus finanziellen Gründen: Die Redaktionen haben nicht nur eine Fürsorgepflicht für ihre Mitarbeitenden. Im Normalfall erlischt auch der Versicherungsschutz, wenn ein Krieg ausbricht. Es wird also sehr rasch sehr teuer, einen festangestellten Journalisten vor Ort einzusetzen. Der Korrespondent benötigt zusätzliche Deckungen, in exponierten Ländern etwa eine kostspielige Entführungsversicherung. Dazu kommen Kosten für die persönliche Sicherheit, angefangen von Schutzausrüstung über Satellitentelefon bis hin zu gepanzerten Fahrzeugen oder *in extremis* sogar Sicherheitspersonal. Es wird sofort horrend teuer, von A nach B zu reisen, auch die Hotelraten schnellen in die Höhe. Kriegswirtschaft eben, in der häufig nur noch Bargeld als Zahlungsmittel angenommen wird.

Entsprechend stützen sich viele Redaktionen in solchen Fällen entweder auf lokale Kolleginnen und Kollegen oder greifen in Konfliktlagen auf Freelancer zurück, die wie Pilze aus dem Boden schießen und unter Inkaufnahme sehr hoher Risiken auf eigene Faust in die Konfliktzone reisen. Das ist angesichts der stark steigenden Nachfrage zwar sehr lukrativ, aber auch sehr gefährlich.

Viele dieser Journalistinnen und Journalisten haben sich bis zum Zeitpunkt ihrer Einreise bestenfalls in die Materie eingelesen, mehr aber nicht. Unter Berufsleuten wird diese Form der Krisen- und Kriegsberichterstattung denn auch etwas despektierlich als ›Fallschirm-Journalismus‹ bezeichnet.

Wer unter solchen Bedingungen arbeiten muss, ist besonders angewiesen auf Unterstützung durch Dritte vor Ort. Der Berichterstatter braucht einen Fahrer, einen Übersetzer, und oft auch einen Fixer, einen einheimischen Journalisten, der sein karges Gehalt dadurch aufbessert, dass er den ausländischen Kollegen bei der Recherche, bei der Informationsbeschaffung, bei der Suche nach Interviewpartnern oder auch banal als Reiseführer zur Seite steht. Traurige Berühmtheit haben viele dieser lokalen Kollegen beim überhasteten Abzug der westlichen Truppen aus Afghanistan im Dezember 2021 bekommen: Sie wurden vielfach zurückgelassen und als angebliche Kollaborateure der Rache der Taliban ausgeliefert.

Erschwerend kommt dazu, dass Journalistinnen und Journalisten nicht nur Berufsleute, sondern auch Menschen sind. Sie haben Gefühle, Ängste, moralische Standpunkte, eine persönliche Prägung. Es wäre naiv, ja unmenschlich zu erwarten, diese würden bei Arbeitsbeginn einfach abgelegt. Nein – sie sind Teil der individuellen Persönlichkeit und beeinflussen, wie viel Distanz der Journalist, die Journalistin überhaupt noch einnimmt, angesichts des Leids und der Zerstörung, deren Augenzeuge man wird. Oder in den Worten einer Kollegin: »Die Ukraine macht es uns Journalisten sehr schwer, Distanz zu halten.«

Verbietet sich also ein Perspektivenwechsel angesichts der sehr realen Grausamkeiten, die wie in Butscha und vielen anderen Orten der Ukraine durch russische Soldaten verübt wurden? Oder ist es nicht vielmehr auch journalistisch legitim, ja nicht sogar eine moralische Pflicht, Partei zu ergreifen für die Opferseite, wenn sie wie in diesem Krieg so klar definierbar ist? Und ist es daher nicht fast folgerichtig, dass andere Geschehnisse, die vielleicht auch einen Schatten auf diese Opfer werfen könnten, kleingeredet, relativiert oder sogar ausgeblendet werden? Selbst im Wissen darum, dass in einem Krieg auf allen Seiten von Tag eins an Lüge, Täuschung und Übertreibung die Informationsstrategie dominieren?

Wo jedoch hört eine ethisch gerechtfertigte Haltung auf und wo beginnt Aktivismus im Journalismus? Wo verläuft die Grenze zwischen einem wie auch immer definierten inneren Werte-Kompass im Rahmen einer auch handwerklich definierten journalistischen Berufsethik und der sehr bewussten und auch instrumental verstandenen Parteinahme für eine Sache oder eine Gruppe, mit der die Grenzen des berufsethisch Zulässigen überschritten werden?

Zwischen Partei- und Anteilnahme

Bill Keller, der ehemalige Chefredakteur der *New York Times*, hat vor rund zehn Jahren Glenn Greenwald auf dessen Verteidigung des aktivistischen Journalismus und seine Parteinahme für Edward Snowden im *Guardian* wie folgt geantwortet: »Ich glaube, dass Unparteilichkeit ein erstrebenswertes Ziel im Journalismus ist, auch wenn es nicht perfekt erreicht wird. Ich glaube, dass sie in den meisten Fällen der Wahrheit näher kommt, weil sie dem Prinzip folgt, alle Annahmen, einschließlich der eigenen, zu überprüfen.« Keller orientierte sich damit wie andere Vertreter seiner Generation an den Worten des ehemaligen BBC-Anchor-man Charles Wheeler, der anmahnte, als Journalist Distanz zu halten, sich nicht gemein zu machen mit einer Sache, auch nicht mit einer guten, nicht in öffentliche Betroffenheit zu versinken, im Umgang mit Katastrophen cool zu bleiben, ohne kalt zu sein.

Greenwald entgegnete Keller sinngemäß: Journalismus sei immer eine Art Aktivismus. Jeder journalistischen Entscheidung wohnten höchst subjektive Annahmen inne – kulturelle, politische, soziale. Und in der Tat: Jede kritische Annahme reflektiert eine vorgefasste Meinung. Über was berichten wir? Wen interviewen wir? Welche Bilder zeigen wir? Setzen wir einen großen oder kleinen Titel, wo erscheint der Beitrag in der Sende-Dramaturgie, wird das süffige Zitat prominenter gesetzt als das luzidere? Es sind dies Entscheidungen, mit denen man den Nachrichtenwert gewichten und die Medienkonsumenten beeinflussen kann.

Die Grenzen sind dabei fließend. Sie zu erkennen, bedarf nicht nur handwerklichen Genügens, sondern auch fachlicher Kompetenzen und der Fähigkeit zur kritischen Selbstreflexion. Eine solche Publizistik stellt nicht nur unterschiedliche Positionen dar, sondern sie wägt zwischen diesen immer auch ab auf der Basis von faktisch Objektivierbarem, im Wissen darum, dass dies nicht gleichzusetzen ist mit Wahrheit. Das gilt besonders in kriegerischen Ausnahmesituationen, wo Domänenkompetenz besonders wichtig ist, aber eben – wie dargestellt – auch schnell an Grenzen stößt. Der Journalist sollte auch dann die Rolle des Beobachters einnehmen. Wird er selbst zum Akteur, dann macht er sich gemein – auch für eine gute Sache.

Nun leben wir *in extremis* in einer Zeit der Emotionsbewirtschaftung. Und leider ist es auch im Journalismus *en vogue*, sich rasch und klar zu positionieren. In Krisen- und Kriegslagen ist das besonders heikel, weil ein Gut sofort rar wird: gesichertes Wissen. Es wird nicht nur mit Waffen gekämpft, sondern auch mit Täuschung, Übertreibung und bewusster Irreführung. Die Permutation digitaler Interaktionsformen macht dies einfacher denn je. Nicht von ungefähr wird das Blutvergießen in der Ukraine auch schon als der erste ›TikTok-Krieg‹ des 21. Jahrhunderts bezeichnet. Sender und Empfänger treffen sich im digitalen Kosmos, die Echokammern sind unendlich groß. Das schafft einerseits einen idealen Nährboden für Manipulation. Andererseits werden Inhalte nicht mehr in erster Linie nach ihrem faktischen Gehalt, sondern nach ihrem Stil und Erregungspotenzial bewertet. Das verstärkt auch unter Journalistinnen und Journalisten den Hang, sich als Person und Akteur zu positionieren und mit knalligen Botschaften zu inszenieren.

Es sind wenig überraschend vor allem ältere Journalisten und Vertreter traditioneller Medien, die sich damit schwertun. Sie haben noch gelernt, ihre politischen oder persönlichen Gefühle in der Berichterstattung zu verbergen. Sie wollen auch keine Präsenz auf den sozialen Medien, weil sie sich scheuen, einem anonymen Publikum ihre politischen oder privaten Standpunkte offenzulegen. Ihre Heimat ist die des Sendegefäßes – ob das nun eine Zeitung, ein Online-Portal, eine Radio- oder eine TV-Sendung ist. Es ist diese Verankerung, die sie institutionell davor schützt, selbst aktivistisch zu agieren. Wenn, dann transportiert das Format die eigene Meinung, etwa in einer Kommentarspalte, die als solche auch benannt und somit erkennbar ist.

Demgegenüber steht eine neue Generation von Journalisten, die keine Objektivität mehr vortäuschen mag, die es in dieser Optik sowieso nicht gibt. Sie wollen transparent machen, was sie antreibt und was sie denken. Das entspricht auch besser der ökonomischen Logik im Mediengeschäft. Denn ob alt oder neu:

Verkäuflich ist Information nur dann, wenn sie konsumiert wird. Journalismus lebt von Aufmerksamkeit.

Und hier ist der Markt äußerst kompetitiv geworden. Objektivität ist langweilig, Provokation spannend. Selbst sogenannte ›seriöse‹ Medien sind in den letzten Jahren spürbar boulevardesker geworden. Es wird mehr denn je auf die Inszenierung und Emotionalisierung gesetzt, man folgt dem Publikumsgeschmack, der durch die Vielzahl digitaler Informations- und Interaktionsmöglichkeiten beeinflusst ist und inzwischen im Sekundentakt vermessen werden kann.

Natürlich existiert dazu auch eine publizistische Gegenbewegung, die sich der Entschleunigung, der Vertiefung, der Ausleuchtung und ja, der Huldigung des Abseitigen und des weniger Spektakulären und Polarisierenden verschreibt. Noch aber handelt es sich dabei i.d.R. um Nischenangebote auf fragiler wirtschaftlicher Basis.

Der bereits erwähnte Charles Wheeler begründete sinnigerweise seine Haltung, Journalisten sollten sich in größtmöglicher Distanz üben, auch schon mit wirtschaftlichen Überlegungen – aber mit dem genau gegenteiligen Argument: »Nur so schaffst du es, dass die Zuschauer dir vertrauen, dich zu einem Familienmitglied machen, dich jeden Abend einschalten und dir zuhören«. Das Streben nach Objektivität im Journalismus war dabei nicht nur der journalistischen Glaubwürdigkeit geschuldet, sondern auch der Tatsache, dass es die Werbekunden nicht gerne sahen, wenn ihre Werbeschaltungen in einem Umfeld platziert wurden, das beim Publikum Anstoß erregte.

Diese Zeiten sind definitiv vorbei: Erstens hat in den reifen Medienmärkten das von Wheeler angesprochene Lagerfeuer – die Familie sitzt vereint vor dem TV-Gerät – längst aufgehört zu brennen. Zweitens leiden alle traditionellen Mediengattungen darunter, dass im digitalen Zeitalter Werbung nicht mehr auf journalistische Inhalte angewiesen ist. Und drittens

›lohnt‹ sich Polarisierung darum auch im Journalismus, weil diese angesichts erodierender Werbeeinnahmen die dringend benötigte neue Bindung zum Publikum schafft. Mindestens sind davon viele Medienmanager überzeugt.

Diven, fleißige Bienen und graue Mäuse

Der moderne Journalismus ist ohne Zweifel stärker als jemals zuvor gefordert, sich den Erwartungen, den Interessen und den Problemen der Menschen zu widmen, sich also im Sinn des Public oder Civic Journalism zu öffnen auch für die Lösungssuche, statt einfach nur Probleme zu beschreiben. Dagegen ist nichts einzuwenden, solange Lösungssuche als konstruktiver, nicht obstruktiver Prozess verstanden wird. Und dabei das hohe Gut im Journalismus nicht fahrlässig zu Grabe getragen wird, durch das Streben nach Objektivität Glaubwürdigkeit zu erlangen. Es gilt, trennscharf zu bleiben zwischen einer einseitigen und zuspitzenden Berichterstattung, die das Publikum letztlich bevormundet, und einer engagierten, aber dennoch faktenorientierten Publizistik, die das Publikum zur eigenen Meinungsbildung befähigen will.

Diese Trennschärfe jedoch wird immer schwächer. Nicht nur im Ukraine-Krieg, sondern auch bei Themen wie der Corona-Pandemie, dem Klimawandel oder dem Umgang mit Minderheiten – als Beispiele aus der jüngeren Zeit – macht sich der Journalismus häufig selbst zum Akteur. Das ist meist nur peinlich, bisweilen auch ärgerlich, fast sicher aber längerfristig dysfunktional, weil es den Journalismus degradiert zu einer sozio-kulturell aufgeladenen politischen Kommunikationsform. Für diese aber wird das Publikum keine Zahlungsbereitschaft entwickeln. Denn sie bietet nur, was im digitalen Raum bereits unendlich oft und kostenlos verfügbar ist: die Bestätigung der eigenen Meinung.

Wer diesen glitschigen Pfad nicht beschreiten will, muss bereit sein, kontinuierlich in eine solide journalistische Ausbildung zu investieren. Den Fokus vor allem auf digitales Storytelling, Coding und Vermarktungskompetenzen zu legen, ist zu wenig. Es braucht angesichts des flüchtigen Publikumsgeschmacks im digitalen Kosmos eine kritische Würdigung der Relevanz traditioneller publizistischer Kernfragen wie Haltung, Berufsethik und Arbeitsweisen, angepasst an die Erfordernisse der heutigen Zeit. Notwendig ist die Bereitschaft von Redaktionsleitungen, ihre Journalistinnen und Journalisten auch bei klammen Kassen Erfahrung sammeln zu lassen, im Feld genauso wie auf einem Dossier. Das heißt auch, wieder geduldiger zu werden, weil die Ernte solchen Bemühens nicht sofort, sondern erst nach einiger Zeit eingefahren werden kann. Diese Erneuerung der publizistischen Kultur muss gepaart werden mit einer sorgfältigen Personalpolitik, die Wert auch auf Persönlichkeit und Charakter legt. Eine gut geführte Redaktion benötigt fleißige Bienen genauso wie graue Mäuse und einige Diven. Ihr Austausch untereinander und ihr komplementäres Wissen und die Addition ihrer Netzwerke tragen entscheidend zur redaktionellen Domänenkompetenz bei.

Nur in einem solchen Umfeld entsteht relevanter Journalismus. Ein Journalismus, der Distanz hält zum Gegenstand seiner Recherche. Bei dem sich Journalistinnen und Journalisten nicht gemein machen, auch nicht mit einer vermeintlich guten Sache. Ob in einem Kriegsgebiet oder unter Friedensbedingungen.

TEIL 3

Das Konzept auf dem Prüfstand

Domänenkompetenz in der journalistischen Arbeit

BERTHOLD KOHLER

Die *FAZ* – Domänenkompetenz von Anfang an

Domänenkompetenz war für die *Frankfurter Allgemeine Zeitung* schon unabdingbar, als man den Begriff in ihren Reihen wohl noch am ehesten dem Weinbau zugeordnet hätte. In Frankfurt verlangte man Fachkompetenz. Wer sie nicht mitbrachte, brauchte sich bei der FAZ gar nicht erst zu bewerben. Die Zeitung hatte sich bei ihrer Gründung vorgenommen, breite Schichten anzusprechen. Das sollte jedoch stets mit Tiefgang geschehen. Die Redaktion wollte, wie es in der ersten Ausgabe vom 1. November 1949 hieß, »sich bemühen, nicht an der Oberfläche der Dinge stehen zu bleiben, sondern ihre geistigen Hintergründe aufzusuchen«. Dafür setzte die FAZ von Anfang an auf Kenner ihres jeweiligen Fachs.

Die sogenannte ›Vermittlungskompetenz‹ galt dagegen lange im Zweifel als nachrangig. Es war nicht ungewöhnlich, auch ohne journalistische Ausbildung einen Redakteursvertrag angeboten zu bekommen. Fachwissen aber war unbedingt nachzuweisen, ob an einer Universität erworben oder anderswo. Doktorarbeiten und Habilitationsschriften halfen bei der Beweisführung freilich sehr. Während in anderen Häusern ohne journalistische Arbeitsproben nicht einmal ein Praktikum zu ergattern war, konnte man bei der FAZ hören: »Denken müssen Sie können. Das Schreiben lernen Sie dann schon bei uns.«

Die Schreiber-Lehre folgte weitgehend dem Prinzip ›learning by doing‹. Literarische Begabungen waren sehr willkommen (natürlich besonders im Feuilleton), doch wurde nicht vorrangig nach ›Edelfedern‹ und ›Schönschreibern‹ (Redaktionsspott) gesucht. Im Zentrum des Selbstverständnisses und Produktversprechens der FAZ stand hochkonzentrierte Information. Die Leser konnten sich darauf verlassen, an jedem Morgen mit journalistischem Vollkornbrot versorgt zu werden: mit nüchternen Nachrichten, faktenreichen Hintergrundberichten und fundierten Analysen.

Croissants sind in der Frühgeschichte der FAZ eher selten serviert worden. Inzwischen gehören auch sie längst in allen Ressorts zum Standardsortiment. Die Redaktion hält zwar eisern daran fest, den Lesern Qualitätsjournalismus zu bieten. Der muss aber noch eine Qualität mehr haben als früher: leichter konsumierbar zu sein, und das in vielen Darreichungsformen. Domänenkompetenz allein reicht nicht länger; sie muss von ausgeprägter Vermittlungskompetenz auf den verschiedenen Verbreitungskanälen flankiert werden, die heutzutage zur Verfügung stehen. Nur noch in Ausnahmefällen werden Bewerber ohne jegliche journalistische Ausbildung oder Erfahrung eingestellt. Bevorzugt zieht die FAZ sich ihren Nachwuchs im hauseigenen Volontariat heran, das es seit 1988 gibt. Zwei der vier amtierenden Herausgeber haben es absolviert.

Tiefgang statt Redaktions-Allrounder

Spezialistentum hat seinen Preis, den in diesen schwierigen, von sich überlagernden Krisen geprägten Zeiten nicht mehr alle Verleger zahlen wollen oder können. Es gibt auch deswegen in der Branche einen Trend hin zum Redaktions-Allrounder, der über alles schreibt: die Bayreuther Festspiele, den EU-Gipfel und die Fußballweltmeisterschaft. Das spart kurzfristig Kosten. Es ist jedoch alles andere als sicher, dass Zeitungsverlage mit einem solchen Angebot unter den Konkurrenzbedingungen des digitalen Zeitalters langfristig überleben können.

Die *FAZ* setzt weiter auf ein breitgefächertes Angebot mit Tiefgang, das nur von vielen Spezialisten erarbeitet werden kann. Dazu braucht man allerdings einen langen Atem, sowohl beim Aufbau eines solchen Autorenkollektivs wie auch bei dessen Finanzierung. Redaktionelle Kompetenz ist kein Zufallsprodukt, sondern das Ergebnis einer sorgfältigen Personalauswahl, einer vorausschauenden Personalplanung und einer nicht mit Anerkennung geizenden Personalpflege. Kenner und Könner ihres Fachs könnten jederzeit in die Sektoren wechseln, über die sie schreiben – und dort oft auch mehr verdienen. Da ihre Kompetenz täglich im Schaufenster steht, mangelt es nicht an Abwerbeversuchen. Doch erliegt ihnen nur ein Bruchteil der Umworbenen. Geld ist auch für gute Leute nicht alles, wenn sie genügend Raum für selbstbestimmtes Arbeiten und zur Entfaltung ihrer Fähigkeiten haben. Man muss darauf achten, dass er nicht zu stark eingeschränkt wird durch endlose Abstimmungskonferenzen, Schichtdienste und andere Belastungen des Arbeitens für mehrere Ausspielkanäle. Qualitätsjournalismus braucht Luft zum Atmen, Denken, Schreiben.

Es sollte daher auch möglich sein, das Arbeitsgebiet zu wechseln, wenn sich die persönlichen Interessen ändern. Die *FAZ* ist gut damit gefahren, solche Wünsche zu erfüllen, so der Stellenplan es zulässt. Das ist im Regelfall für alle Beteiligten ein Gewinn, nicht zuletzt für die Leser: Begeisterung für neue, selbstgewählte Themen und Aufgaben spiegelt sich in den Produkten wider. Im großen Korrespondentennetz der *FAZ* kommt es sogar regelmäßig zur Rotation, da bleibt niemand (mehr) bis zur Rente auf einem Platz. Doch wird weiter darauf geachtet, dass die Entsandten schon Kenner ihrer Länder sind oder es schnell werden können. Sie beziehen ihre Posten mindestens für fünf Jahre. Jahrzehntelange Erfahrung zeigt: Wer in A ein guter Korrespondent war, wird das auch in B oder C sein.

Deep Journalism in der Pandemie

Domänenkompetenz muss auch kompetent vermarktet werden. Dann zahlt das Investment sich nicht nur in guten Zeiten aus. Die FAZ profitierte nach Ausbruch der Pandemie sehr von ihrem Ruf, eine herausragende Wissenschaftsredaktion zu haben. Die konnte vom ersten Tag an ihre ganze Kompetenz ausspielen. Auch die fachkundige Berichterstattung über die politischen, ökonomischen und kulturellen Aspekte der Pandemie ließ mehr Leser als jemals zuvor auf die digitalen Angebote des Hauses zugreifen. 2020 und 2021 gehörten auch deswegen zu den wirtschaftlich besten Jahren der FAZ in diesem Jahrtausend. Viele Verlage meldeten in der Corona-Krise Kurzarbeit an, die FAZ nicht. Ihre Redaktion wurde um mehr als zwanzig Stellen erweitert, um die Digitalisierung der journalistischen Angebote voranzutreiben. Noch nie zuvor hatten Zeitungshäuser so viele Möglichkeiten, ihre Kompetenz ganz unterschiedlichen Lesergruppen zu beweisen.

Die Leute dafür fallen jedoch nicht vom Himmel. Für die Arbeit an neuen digitalen Produkten sind in der Redaktion Kenntnisse erforderlich, die auch in anderen Branchen lebhafte Nachfrage erfahren. Trotz aller Krisensignale, die die Medienbranche aussendet, finden sich aber immer noch talentierte junge Menschen, die sich für den Journalismus begeistern können – für »die schwierigste, schrecklichste, aufregendste, herrlichste Sache von der Welt«, wie es in der ersten Ausgabe der FAZ hieß. An dieser Definition muss man immer noch nichts ändern.

RAINER ESSER

Domänenkompetenz auf vier Plattformen

Die letzten zwei Jahrzehnte waren herausfordernd für Medienhäuser weltweit. Mit der digitalen Revolution veränderte sich
der Medienmarkt mit enormen Auswirkungen auf bestehende
Geschäftsmodelle. Für Medien, die die digitalen Möglichkeiten
umarmt haben, eröffneten sich profitable neue Geschäftsmodelle.

Die schier unermessliche Verfügbarkeit kostenloser Inhalte,
die Notwendigkeit zur Erweiterung der Distributionskanäle
verbunden mit dem Bedarf an technologischen Ressourcen sowie
die strukturellen Veränderungen auf dem Werbemarkt waren
Herausforderungen, auf die viele Medienhäuser nicht vorbereitet waren. Vor allem waren sie überrascht, dass nach Jahrzehnten
einträglicher linearer Geschäfte Leserinnen und Leser sowie Werbekunden plötzlich fortwährende Innovation, agiles Kunden-
management und schnelle Veränderungen und Anpassungen an
ihre Interessen forderten.

Viele Zeitungsverlage trafen Anfang der 2000er-Jahre zunächst die Entscheidung, ihre journalistischen Inhalte online

kostenfrei zur Verfügung zu stellen, verbunden mit der Erwartung, dass die Digitalwerbeumsätze die bestehenden Kosten tragen würden. Das hat sich nicht bewahrheitet. Allerdings war die Entscheidung, retrospektiv betrachtet, trotzdem richtig. Hätten die etablierten Zeitungen zum Start schon ›Kassenhäuschen‹ im Netz aufgebaut, hätten kostenlose Anbieter den Markt besetzt. So konnten die etablierten Medien auch online ihre Community aufbauen, um dann neue Geschäftsfelder zu eröffnen. Nach Aufbau ihrer zunächst kostenlosen Marktplätze konnten sie mit der Monetarisierung ihres Angebots beginnen.

Doch zunächst litten Medienunternehmen durch die Kostenloskultur und den Mangel an einer Digitalstrategie, während insbesondere Digitalriesen wie Facebook und Google von Werbeeinnahmen profitierten. Die Konsumenten gewöhnten sich daran, Qualitätsjournalismus kostenfrei zu erhalten, ohne dafür ein Abonnement abschließen zu müssen. Dies führte bei nicht wenigen Zeitungsverlagen zu der Entscheidung, ordentlich Kosten und Personal einzusparen – mit Auswirkungen auf die Redaktionen, ihre Ressorts und die journalistische Arbeit. Bis heute befinden sich deutsche Verlage in einem grundlegenden Umbruch, der durch sinkende Auflagen, geringere Werbeeinnahmen, Konkurrenz durch digitale Plattformen wie TikTok und Instagram sowie durch ein verändertes Mediennutzungsverhalten geprägt ist.

Der andere Weg

Die *Zeit* konnte einen anderen Weg gehen, vor allem weil das Medienhaus von einer verlegerisch inspirierten Familie geführt wird. Der Familie liegt der Ausbau der Marke, der Redaktion und der publizistischen Tiefe mehr am Herzen als die Maximierung von Profiten. So wuchs allein die Redaktion über die letzten beiden Jahrzehnte von 100 auf 500 Köpfe, der gesamte Verlag inklusive Töchter von 300 auf 1.300 Mitarbeiter. Die strategischen

Ziele sind Qualitätsführerschaft im überregionalen Markt und Diversifizierung der Marke mit dem Ziel, den Mitgliedern der Zielgruppe möglichst viele Anknüpfungspunkte zu bieten.

In der digitalen Berichterstattung, die durch die Ökonomie der Aufmerksamkeit geprägt ist, hat die *Zeit* bewusst am Gegenkonzept festgehalten, zugunsten von Einordnung, Konstruktivität und intensiver Recherche auf Clickbait zu verzichten. Statt überspitzt Inhalte zu bewerben und Informationen polarisierend wiederzugeben, hat sie sich für ihre Leserinnen und Leser als unterstützendes Medium bei der fundierten Meinungsbildung positioniert. Die *Zeit* identifiziert Qualität als einen entscheidenden Erfolgsfaktor, um eine Positionierung im Markt zu erzielen, die mit Kompetenz und tiefgründigen, gut recherchierten Beiträgen sowie einem entsprechend starken Markenbild assoziiert wird. Statt verbaler Dominanzgesten wird sachlicher Kontext geboten.

Neue Ressorts

Dies ging mit der Entscheidung einher, systematisch in die Kompetenz bestehender und neuer Ressorts zu investieren und die digitalen Möglichkeiten zu nutzen, um Leser und Leserinnen zu binden sowie neue Abonnenten zu finden. In der abgeschlossenen Wochenausgabe wurden die neuen Ressorts »Streit« und »Green« gegründet sowie das neue Ressort »Entdecken«. Damit wurde die herkömmliche Ressortstruktur kontinuierlich zu einer redaktionellen Matrix-Struktur weiterentwickelt. Hinzu kam der deutliche Ausbau des Ressorts »Wissen«, in dem die Nachrichten und Berichte aus der Wissenschaft, der Hochschule und der Schulen inklusive des großen Stellenmarktes »Forschung und Lehre« enthalten sind. Seit 2019 wurde das Ressort »Wissen« um 12 Personen erweitert. Die *Zeit* baut sowohl in der Wochenausgabe als auch auf der digitalen Plattform fortwährend Themen aus, die zum gesellschaftlichen Austausch anregen. Diese Entscheidung wurde mit der Überzeugung getroffen, durch Tiefe in der Berichterstattung inhaltlich zu profitieren, aber auch einen ökonomischen Mehrwert zu erzielen, indem ein Marktplatz für thematisch entsprechende Anzeigen geschaffen wurde – Print wie digital.

Viele Zeitungsverlage haben mit der Digitalisierung an verkaufter Auflage verloren. Statt das digitale Angebot zu einem Niedrigpreis anzubieten, setzte die *Zeit* auf ein Bezahlmodell, das dem des Printabonnements viele Jahre glich, sodass eine Investition in Qualität und Ressortkompetenz bis heute gut tragbar und der verkauften Auflage zuträglich ist. Die *Zeit* konnte in den letzten Jahren entgegen dem Branchentrend an verkaufter Auflage, insbesondere aufgrund der Abonnements, sowohl bei den Print- als auch bei den Digitalkunden zulegen. Trotz steigender Abopreise erhöhte sich die verkaufte Auflage stetig und überschritt im dritten Quartal des Jahres 2022 sogar die Marke 621.000 (IVW). Besonders erfreulich: Neben die bisherigen Spielfelder Print und Digital sind bei den klassischen Medien jetzt auch Event und Audio getreten.

Neue Formate: Podcasts und Events

Insbesondere Podcastformate bieten Medienhäusern den Zugang zu einer deutlich jüngeren Zielgruppe. Um die journalistische Unabhängigkeit zu gewähren, bleibt die inhaltliche Gestaltung der Audioformate weiterhin im Hoheitsbereich der Print- und Online-Redaktionen. Der Aufzeichnungs- und Postproduktionsprozess wird für die *Zeit* durch einen externen Dienstleister gewährleistet. Anders gestaltet sich dies bei der Organisation und Durchführung von Events, die durch die zuständigen Eventeinheiten innerhalb der Verlagsgruppe mit dem Ziel ausgerichtet werden, Redakteure und deren journalistische Inhalte entweder einem Fachpublikum oder dem Lesermarkt zugänglich zu machen. Umtriebigen Verlagen stehen damit heute vier Plattformen zur Verfügung, auf denen sie Inhalte präsentieren und ihre Autoren auftreten können. Zudem bieten Audioformate und Events eine ausführlichere Form für Gesprächsformate und sogar Live-Journalismus, der unabhängig von Zeichen- sowie Seitenlimitierungen funktioniert und damit so in den klassischen Print- und Digitalformaten nicht zur Verfügung steht.

Welchen Einfluss Investitionen in Qualität und Ressortkompetenz beim Aufbau von Domänenkompetenz haben kann, haben die Covid-19-Pandemie und die wissenschaftsfundierte Berichterstattung der *Zeit* gezeigt. Seit dem Beginn der Pandemie im Jahre 2020, die insbesondere durch die Ressorts »Politik« und »Wissen« in der Berichterstattung intensiv begleitet wurde, hat die *Zeit* über 126.000 Print- und Digitalabonnements neu dazugewonnen – mehr als jeder andere Mitbewerber unter den überregionalen Qualitätsmedien (ivw). Auf die datenbasierte, tägliche Aufbereitung und Infografik der Corona-Zahlen in Deutschland aus dem Ressort »Wissen« verließen sich nicht nur die Leser und Leserinnen von *Zeit online*, sondern auch politische Institutionen.

Das veränderte Mediennutzungsverhalten fordert eine crossmediale Diversifizierung. Verlagshäuser müssen massiv ihre digitale Kompetenz, inklusive Audio und Video ausbauen. Dazu gehört die Bereitstellung von abwechslungsreichen Inhalten über unterschiedliche Distributionskanäle und Plattformen.

Qualitätsführerschaft dank Vermittlungskompetenz

Dank der erforderlichen produkt- und kanalübergreifenden Vermittlungskompetenz hat die Qualitätsführerschaft der *Zeit* zugenommen, denn die Kriterien für Qualitätsjournalismus bleiben auch im digitalen Zeitalter unberührt. Durch die Stärkung der Ressortkompetenz und die Investition in Print- und Online-

Redaktionen können die Redakteure ihre Fachexpertise in den zugehörigen Ressorts und auf den vorgesehenen Kanälen einbringen. Einer erzwungenen Zusammenlegung von Print- und Online-Redaktionen sowie einer themenübergreifenden Berichterstattung außerhalb des angestammten Fachgebiets aus Mangel an Redaktionspersonal wurde damit frühzeitig entgegengesteuert. Stattdessen greifen strategische Planungen, die eine Zusammenlegung von Print- und Online-Kompetenzen dort forcieren, wo sie der redaktionellen Arbeit sachdienlich sind. Damit wird den unterschiedlichen Produktanforderungen durch ausreichendes Personal mit relevanter Fachkompetenz Rechnung getragen, denn die Print-, Digital- und Audio-Produkte unterscheiden sich unter anderem im Produktionsprozess, den Veröffentlichungszyklen und auch in der Aktualität. So gleicht die redaktionelle Aufbereitung einer wöchentlich erscheinenden Zeitung nicht der eines minutenaktuellen Online-Portals.

Die *Zeit* hat sich für eine Doppelstrategie aus klassischen und digitalen Angeboten entschieden, die qualitativ gleichbedeutend aufbereitet werden. Trotz zunehmender Digitalisierung ist Print auch weiterhin ein wichtiger Kanal.

Die Diversifizierung der Geschäftstätigkeit endet jedoch nicht mit den redaktionellen Inhalten für Leser und Leserinnen der *Zeit*. In ihrem Bestreben, Qualitätsführerschaft mit einer Nischenstrategie zu kombinieren, hat die Verlagsgruppe ausgehend vom Ressort »Wissen« ein crossmediales Produktökosystem für die Scientific-Community unter Berücksichtigung von Hochschulen, Wissenschafts- und Forschungsinstituten aufgebaut. Dabei profitiert das Angebot vom Markenbild der Wochenzeitung als Blatt der Akademiker und Intellektuellen. Durch die Möglichkeit, die Scientific-Community direkt über einen aus dem Ressort »Wissen« angelegten Newsletter zu adressieren, kann die domänenspezifische Kompetenz weiter vertieft werden. Mit den eigens verfassten journalistischen Inhalten werden gründliche Kenntnisse von Zusammenhängen und Entwicklungen bereitgestellt, auch wenn sie sich nicht im aktuellen gesamtgesellschaftlichen medialen Aufmerksamkeitszyklus befinden.

Entscheider, Fach- und Führungskräfte werden auch künftig fachbezogene Informationen benötigen, um branchenbezogene Sachverhalte zu verstehen und ihr Informationsbedürfnis zu befriedigen. Die Leseranalyse Entscheidungsträger (LAE) 2022 bestätigt, dass Forschung, Wissenschaft und Technologie als redaktionelle Themen 42 Prozent der Entscheidungsträger in Wirtschaft und Verwaltung interessieren. Dabei sind Glaubwürdigkeit, Verlässlichkeit und Qualität der Informationen für ein Fachpublikum unverzichtbar.

Die domänenspezifische Kompetenz, die die *Zeit*-Verlagsgruppe mit dem Ressort »Wissen« für den B2C-Markt aufgebaut hat, lässt sich auch im B2B-Markt wiederfinden. Im Bestreben, Geschäftsfelder um das journalistische Kerngeschäft aufzubauen und weitere Erlösquellen zu nutzen, ist das B2B-Geschäft von hoher Relevanz. Das aufgebaute Ökosystem umfasst auch den führenden Online-Stellenmarkt »academics« für den Bereich Wissenschaft, Forschung, Öffentliches und Gesellschaft.

Basierend auf dem Markenbild als Wochenzeitung für Akademiker und Intellektuelle sowie dem Hochschulgesetz der Länder zur Ausschreibung von Professuren platzierte die *Zeit* in der Printausgabe einen wissenschaftlichen Stellenmarkt, der bis heute, umrahmt vom »Wissen«-Ressort, der größte überregionale Stellenmarkt für akademische Berufe im deutschsprachigen Raum ist. Um den Stellenmarkt auch ins Digitale zu verlängern, entschied sich die *Zeit* im Jahre 2004 gemeinsam mit dem deutschen Hochschulverband, das Unternehmen »academics« zu gründen. Bereits ein Jahr später wurden die ersten Stellenanzeigen veröffentlicht, zunächst ausschließlich eine digitale Verlängerung der Printanzeigen. Kontinuierlich wurden die Möglichkeiten erweitert, qualifizierte, potenzielle Mitarbeiter zu erreichen. Somit hat auch das Employer-Branding-Geschäft Einzug in das B2B-Angebotsportfolio gefunden. Für Bewerber und Bewerberinnen dient das Portal zudem als Karrierebegleiter, insbesondere aufgrund der inhaltlichen Kompetenz der redaktionellen Beiträge. Das Beispiel »academics« zeigt, dass auch branchenspezifische Kooperationen unterstützen können, Domänenkompetenzen zu vertiefen und in weitere Geschäftsfelder auszuweiten. Wer als Kooperationspartner gewählt wird, ist abhängig von Ressourcen, Positionierung und Reputation im Markt. Mit der gemeinsamen Gründung von »academics« wurde die Nischenspezialisierung auch auf einer digitalen Plattform ausgebaut und die wertschöpferischen Tätigkeiten vertikalisiert – von der Entwicklung der Inhalte auf der digitalen Plattform bis zum Sales ausgerichtet auf den Bereich Wissenschaft, Forschung, Öffentliches und Gesellschaft.

Die Digitalisierung bietet auch traditionellen Zeitungsverlagen großartige Chancen, ihr Produktportfolio weiterzuentwickeln und durch einen crossmedialen Ansatz sowie neu entwickelte Touchpoints ein größeres Publikum zu erreichen. Qualität und Domänenkompetenz lassen sich vom traditionellen Geschäft der Zeitungsverlage in die digitale Welt bestens und noch tiefer und facettenreicher übertragen und mit sich neu bietenden Möglichkeiten schärfen. Trotzdem stellt sich die Frage, inwieweit Tages- und Wochenzeitungen, die als Informationsmedien für die Gesamtbevölkerung dienen, Domänenkompetenz im selben Maße aufbauen können wie Fachmedien, die mit ihrem Angebot auf eine bestimmte Nische und damit ein weitgehend homogeneres Fachpublikum ausgerichtet sind. Kooperationen mit Fachinstitutionen und freien Fachautoren können ein Weg der Zukunft sein.

CHRISTOPH KEESE

Wahrheit, nichts als die Wahrheit

Jahrzehntelange Beschäftigung mit Journalismus hat mich eines gelehrt: Kein Artikel, kein Buch und kein Beitrag wird die Wahrheit jemals vollständig treffen. Je länger ich in dem Metier arbeite, desto zweifelhafter wird mir, ob es so etwas wie absolute Wahrheit überhaupt geben kann. Die vergangenen fünf Jahre als Unternehmensberater haben mir außerdem gezeigt: Die Wirklichkeit ist so unendlich komplex, dass kein Mensch hoffen kann, sie jemals komplett zu erfassen. Verstanden habe ich aber auch: All dies tut dem Journalismus keinen Abbruch, und es schmälert noch nicht einmal sein Versprechen.

Warum? Weil das zentrale Versprechen des Journalismus eben nicht lautet, die absolute Wahrheit zu berichten, sondern nur, der Wahrheit so nah wie möglich zu kommen. Das ist ein wichtiger Unterschied. Journalismus strebt auf Wahrheit zu, wissend um die eigene Unzulänglichkeit, aber stets bemüht, diese Unzulänglichkeit zu verringern. Absoluter Wahrheitsanspruch wäre unerreichbar und müsste damit immer scheitern. Das Bemühen hingegen, der Wahrheit iterativ so nah wie möglich zu kommen, macht den Journalismus lebensnah und wirklichkeitsfest.

Blogger, Influencer, Aktivisten, Politiker, Unternehmer, Verbände, Plattformen und viele andere erheben per Definition keinen Anspruch auf Wahrheit. Sie verfolgen Interessen oder bieten Foren zur Durchsetzung von Interessen an. Das ist das Gegenteil von Journalismus, wobei der Wechsel vom einen ins andere Lager durchaus möglich ist. Verpflichtet sich ein Blogger freiwillig zu den ethischen Standards des Journalismus und damit im Kern zu einem Streben nach Wahrheit, dann wird er oder sie dadurch gewissermaßen per Proklamation zum Journalisten oder zur Journalistin. Proklamation reicht natürlich noch nicht, um das Handwerk zu beherrschen. Es bedarf gekonnter Anwendung und gewissenhafter Aufsicht durch eine professionelle Instanz wie einen Redakteur oder eine Redaktion. Doch Proklamation ist der erste Schritt, ohne den weitere nicht folgen.

Man tritt dem Journalismus gewissermaßen durch Deklaration bei. Durch eine Selbstverpflichtung, die man nie vollständig erfüllen, wohl aber ihr ständig nacheifern kann. Darin ist der Journalismus der Wissenschaft nicht unähnlich. Beide eint das Bekenntnis zur Empirie, zur Beweisführung, zum iterativen Vorgehen, zur Überprüfbarkeit von Aussagen und zur Falsifizierung. Zum guten Wissenschaftler wird man nicht einfach durch Erklärung. Es bedarf gründlicher Ausbildung, anerkannter Arbeiten und bestandener Prüfungen. Doch auch diese Reise beginnt mit dem Setzen des Ziels, Wissenschaftler sein zu wollen und die ehernen Regeln der Wissenschaft für sich anzuerkennen. Im Sinne Karl Poppers ist nichts jemals wahr, sondern einfach nur noch nicht widerlegt. Beide, Journalisten und Wissenschaftler, sind Geisteskinder der Aufklärung und damit unverzichtbar für freie Gesellschaften.

In den Jahrzehnten, die seit Erfindung von Social Media und Plattformen vergangen sind, ist die Anfangseuphorie vollständig verflogen. Social Media und Plattformen haben die Menschen als Gesellschaft nicht näher zusammengebracht, sondern sie weiter voneinander entfernt. Sie haben den gesellschaftlichen Diskurs nicht befördert, sondern ihn vergiftet und in eine toxische Gefahrenzone verwandelt. Sie haben Wahrheit durch Lüge ersetzt, das Konzept der Wahrheit diskreditiert, die Institutionen der Wahrheitsfindung geschwächt, Wahrheitsfindern die wirtschaftliche Grundlage und damit der freiheitlichen Gesellschaft eine wichtige Voraussetzung entzogen.

Es ist Zeit für eine Umkehr. Gesellschaften sollten Social Media und Plattformen regulieren und der Verbreitung von Unwahrheiten einen Riegel vorschieben. Gut möglich ist, dass dies das Geschäftsmodell einiger Social-Media-Anbieter und Plattformen hinfällig macht, da es technisch und wirtschaftlich keine Möglichkeiten gibt, Unwahrheiten vor ihrer Veröffentlichung herauszufiltern. Innovativer Journalismus kann die Lücken füllen, die Social Media lassen. Leserinnen und Leser zahlen Geld dafür, verlässliche Informationen zu erhalten. 176 Zeitungsportale in Deutschland nehmen mittlerweile Geld für ihre Angebote, so eine Studie des BDZV von 2022 (BRANDT 2022). Die meisten davon (104) setzen das Freemium-Modell ein, 20 verwenden sogar eine harte Zahlschranke. Die *New York Times* verbucht inzwischen 9,17 Millionen Abonnenten – die meisten davon digital. Bis 2027 sollen es 15 Millionen sein. *Politico* ist mit der Kombination aus kostenloser Website, kostenlosen Newslettern und Fach-Verticals mit Abopreis von über 10.000 Euro zum Meinungsführer in Washington und Brüssel geworden. Ausgaben in vielen Bundesstaaten der USA sowie in Großbritannien und Frankreich sind auf gutem Weg, ähnliche Stellungen zu erreichen.

Diese Beispiele zeigen: Es gibt einen Markt für Qualitätsinformationen. Dass Verlage und Journalisten lange glaubten, es gäbe ihn nicht, deutet darauf hin, dass sie den falschen Verheißungen und Prognosen der Social-Media-Plattformen auf den Leim gegangen sind. Zum Glück haben Journalisten und Verlage diesen Fehler korrigiert. Sie sind selbstbewusster geworden und besinnen sich wieder auf den Wert der Arbeit, die sie leisten.

Es ist die Aufgabe von allen, die sich der Wahrheit verpflichtet fühlen, Angebote zu schaffen, die digital, attraktiv, wirtschaftlich erfolgreich und journalistisch anspruchsvoll sind. Hier gilt es, großen Innovationsrückstand aufzuholen. Gefragt ist keine Maschinenstürmerei. Gefragt ist ein begeistertes Bekenntnis zur technischen Moderne bei gleichzeitiger Pflege höchster journalistischer Qualität. Mit den Worten Rimbauds heißt das: »Il faut être absolutement moderne.«

Wie kann das gelingen? Durch Investitionen in Qualität. Der Markt für Wahrheit ist gewaltig groß. Lügen und Halbwahrheiten verursachen riesige Kosten. Um sie zu vermeiden, sind Menschen und Institutionen bereit, hohe Preise für Wahrheit zu bezahlen. Deep Journalism mag zwar auch die Aufgabe von Philanthropen und Stiftungen sein. Zuallererst aber ist er die Aufgabe wirtschaftlich denkender Unternehmerinnen und Unternehmer. Den Markt für Wahrheit gilt es zu erschließen – seine Reichtümer sind größer denn je.

Wenn dies so käme, dann spräche das trotzdem nicht gegen die Regulierung, denn Gesellschaften müssen sich destruktiver und schädlicher Geschäftsmodelle entledigen. Vor 100 Jahren ging es dabei beispielsweise um Chemiefabriken, die Wasser und Luft am Rhein verpesteten und das Leben von Mensch und Tier gefährdeten. Diese Fabriken sind heute weitgehend verschwunden – zu Recht. Ähnlich könnte es schädlichen Social-Media-Anbietern und Plattformen ergehen. Einen Anspruch auf den Betrieb gemeingefährlicher Produkte kann es nicht geben.

Literatur

BRANDT, MATHIAS (2022): *Zeitungen setzen überwiegend auf Freemium-Modell.* https://de.statista.com/infografik/1239/ deutsche-zeitungen-mit-paywall/

LORENZ MAROLDT

Warum wir Verticals brauchen

Eine gute Zeitung funktioniert wie ein hochwertiges Restaurant, und das heißt für den zahlenden Gast: Einmal am Tag nicht entscheiden müssen zwischen Dutzenden kombinierbaren Menüs; sich davon überraschen lassen, was der Chef de Cuisine mit Kennerblick auf dem Markt ausgewählt und fein zubereitet hat; das Beste der zugleich regional, national und international versierten Küche serviert zu bekommen; nach jedem Gang bis zum Dessert noch Appetit auf den nächsten haben; mit dem guten Gefühl, hier bestens bedient zu werden, eine Empfehlung für Freunde auszusprechen und gerne wiederzukommen.

Für besondere Feinschmecker gibt es hochspezialisierte Filialen, die sogenannten ›Verticals‹. Ohne diese kommen Entscheider nicht mehr aus, weil sie hier ihre Grundnahrungsmittel bekommen – und ohne die kann auch das Hauptrestaurant, die Zeitung, nicht mehr gut überleben. Diese Verticals werden täglich produziert von Fachredakteuren, denen auf ihrem Feld niemand so leicht etwas vormacht. Was hier auf den Tisch kommt, hat es anderswo noch nicht gegeben.

Beim *Tagesspiegel* nennen wir sie ›Backgrounds‹, es gibt sie für Energie & Klima, für Verkehr & Smart Mobility, für Gesundheit & E-Health, für Smart City & Verwaltung, für Sustainable Finance, Cybersecurity, Digitalisierung & KI und bald noch einiges mehr. Diese Filialen hätten es ohne den Ruf und die Aufmerksamkeit des Hauptrestaurants nicht so leicht, sich am Markt durchzusetzen. Aber auch der Ruf des *Tagesspiegels* und sein Inhalt wird genährt von den Delikatessen der Backgrounds. Es sind der Wissensvorsprung und die Domänenkompetenz, die Verticals unverzichtbar für Professionals und eben damit so wertvoll machen.

Die meisten Regionalzeitungen funktionieren anders: Hier werden nur die nicht mehr ganz so frischen Häppchen des Vortags vom ewig sich drehenden Nachrichten-Sushiband auf den Teller geworfen. Das war's.

Und die Überregionalen? Servieren oft vor Fett triefende oder überzuckerte Artikel ohne echte Fachkompetenz, bei denen meist schon der Anblick satt macht. Nach dem Gruß aus der Küche (Seite 1) und dem ersten Gang (Seite 3) ist kaum mehr Zeit, um den Rest zu genießen, bis schon der Kellner ungefragt die ebenfalls happige Rechnung reicht. Was übrigbleibt, wird, weil ja bezahlt, mitgenommen ›für später‹ – und vergilbt dann, weil es später ja schon wieder was Neues gibt, vergessen in der Altpapierkiste.

Fünf vermeidbare Fehler

Wer heute ein ansprechendes Zeitungs-Restaurant betreiben will, muss deshalb erst einmal gründlich aufräumen – und bei der Neueröffnung fünf Fehler vermeiden.

Erstens: Der Zufall. Eine Redaktion kann noch so groß sein, eines kann sie kaum vermeiden: Wenn der Fachdezernent für ein spezielles Thema oder eine Region krank ist oder im Urlaub (oder schlicht keine Lust hat), fällt die Berichterstattung ohne einen Hinweis an die Leserinnen und Leser eben einfach mal aus. Und selbst bei bester Gesundheit: Wie soll, um ein konkretes Beispiel zu nennen, die Asien-Korrespondentin einer überregionalen deutschen Zeitung, zuständig ›für China, Nordkorea und die Mongolei‹, ein so riesiges Gebiet mit 1,5 Milliarden Menschen zuverlässig im Blick haben?

Und ein weiteres Phänomen lässt sich auch bei großen Redaktionen beobachten: Die Chefredaktion mag versuchen, den ›geistigen Produktionsprozess‹ einer Zeitung über Themensetzung und Personalauswahl zu steuern; das Profil einer Redaktion ist aber geprägt von eingeschränkten finanziellen Mitteln sowie den schwer berechenbaren persönlichen Vorlieben, Kenntnissen und Einstellungen jedes einzelnen Mitarbeiters. Wer heute eine Zeitung abonniert hat, kann sich deshalb nicht darauf verlassen, über alles Wichtige und vor allem Interessante zeitnah informiert zu werden.

Zweitens: Die flüchtige Großereignisabhängigkeit. Ein Vulkan bricht aus, es gibt einen Anschlag, einen Aufstand – und alle berichten, manchmal aus erster Hand, meistens aber nur aus zweiter (Agenturen) oder dritter Hand (Social Media). Die Berichterstattung bleibt oft an der Oberfläche, und nach wenigen Tagen, wenn die TV-Teams ihre Kameras abgebaut und das Licht ausgeschaltet haben, versinkt auch die Gegend, auf die gerade eben alle noch schauten, für die Zeitungsleser wieder im Dunklen. Regelmäßig informiert werden sie bestenfalls über einige wenige Themen und Länder, zumeist aus der angelsächsischen oder auch noch der romanischen Sprachwelt. Selbst eine Wahl in Norwegen, einem der global reichsten Länder, fällt in Deutschland erst dann auf, wenn am Morgen danach ein überraschendes Ergebnis zu verkünden ist – und eine Wahl in Schweden vorher nur deshalb, weil ein Sieg von Rechtsnationalisten möglich erscheint. Dazwischen aber ist über Wochen, ja sogar monatelang nichts von dort zu lesen. Wir bleiben noch kurz im Norden (wobei auch der Osten

Europas, vom Fernen Osten ganz zu schweigen, viele Beispiele bietet) und schauen nach Finnland. Wir wissen jetzt alles über das Tanz-, Trink- und Flirtverhalten der finnischen Ministerpräsidentin (überwiegend aus zweiter und dritter Hand). Aber was wissen wir über die aktuelle finnische Politik, Wirtschaft, Kultur und Gesellschaft? Darüber wird, wenn überhaupt, nur ganz selten und sehr zufällig oder rituell berichtet. Dabei ließe sich dort durchaus etwas lernen.

Frage eines Redakteurs: »Ja sollen wir denn jetzt etwa ständig über die Fidschi-Inseln berichten?« Antwort: Nicht ständig. Aber lieber vier, fünfmal im Jahr eine Analyse oder eine Recherche zu verschiedenen Aspekten aus Politik, Wirtschaft und Gesellschaft der im steigenden Meer versinkenden Inseln, als nur alle paar Jahre mal zu Weihnachten die immer gleiche, rührselige und ermüdend lange Reportage darüber, wie den Menschen dort das Wasser im Wohnzimmer jetzt bis zur Kniescheibe steht.

Drittens: Das Geschwurbel. Okay, das klingt respektlos gegenüber all jenen Kolleginnen und Kollegen, die mit Leidenschaft und Empathie an ihren literarischen Reportagen feilen. Aber um die geht es hier nicht. Es geht um Texte, die künstlich in die Länge gezogen werden, weil das Honorar nach Zeile gezahlt wird. Es geht um weitschweifige Beschreibungen, weil sich ein von der Redaktion fast vergessener Bauchladenkorrespondent freut, endlich überhaupt mal wieder gefragt worden zu sein. Aber wem nutzt es, wenn die ersten vierzig, fünfzig Zeilen reiner Zierrat sind? Wer sich auskennt, ist sofort gelangweilt und blättert weiter; wer neugierig gemacht werden könnte, wird abgeschreckt von der Masse an Text, die insgesamt zu bewältigen wäre. Wer zahlt schon gerne dafür, dass einem die wertvolle Zeit geklaut wird? Der ›szenische Einstieg‹ ist der Dinosaurier des Journalismus: schwerfällig, überflüssig und zu Recht vom Aussterben bedroht.

Es gibt zwei weitere Ursachenübel für zu viel Geschwurbel: Zum einen die popliterarische Marotte, alles nur vom eigenen

Erleben und Empfinden her zu erzählen. Das Ergebnis ist oft selbstverliebte Text- und Gedankendrechselei ohne Mehrwert und nur in seltenen Fällen immerhin unterhaltsam. Zum anderen verführt ein Mangel an thematischer Durchdringung dazu, die eigenen Wissenslücken wortreich zu kaschieren. Wer es gewohnt ist, in langen Texten den Kern freizulegen, zum Beispiel für eine Verdichtung im Newsletter, kennt das Phänomen: Hinter jeder Zeile, die wie eine Krampfader gezogen wird, lauert eine unbeantwortete Frage.

Viertens: Die journalistische Katastrophensehnsucht. Wenig anderes wird von Redaktionen so falsch verstanden wie das klassische Motto ›Bad news are good news‹. Klar: Über Skandale, Kriege und Seuchen muss berichtet werden, und die Leute lesen das. Anfangs jedenfalls. Aber wer seine Zugriffs- und Verkaufszahlen zu lesen versteht, stellt schnell fest: Das nutzt sich ab, in jedem einzelnen Fall. Es entsteht Überdruss an der schlechten Nachricht. Und ab hier verhalten sich Journalisten dann oft wie Junkies: Sie wollen trotzdem oder gerade deswegen immer mehr davon, mehr über Skandale, Kriege und Seuchen berichten. – das hat doch vorher auch gek(l)ickt! Doch so wird der Überdruss beim Publikum immer größer. Der nächste Fehler ist eine unmittelbare Folge davon: Im Bemühen um einen Ausgleich wird verbissen nach der ›guten Nachricht‹ gesucht, anstatt nach der besonderen (die natürlich auch eine gute sein kann, wenn auch nicht so gelabelt sein muss). Doch so etwas künstlich Bemühtes wie die ›gute Nachricht‹, womöglich platziert in einer Ecke auf dem Vermischten, will dann erst recht niemand lesen.

Fünftens: Die Polarisierung. Recherchen und Analysen sind zeitaufwendig und damit teuer. Meinungen dagegen sind billig zu haben – und ebenso billig kommen sie oft daher: Schnell zusammengerührt und mit Reizworten scharf gewürzt, auf dass die Pulsuhr der Leserinnen und Leser Alarm schlägt. Doch ähnlich wie beim Irrtum mit den ›Bad news‹ lässt die Wirkung bald nach:

Der schon wieder, heißt es dann, was der schreibt, kenne ich doch schon. Dann wird nachgelegt, zugespitzt, provoziert und damit kurzfristig Empörung produziert. Bis sich auch das wieder legt. Irgendwann ist der Gipfel erreicht, dahinter geht es nur noch runter. Das offene Publikum wendet sich ab, und diejenigen, die ihre eigene Meinung allzu gerne immer wieder bestätigt sehen, finden es auch nicht mehr so prickelnd wie einst. Nur wem es gelingt, wirklich frische, kluge oder überraschende Gedanken und Expertise zu servieren, wird auf Dauer ein neugieriges Publikum finden. Aber das können nicht viele Leitartikler, Essayisten und Analysten.

Ein leistungsfähiges Netzwerk

Und so sieht das gute Zeitungs-Restaurant nun also aus: Es weiß, was es Neues gibt auf der Welt; es nutzt das Wissen der Welt; es ist so divers wie die Welt; es versteht, wie die Welt zusammenhängt. Und es legt Wert auf die Qualität jeder Zutat. Ressort für Ressort, Background für Background.

Um das zu erreichen, ist ein leistungs- und belastungsfähiges Netzwerk nötig. Es besteht, natürlich, aus Journalistinnen und Journalisten; dazu kommen Kooperationen mit anderen Medien, Websites und Blogs. Im Zentrum der Küche aber steht eine Datenbank für den systematischen Zugang zu Expertinnen und Experten, die in Hochschulen, für Stiftungen oder Thinktanks arbeiten, weltweit. Sie teilen ihr Wissen mit der Redaktion: bei besonderen Anlässen, für die Umsetzung redaktioneller Ideen und zur nachhaltigen Berichterstattung weit über die Aufregung des Moments hinaus. Ihre Beiträge werden übersetzt, kuratiert und gekürzt von einer Redaktion, die selbst voller Expertise steckt und diese auch einbringt: für die Zeitung ebenso wie für die hoch spezialisierte Fachinformation, in dem der Journalismus noch einmal vertieft wird – von Spezialisten für die jeweiligen Branchenprofis.

Das bedingt ein anderes Verständnis von redaktionellem Journalismus als das vorherrschende. Aber es ist keine Neuerfindung des Berufs, sondern führt zum Ursprung zurück: *Rerum cognoscere causas* – den Dingen auf den Grund gehen, die Ursache erkennen und verstehen. Und dieses Wissen dann teilen: nicht moralisierend, belehrend oder polarisierend, sondern quellentransparent und profund informierend. Auf dem Zeitungsmenü steht wertvolles Wissen, und das jederzeit gut genießbar. Für die Vertiefung führen QR-Codes auf die Website, für die Spezialisierung gibt es die Briefings. Für so ein Restaurant nimmt man sich gerne einmal am Tag etwas Zeit – und lässt es sich auch etwas kosten.

ALFONS FRESE

Domänenkompetenz aus Sicht eines Betriebsrats

Betriebliche Interessenvertretung in Krisenbranchen ist wie ein Aufbau von Wagenburgen, um Arbeitsplätze und Arbeitslöhne zu verteidigen. Beim *Tagesspiegel* war das nach der Wiedervereinigung respektive nach der nur wenige Jahre währenden Einheitseuphorie zu Beginn der 1990er-Jahre nicht viel anders. »Im Auf und Ab der Vereinigung, die Aufbruch und Umbruch und Einbruch in einem waren, war der *Tagesspiegel* zum Sanierungsfall geworden«, erinnert sich der damalige Chefredakteur Hermann Rudolph. Von den 15 Zeitungen, die nach der Maueröffnung in der Stadt erschienen, war nach drei Jahren ein Drittel verschwunden. Die meisten Ost-Zeitungen gaben auf, die West-Zeitungen kämpften um Auflage und Marktanteile. Und die Betriebsräte um Arbeitsplätze und Perspektiven für die Belegschaften.

So wie sich Geschäftsverläufe in Wellen verändern, galt das auch in den vergangenen drei Jahrzehnten für die Stimmung im *Tagesspiegel*: Auf die Erleichterung nach der Übernahme durch

Dieter von Holtzbrinck 1992 folgten Sozialpläne, Stellenabbau und (überfällige) Modernisierungen. Das kann nicht anders sein in einer Stadt, die sich im Vereinigungsprozess neu zu erfinden hatte und deren Zeitungsmarkt als ›Haifischbecken‹ beschrieben wurde. Nur aufgrund der verlegerischen Leidenschaft von Holtzbrincks konnte sich der mittelständische *Tagesspiegel* zwischen den Medienkonzernen Springer und Gruner+Jahr behaupten und zum Marktführer aufsteigen.

Aufbruchstimmung

Daran war nicht zu denken, als Ende der 1990er-Jahre mit dem Chefredakteur Giovanni di Lorenzo, ausgestattet mit einem Blankoscheck aus Stuttgart, wiederum Aufbruchstimmung in einer Investitionsphase entstand und das Blatt Frische und Profil gewann. Der *Tagesspiegel* profilierte sich im Wettbewerb als Qualitätszeitung und gewann Marktanteile, während die Wettbewerber *Berliner Zeitung* und *Berliner Morgenpost* abstürzten und deren Belegschaften unter den Folgen von Eigentümer- und Kurswechseln litten. Der *Tagesspiegel*-Mannschaft erging es relativ gut; das vergleichsweise niedrige Entgeltniveau – der Verlag hatte Mitte der 1990er-Jahre den Tarifträgerverband verlassen – wurde in einem von Massenarbeitslosigkeit geprägtem Berliner Umfeld hingenommen. Zumal die betriebswirtschaftliche Situation keineswegs besser wurde.

Aber die Absage an eine kollektivrechtliche Festlegung der Arbeitsbedingungen per Tarif hat einen Preis: Intransparenz und der Verdacht auf Nepotismus schüren Missgunst und schlechte Stimmung. Wenn dann über viele Jahre die Einkommen nicht steigen und die Ressourcenverteilung zwischen Abteilungen und Beschäftigten als ungerecht empfunden wird, belastet das nicht nur das Betriebsklima, sondern unterminiert auch Motivation und Engagement. Erst Mitte 2022, mehr als 25 Jahre nach dem Austritt aus dem Tarifträgerverband, wird dieser Schritt rückgängig gemacht und eine stufenweise Heranführung an den Branchentarifvertrag bis 2029 vereinbart.

Versiegende Erlösquellen

Neben dem Versiegen der gewohnten Erlösquellen auf den Anzeigenmärkten (Rubriken und Einzelhandel) torpediert das Verschenken von Inhalten im Internet das angestammte Geschäftsmodell der Medien. Die langjährige Fixierung auf Reichweite des Online-Auftritts, einhergehend mit dem Verzicht auf ein Bezahlsystem, war ein strategischer Fehler auch der *Tagesspiegel*-Führung. Anregungen des Betriebsrats zum Aufbau von Bezahlschranken gingen ins Leere.

Versuche des Aufbaus einer Magazinfamilie (Berliner Wirtschaftsmagazin, Freizeithefte mit Nutzwertanspruch, Kulturheft) blieben erfolglos. Randgeschäfte (Stadtmagazin *Zitty*, Second-Hand-Marke *Zweite Hand*) wurden abgewickelt oder verkauft. Das belastete die Beziehungen zwischen Konzernbetriebsrat und Geschäftsführung ebenso wie panikartige, kurzfristige Kosteneinsparaktionen, die gerne zum Jahresende ausgerufen wurden.

Über all die Jahre gab es kein Konzept zur Personalentwicklung. Berufliche Fort- und Weiterbildung lag im Ermessen des individuellen Engagements. Die schlecht ausgestattete Personalabteilung verfügte über Jahrzehnte weder über Ressourcen noch Expertise zur Qualifizierung der Belegschaft. Unter den Bedingungen eines Arbeitnehmermarktes wurde das zunehmend grotesker – und wird inzwischen langsam korrigiert.

Ideenwerkstatt und neuerlicher Aufbruch

Mit der Berufung von Sebastian Turner als Herausgeber und mehr noch durch dessen Gewicht als Mit-Gesellschafter (20 %) entstand im *Tagesspiegel* von 2014 an eine Ideenwerkstatt.

Der Aufbau einer neuen Geschäftssparte ›Veranstaltungen‹ am Veranstaltungsort Berlin als Plattform für das Zusammentreffen von Wirtschaft und Politik ergänzte sich mit der etwas hochgestochenen publizistischen Selbstbeschreibung als Leitmedium in und aus der Hauptstadt und einem neuen journalistischen Format ›Agenda‹, in dem wöchentlich das politische Berlin genauer betrachtet wird. Die digitale Vertiefung der Lokalberichterstattung erhöhte die Leser-Blatt-Bindung, die Erfindung der themenbezogenen Fachnewsletter unter der programmatischen Sammelbezeichnung »Background« kam einer Weiterentwicklung des Qualitätsanspruches gleich und adressierte ein B2B-Segment. Zumindest partiell endete damit das selbstmörderische Verschenken journalistischer Arbeit.

Der Betriebsrat hat die neuen Ideen und Entwicklungen unterstützt, obgleich ein Business Case nicht immer erkennbar war und die Veränderungen und Ressourcen-Verschiebungen die Belegschaft verunsicherten und zumindest anfangs zusätzlich belasteten. Mit zunehmendem Erfolg kam es zur Anpassung der Ressourcen über erweiterte Strukturen und zusätzliches Personal.

Entscheidend in diesen Prozessen ist Information und Partizipation. Abläufe, Strukturen und Tätigkeitsinhalte wandeln sich, ebenso Unternehmenskulturen und Berufsbilder – das alles funktioniert am besten, indem Mitarbeiter zu Mitgestaltern werden. Dazu müssen die Führungskräfte Ziele und Methoden permanent erklären und zur Mitwirkung öffnen. Kurzum: Mitbestimmung erleichtert Transformation. Wenn sich der Erfolg einstellt, wachsen Teamgeist, Selbstbewusstsein und Leistungsfähigkeit.

»Background« als Rettungsanker

An den Grundlagen einer erfolgreichen Führung hat sich auch bei der Implementierung digitaler Geschäftsmodelle nicht viel geändert: Überzeugungs- und Durchsetzungskraft, Beharrlichkeit und Bereitschaft zur Auseinandersetzung. Bei der Etablierung der Reihe »Background« waren diese Tugenden entscheidend, um Widerstände und Skepsis in der Redaktion, aber auch im Betriebsrat zu überwinden. Es ist geglückt. »Ihr Interesse an detaillierten Recherchen in der Branche und der Politik, an unabhängigem Fachjournalismus und an tiefgehenden Analysen ist entscheidend dafür, dass wir dieses Jubiläum feiern können«, hieß es am 31. Mai 2022 im »Background Energie & Klima« anlässlich des fünften Geburtstags. Mit diesen Worten bedankte sich die Redaktion bei der zahlenden Kundschaft.

Dem Newsletter für Energiethemen schloss sich in den folgenden Jahren ein halbes Dutzend weiterer »Backgrounds« an, alle getragen von mindestens fünf Redakteurinnen und Redakteuren, deren Texte auch immer wieder den *Tagesspiegel* selbst bereichern. Und den mehr als 75 Jahre alten Leitspruch der Zeitung lebendig halten: *Rerum cognoscere causas*.

CARL GRAF HOHENTHAL

Im Hamsterrad der Clickbaits und Narrative

Der 11. September 2001 hatte große politische Umbrüche zur Folge. Es ist weniger beachtet worden, dass dieser Tag auch die radikale Veränderung der Medienkultur beschleunigte, die sich schon angebahnt hatte, aber nun gewaltig Fahrt aufnahm. Als Folge der Terrorangriffe brachen die Anzeigenmärkte massiv ein. Es war klar, dass sich diese Märkte wieder erholen würden. Doch an diesem Tag zeigte auch das Internet erstmals seine Möglichkeiten in voller Breite. Tausende Menschen posteten Fotos der brennenden New Yorker Türme im Netz. Das war neu. Das Internet wurde interessant und einige Verleger ahnten sofort, dass Anzeigen nach der Krise zunehmend online geschaltet würden. Und so kam es auch. Die große Zeit der Printmedien, die nach dem Mauerfall noch einmal an Bedeutung gewonnen hatten, neigte sich dem Ende zu.

Damit änderte sich auch der Journalismus; Berichterstattung fand plötzlich auch online statt. Eine neue Kategorie des Berichterstatters, der ›Blogger‹, gewann an Bedeutung. Journalisten waren daran gewöhnt, als das Nadelöhr betrachtet zu werden, durch das ›hindurch‹ musste, wer wahrgenommen werden wollte. Sie sahen sich als kritische Kontrollinstanz und waren stolz darauf. Plötzlich taten sich für Politik, Wirtschaft und Kultur neue Möglichkeiten auf, um mit der Öffentlichkeit zu kommunizieren. Angesichts schwindender Einnahmen wurde es zudem schwieriger zu recherchieren. Aufwendige Recherchen und Reisen kosten Geld. Die Verlage zogen die Zügel an. Journalisten nutzten das neue Medium ebenfalls und begannen, ihre Geschichten vom Arbeitsplatz aus ›zusammenzugoogeln‹. Außerdem mussten sie unter dem wachsenden Druck der Online-Berichterstattung im Stil der Nachrichtenagenturen schneller arbeiten, schon morgens ihre Meldungen produzieren und mehrmals täglich nachschärfen. Das machte die Arbeit schwieriger und nicht attraktiver. Weil alle Medien sich schnell online engagierten, wuchs das häufig kostenlos verfügbare mediale Angebot im Netz, und der Wettbewerb nahm zu. Damit wurde die Berichterstattung allerdings auch unübersichtlicher.

Die Clickrate ist Trumpf

Die Qualität hat unter dieser Entwicklung gelitten. Trotz der größer werdenden finanziellen Zwänge hat die Zahl der Journalisten gar nicht so sehr abgenommen. Sie ist in Deutschland seit Jahren einigermaßen gleich groß geblieben. Ein Qualitätsmedium wie die *Frankfurter Allgemeine Zeitung* hat immer noch rund 300 Redakteure und Redakteurinnen; beim *Handelsblatt* sind es circa 200. Doch der Arbeitsstil hat sich angesichts der wachsenden Themenvielfalt und der Online-Berichterstattung grundlegend geändert. Bei den Qualitätsmedien hatte ein Redakteur früher eine kleine Zahl von Themenfeldern zu bestellen, auf denen er sich bestens auskannte. Ein politischer Korrespondent etwa betreute eine Partei sowie ein oder zwei Sachgebiete wie Innenpolitik, Außenpolitik oder Sicherheitspolitik. Für seine Zeitung musste er eine überschaubare Zahl von Nachrichten oder Reportagen sowie Kommentaren zu diesen Themen verfassen. Er konnte sich in Ruhe mit neuen Entwicklungen auseinandersetzen, darüber nachdenken und dann berichten. Die ›Clickrate‹ ist heute Trumpf; je häufiger eine Meldung von den Konsumenten im Netz angeklickt wird, desto besser. Dadurch wird die Berichterstattung sensationslustiger, was ihr nicht guttut. Hinzu kommt die wachsende Zahl von Themen. Wo ein Redakteur sich früher ganz auf seine Spezialgebiete konzentrieren konnte, ist er heute mit einem Strauß von Aufgaben und Themen konfrontiert. Die journalistische Arbeit ähnelt dem Rennen in einem Hamsterrad.

Für die Objekte der Berichterstattung, vor allem in Politik und Wirtschaft, für die es wichtig ist, jederzeit zu wissen, wie sie von der Öffentlichkeit wahrgenommen werden, ist diese Entwicklung der Medienwelt problematisch. Hatten sie sich vorher auf die kleine Zahl von ›Leitmedien‹ konzentriert, wohlwissend, dass die anderen Medien sich an diesen orientieren würden, müssen sie jetzt das immer größer werdende Medienkarussell in den Blick nehmen. Die Kommunikation ist wichtiger, die entsprechenden Abteilungen in Parteien und Unternehmen sind größer und aus dem ›Pressesprecher‹ ist der ›head of communications‹ geworden. Das Internet hat Auswirkungen, mit denen vor 20 Jahren niemand gerechnet hat.

Berater auf dem Vormarsch

Davon profitieren die Berater. Dieses Gewerbe gewann mit dem Aufstieg des Internets und seiner vielfältigen Möglichkeiten eine neue Bedeutung. Zunächst einmal helfen Kommunikationsberater dabei, darauf zu achten, dass möglichst keine relevanten

Meldungen in der Nachrichtenflut untergehen. Das ist gerade für Unternehmen von Bedeutung, da die Berichterstattung international geworden ist und unter Umständen über mehrere Zeitzonen hinweg erfolgt. Die Reaktion auf eine falsche oder als unzureichend empfundene Berichterstattung muss schnell erfolgen. Dabei können Berater hilfreich sein. Außerdem hat die Zahl der Falschmeldungen enorm zugenommen; Fake News sind nicht immer leicht zu identifizieren. Berater müssen die Nachrichten für ihre Auftraggeber kanalisieren, einordnen und Empfehlungen geben, wie damit umgegangen werden sollte. Dabei sind Berater auch für Journalisten hilfreich, da sie, vorausgesetzt sie sind seriös, die unter Zeit- und Arbeitsdruck stehenden Berichterstatter mit Informationen versorgen können. Viele Berater waren früher selbst Journalisten, und häufig kennen sich Berater und Berichterstatter als frühere Kollegen.

Wie hat die Öffentlichkeit auf die Veränderungen der medialen Landschaft reagiert? Mit Blick auf die Fernsehunterhaltung hat Neil Postman in den 1980er-Jahren sein kritisches Buch *Wir amüsieren uns zu Tode* geschrieben. Diese Erkenntnis war schon damals nicht neu. Der Schriftsteller und Aufklärer Adolph Freiherr von Knigge hatte schon im 18. Jahrhundert festgestellt: »Die Gesellschaft will nicht unterrichtet, sondern unterhalten werden.« Das ist gewiss etwas übertrieben, aber nicht falsch. Die Unterhaltung spielt bei der Unterrichtung eine wichtige Rolle. Trockene Statistiken werden von Fachleuten beachtet, gehen aber sonst leicht unter. Eine Unterhaltungskomponente gehört bei einer seriösen Berichterstattung durchaus dazu, sollte aber nach gewissen Regeln erfolgen. So sollten etwa Nachricht und Meinung stets getrennt werden. Mit der Entwicklung des Internets hat die Unterhaltung allerdings so sehr an Gewicht gewonnen, wie es sich der über das Fernsehen besorgte Postman bestimmt nicht hat vorstellen können. Nachrichten werden heute außer von den klassischen Profis von gutwilligen Hobbyjournalisten, böswilligen Ideologen, Wichtigtuern und Spinnern produziert. Der ›Influencer‹ ist zu einer eigenen Kategorie öffentlicher Kommunikation geworden, die ernst genommen werden muss.

Narrative werden wichtiger – und gezielter eingesetzt

Bei Politik und Unternehmen, in der Kulturszene, aber auch bei den Medien selbst besteht immer noch Unsicherheit, wie mit diesen Entwicklungen umzugehen ist. Soll man sich in der Kommunikation streng auf die Sache konzentrieren, oder sollte man das bunte Drumherum einbeziehen, wobei auch persönliche Themen von Bedeutung sein können (… mein Haus, mein Auto, mein Boot …)? In den Vereinigten Staaten wurden Vorstandsvorsitzende großer Unternehmen ermahnt, einen eigenen Blog aufzulegen, in dem sie auch über sich selbst berichten. Die Mitarbeiter und Kunden erwarteten das, hieß es. Untersuchungen haben gezeigt, dass die Wahrnehmung von CEOs und ihrer Unternehmen auf diese Weise tatsächlich positiv beeinflusst werden konnte. Dementsprechend hat dieser Trend inzwischen auch Europa erreicht, wo man sich früher wenig um Persönliches von Politikern und Unternehmern gekümmert hat. Wenn die finnische Ministerpräsidentin auf einer privaten Party tanzt, ist das heute ein Thema und wird politisch ausgeschlachtet.

Die ›Narrative‹ sind immer wichtiger geworden. Gerade in der Wirtschaftsberichterstattung, die früher meist sehr trocken war, wird das sehr deutlich. Heute kommt es auf die gut erzählte Geschichte an. Die Fernsehanstalten haben die ›Dokufiktion‹ weiterentwickelt, die eine wahre Story mithilfe zusätzlicher dramatischer Aspekte erzählt. Menschen lassen sich von Erzählungen eben eher beeindrucken als von kalten Fakten, zumal dann, wenn sie von der berichteten Thematik keine Ahnung haben.

Gerade in Zeiten zunehmender Fake News, die ein demokratiegefährdendes Ausmaß annehmen können, kommt es auf

Kanäle an, welche die Informationsflut ordnen und seriös filtern. Kommunikationsberater sind dabei hilfreich. Und gute Berater verfügen – so wie gute Journalisten – über Domänenkompetenz. Da anzunehmen ist, dass sich die beschriebene Entwicklung der Medien und des Internets fortsetzen wird, wird Domänenkompetenz immer wichtiger. Sie kostet Geld, doch die Gesellschaft sollte sich diese trotz ihres Drangs zur Unterhaltung auch in Zukunft etwas kosten lassen.

Wider die mentale Pandemie der Zahlenblindheit

Gerd Gigerenzer ist seit 2020 Direktor des Harding-Zentrums für Risiko-kompetenz an der Universität Potsdam und war zuvor Direktor am Max-Planck-Institut für Bildungsforschung (Abteilung: »Adaptives Verhalten und Kognition«). Er beobachtet seit vielen Jahren den Umgang von Journalistinnen und Journalisten mit Daten, Statistiken und Risiken.

Ihr Blog Unstatistik des Monats *stellt irreführende und falsch interpretierte Statistiken vor. Unstrittig ist, dass korrekter und verständlicher Umgang mit Sprache zum Handwerkszeug des Journalismus gehört. Wie steht es um den korrekten und verständlichen Umgang mit Zahlen, Statistiken und einfachen Rechenoperationen wie der Zinseszinsrechnung in den Medien?*

GERD GIGERENZER: Sehr unterschiedlich, und im Mittel unzureichend. Nur wenige Journalisten lernen, wie man Zahlen versteht, hinterfragt und verständlich kommuniziert. Nur wird dies meist nicht bemerkt, da Zahlenblindheit eine mentale Pandemie in unserem Land ist. Wir lehren unseren Kindern die Mathematik der Gewissheit, etwa Algebra und Trigonometrie, aber kaum die Mathematik der Ungewissheit – statistisches Denken. Und das geht so weiter im Erwachsenenalter. Die Royal Statistical Society hat gerade den Mitgliedern des Parlaments ein paar Testfragen gestellt. Eine war: »Sie werfen eine faire Münze zweimal. Was ist die Wahrscheinlichkeit, dass beide Mal ›Kopf‹ kommt?« Die Hälfte von über 100 Politikern konnte die richtige Antwort nicht finden. Als ich kürzlich einem deutschen Journalisten ein Interview über Zahlenblindheit gab, fragte ich ihn, was er meint. Seine Antwort: »Einmal ›Kopf‹ ist 50 Prozent, zweimal ist 50 mal 50, also ein Fünfundzwanzigstel.« Ernst wird es, wenn Studien regelmäßig zeigen, dass die meisten Medizinstudenten Testergebnisse nicht richtig beurteilen können, da sie sich nicht sicher sind, was Begriffe wie Falsch-Alarm-Rate und Sensitivität bedeuten. Die Journalisten sind also nicht alleine mit dem Problem der Zahlenblindheit.

Können Sie das an Beispielen beschreiben?

Beginnen wir mit einer harmlosen Geschichte. Am 23. August 2016 meldete der Konstanzer *Südkurier*, »Der FC Freiburg hat die intelligentesten Fans.« Eine Studie hätte ergeben, dass 73,4 Prozent der Anhänger des FC Freiburg einen Hochschulabschluss hätten. Auf der Schleswig-Holsteiner shz.de war zu lesen, dass selbst mehr als die Hälfte (63,5 %) der HSV-Fans einen Hochschulabschluss hätten. Wer hätte gedacht, dass unsere Fußballstadien mit Akademikern gefüllt sind, die auf den Rängen singen und Bengalos zünden? Deutschlandweit haben aber weniger als 20 Prozent der Bevölkerung einen Hochschulabschluss. Also kann das nicht stimmen. Die Studie wurde von der Plattform

Xing durchgeführt, und die Journalisten hatten übersehen, dass sich die Prozentzahlen nicht auf alle Fans der Vereine beziehen, sondern nur auf diejenigen, die Mitglied von Xing sind. Die Mitglieder von Xing sind, wie auch bei LinkedIn, in der Mehrzahl Akademiker. Richtig wäre gewesen: 73,4 Prozent der sc-Freiburg Fans unter den Xing-Mitgliedern haben einen Hochschulabschluss. Die Journalisten haben die richtigen Zahlen berichtet, aber die falsche Referenzklasse.

Sie haben vielfach belegt, wie schwer sich Menschen und damit auch Journalistinnen und Journalisten mit der korrekten Einschätzung von Risiken tun. Welche Rolle spielt dabei Domänenkompetenz (vertieftes Expertenwissen)? Hilft Domänenkompetenz, Plausibilitäten besser einzuschätzen, oder sind auch Domänenkompetente kaum davor gefeit, statistischem Unsinn aufzusitzen?

Domänenkompetenz hilft, aber nicht immer. Hier ist eine weniger harmlose Geschichte. Die zDF-Talkshow *Markus Lanz* am 10. November 2021 wurde zum Skandal. Das Thema war die Wirksamkeit von Covid-19-Impfungen. Lanz präsentierte eine Grafik, die zeigte, dass 91 Prozent der über 60-Jährigen geimpft sind, 9 Prozent nicht. Dennoch waren 60 Prozent der Neu-Infizierten geimpft und auch 44 Prozent der mit Covid-19 Verstorbenen. Das schien zu zeigen, dass die Impfung viel weniger wirksam war als gedacht. Lanz sagte, »Mir geht's kalt den Rücken runter« und fragte seine Gäste, wie das zu erklären sei. Eine Virologin, ein Journalist und ein Ministerpräsident waren ratlos und überfordert. Am Ende der Sendung hatten Millionen von Zuschauern den Eindruck, dass die Impfung kaum eine Wirkung habe.

Weder der Moderator noch die Gäste erkannten, dass die Zahlen relativ zu der hohen Grundrate von Geimpften bewertet werden müssen. Wenn alle über 60-Jährigen geimpft wären, dann wären 100 Prozent der Neu-Infizierten geimpft, und auch

100 Prozent der an Covid-19 Verstorbenen geimpft. Die Grafik hätte man in der Sendung so erklären können: Von je 100 Personen sind 91 geimpft und 9 nicht. Wenn sich nun insgesamt 10 von diesen 100 infizieren, dann sind das 6 (60 %) von den 91 Geimpften und 4 von den 9 Nicht-Geimpften. Das heißt, etwa 6,6 Prozent der Geimpften hatten sich infiziert und mehr als 44 Prozent der Nicht-Geimpften. So hätte man erkennen können, dass die Impfung sehr wohl vor Infektionen schützt.

Dieses Buch handelt von der Domänenkompetenz als einem erfolgsnotwendigen Merkmal von Journalismus, das sich aber aufgrund des wirtschaftlichen Rahmens unter Druck befindet. Sehen Sie einen Trend – nimmt die statistische und Risikoeinschätzungsexpertise im Journalismus eher zu oder ab?

Ich erhalte von vielen Journalisten Rückmeldung, dass die *Unstatistik des Monats* ihnen beim Verstehen von Zahlen hilft. Gerade ist auch unser neues Buch dazu erschienen (*Grüne fahren* suv *und Joggen macht unsterblich*, Campus Verlag 2022). Aufklärungsarbeit ist also nicht ohne Wirkung. Ich denke, der Umgang mit Zahlen unter Journalisten in Deutschland wird trotz des wirtschaftlichen Drucks langsam besser.

Inwieweit gerät realistische Risikoeinschätzung in Konflikt mit den journalistischen Spielregeln der Aufmerksamkeitsmaximierung? Sehen Sie seriöse Journalisten in einem Dilemma, mögliche Zugewinne an Aufmerksamkeit zu ›verschenken‹, um realistisch über Risiken zu informieren?

Aufmerksamkeit durch Übertreibung von Risiken ist in der Tat ein verbreitetes Problem. Ich höre manchmal, dass es dazu keine Alternative gäbe. Aber diese gibt es. Wenn eine Tageszeitung, ein Magazin oder ein tv-Sender etwa den Mut hätte, ein regelmäßiges Programm mit dem Titel »Wie macht man mir unnötige

Angst?« einzuführen, mit Humor und Information, dann hätte man wahrscheinlich mehr Zuhörer oder Leser als mit der nächsten Angstmache.

Sehen Sie eine Marktlücke für Medienangebote, die Verlässlichkeit auch im Detail anbieten und dafür auf Aufmerksamkeit verzichten? Sehen Sie berufliche Chancen für diesen Mitarbeiter-Typus?

In Großbritannien gibt es in BBC Radio 4 die Sendung *More or Less: Behind the Stats.* Hier lernen Zuhörer, mit Zahlen zu denken, und zwar anhand von aktuellen Themen. Warum haben wir in Deutschland so etwas nicht? In Finnland gibt es Faktabaari (»Fakten-Bar«) zur Entwicklung von digitaler Kompetenz, das von der Grundschule bis zur Oberstufe unterrichtet wird. In Deutschland besteht dagegen die politische Vision von Digitalisierung in der Schule hauptsächlich darin, smarte Technologie wie Tablets und Whiteboards einzukaufen, statt junge Menschen smart zu machen. Hier gäbe es Chancen für neue Berufe und Visionen.

Sie selbst haben zunächst die Corona-Berichterstattung als alarmistisch wie schon zuvor die Berichterstattung über andere Epidemien kritisiert, dann aber diese Einschätzung korrigiert. Wie sehen Sie im Rückblick heute die Entwicklung der ›Domänenkompetenz‹ in der Corona-Berichterstattung in den Medien? Gab es in Ihrer Wahrnehmung im Blick auf Angstmache vs. realistische Risikobewertung von Ansteckungsgefahr und Schutzmaßnahmen bemerkenswerte Unterschiede in den verschiedenen Medientypen – etwa zwischen öffentlich-rechtlichen Anbietern wie ARD und ZDF und andererseits Privat-TV wie RTL, überregionalen Leitmedien wie FAZ, SZ, Spiegel und der Zeit, den Regionalblättern und der Boulevardpresse?

Die Corona-Pandemie ist anders als die meisten Pandemien, da uns nicht Bilder Angst und Hoffnung machen, sondern Zahlen: Neuinfektionen pro 100.000, die Reproduktionszahl R, der Anteil positiver Tests, der Anteil belegter Intensivbetten. Aber verstehen die meisten Journalisten diese Zahlen? Das Problem liegt nicht alleine bei der Boulevardpresse oder beim Privat-TV. Die ZDF-Talkshow *Markus Lanz* ist ein Beispiel, wo Zahlenblindheit der Anwesenden zur Impfskepsis der Bevölkerung beigetragen hat. Das *Handelsblatt* hat etwa am 26. Januar 2021 berichtet, dass der Impfstoff von Astra-Zeneca bei Senioren über 65 nur eine Wirksamkeit von acht Prozent (!) haben soll, was man aus Kreisen der Bundesregierung erfahren habe. Später stellte sich heraus, dass die acht Prozent nicht die Wirksamkeit der Impfung waren, sondern der Anteil der über 65-Jährigen, die an der Studie teilgenommen haben. Der Umgang der Medien mit dem Impfstoff von Astra-Zeneca ist auch ein Beispiel für mangelnde Risikoabwägung und Angstmache. Viele Menschen haben sich aus Angst vor den seltenen schweren Thrombosen nicht impfen lassen, obgleich zu dieser Zeit nicht genügend andere Impfstoffe vorhanden waren. Damit sind sie ein deutlich höheres Risiko eingegangen, sich während der Wartezeit zu infizieren und auf der Intensivstation ums Leben zu kämpfen. Wir sollten die Corona-Pandemie in den Medien nicht einfach abhaken, sondern aus ihr lernen – um beim nächsten Mal etwas kompetenter mit Risiken umzugehen. Corona ist eine Chance.

Das Interview führte Stephan Russ-Mohl am 31.8.2022.

THOMAS BAEKDAL

Vertrauen versus Traffic

Vertrauenswürdige Zeitungen müssen aufpassen, dass sie diese Vertrauensstellung nicht verlieren, wenn sie ihren Traffic optimieren.

Kürzlich ist etwas passiert, das zeigt, dass sich Clickbait-Schlagzeilen nachteilig auf die Zusammensetzung des eigenen Publikums auswirken können. Ich werde darstellen, warum das ein Problem ist. Doch zuvor müssen wir über Vertrauen und Traffic sprechen. Eines der Dilemmata, mit denen jede Zeitung konfrontiert ist, ist die Tatsache, dass die Medienmarken, welche die meisten Besucher anlocken, auch diejenigen sind, denen am wenigsten vertraut wird. Wir haben dies in zahlreichen Studien festgestellt. Die einzige Ausnahme scheinen die öffentlich-rechtlichen Rundfunkanstalten zu sein.

Nehmen wir das Vereinigte Königreich als Beispiel. Das erste Diagramm auf der nächsten Seite zeigt, wie viel Vertrauen die Menschen in jede der dortigen großen Nachrichtenmarken haben. An der Spitze steht die BBC, gefolgt von vielen anderen, darunter die *Financial Times*, der *Guardian*, die *Times* ... und ganz unten stehen Boulevardzeitungen wie *Daily Mail*, *Daily Mirror* und *The Sun*.

Which UK news brands are the most trusted?

■ % Trust ■ % Don't Know ■ % Don't Trust

Brand	% Trust	% Don't Know	% Don't Trust
BBC News	55%	19%	26%
ITV News	55%	27%	19%
Channel 4 News	54%	30%	16%
Financial Times	52%	34%	14%
Regional and Local News	52%	32%	16%
The Guardian	48%	30%	22%
Sky News	45%	31%	24%
The Times	43%	35%	22%
Independent	42%	38%	20%
Daily Telegraph	36%	35%	29%
GB News	27%	34%	39%
Huffpost	24%	47%	29%
Daily Mail	23%	26%	51%
Daily Mirror	22%	29%	49%
The Sun	12%	21%	67%

Chart: Press Gazette · Source: Reuters Institute for the Study of Journalism · Get the data

Audience and reach, Top 50 UK news brands, July 2022

🔍 Search in table   Page 1 of 2 >

	Newsbrand	Audience ▽	Month-on-month change (%)	Audience reach
1	BBC	39.2	-0	79
2	The Sun	27.9	0	56
3	Mirror	24.1	-2	48
4	Mail Online	24	2	48
5	The Independent	21.9	-2	44
6	The Guardian	20.6	1	41
7	Sky News	19.8	10	40
8	Daily Express	17	5	34
9	The Telegraph	16.7	8	34
10	Manchester Evening News	16	3	32
11	iNews	14.6	-3	29
12	Times & Sunday Times	13.7	3	27
13	Birmingham Live	13.5	12	27
14	Money Saving Expert	12.8	-7	26
15	Daily Star	12.7	6	25

Betrachtet man jedoch den Traffic, ergibt sich ein anderes Bild (siehe das zweite Diagramm auf der vorherigen Seite). Auch hier steht die BBC an der Spitze (als Ausnahme, weil sie eine nationale Rundfunkanstalt ist), aber direkt danach folgen *The Sun, Mirror* und *(Daily) Mail Online*.

Das Vertrauensdiagramm scheint auf den Kopf gestellt. Die Verleger, die das geringste Vertrauen genießen, sind dieselben, die den meisten Verkehr erzielen.

Mikro- versus Makromomente der Mediennutzung

Als Medienanalyst empfinde ich diese Entwicklung als sehr frustrierend. Vertrauen und Besucherzahlen sollten nicht gegengerichtet sein. Aber es überrascht mich auch nicht. Was die Konsumenten von Boulevardzeitungen machen, bezeichnen wir als Nachrichtenkonsum mit geringer Intention in einem Mikromoment. Die Artikel sind so konzipiert, dass man sie als ›Snack‹ zu sich nimmt, auf sie spontan reagiert oder sie einfach nur anschaut, wenn man eine kurze Pause hat.

Die vertrauenswürdigen Zeitungen hingegen sind für einen Makromoment konzipiert, in dem sich die Menschen intensiver mit Nachrichten beschäftigen. Diese konzentriertere Form des Nachrichtenkonsums schafft ein höheres Maß an Vertrauen, aber das Verkehrsaufkommen ist eben nicht so hoch. Die folgende Grafik veranschaulicht dies:

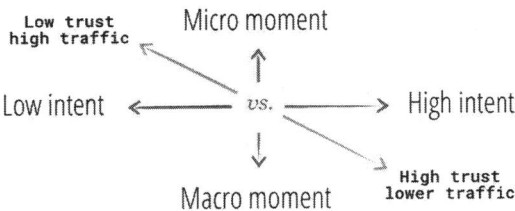

Hier stehen wir vor einem Dilemma, wenn eine vertrauenswürdige Zeitung mehr Besucher anlocken möchte. Häufig fängt die Redaktion an, Taktiken der Boulevardzeitungen zu kopieren: Sie fügt mehr Meinungen hinzu, um die Leute zu mehr Reaktionen zu bewegen; sie liefert Schlagzeilenträchtiges und betreibt mehr Clickbaiting. Was die Steigerung der Besucherzahlen angeht, funktioniert das. Es führt zu mehr Zugriffen, und anfangs steigt sogar die Zahl der Abonnenten, da die erhöhte Aufmerksamkeit mehr Potenzial für Konversionen schafft. Allerdings sinkt die Konversionsrate dann auch oft wieder.

Zugleich sinkt für die bisherigen Leser der Wert des journalistischen Produkts, da sich dessen Schwerpunkt verlagert – von vertrauenswürdigen Nachrichten auf etwas, das eher der Boulevardpresse ähnelt.

Am Anfang scheint alles in Ordnung zu sein, aber wenn das so weitergeht, beginnen die bestehenden Abonnenten zu wandern. Sie goutieren nicht, was aus der Zeitung geworden ist. Sie schätzen diese Form von Nachrichten nicht, es ist eben nicht das, was sie ursprünglich abonniert hatten.

Sich selbst ins Knie schießen

Genau diesem Muster ist als Beispiel die dänische Zeitung *Politiken* gefolgt. Aber es geht um ein Problem, das ich bei vielen Zeitungen sehe und das ich, ohne mit dem Finger auf eine zu zeigen, veranschaulichen möchte.

Ein Leser von *Politiken* ärgerte sich so sehr über Clickbait-Artikel, dass er einen Brief schrieb, den die Zeitung dann ... äh ... ganz oben auf der Titelseite veröffentlichte. Hier ist der Anriss des Artikels:

Unsatisfied reader: I am becoming more and more frustrated by reading Politiken's strange headlines online

Politiken's online newspaper is filled with one garbled, bloated, self-congratulatory or superficial headline after another.

▶ AUTOMATIC READING   ⊙

Ja, diese Headline wurde wirklich ganz oben auf der Seite eins publiziert. Ich weiß nicht, was sich die Redakteure dabei gedacht haben. Vielleicht wollten sie ›transparent‹ sein. Aber das war eine hochgradig effektive Art, sich selbst ins Knie zu schießen.

Stellen Sie sich vor, ein Webshop hätte das getan, ein Kunde von H&M hätte sich über die Qualität der Produkte geärgert und eine E-Mail dazu geschrieben – und dann hätte H&M diese Kundenrezension auf seiner Homepage veröffentlicht, sodass alle sie sehen können.

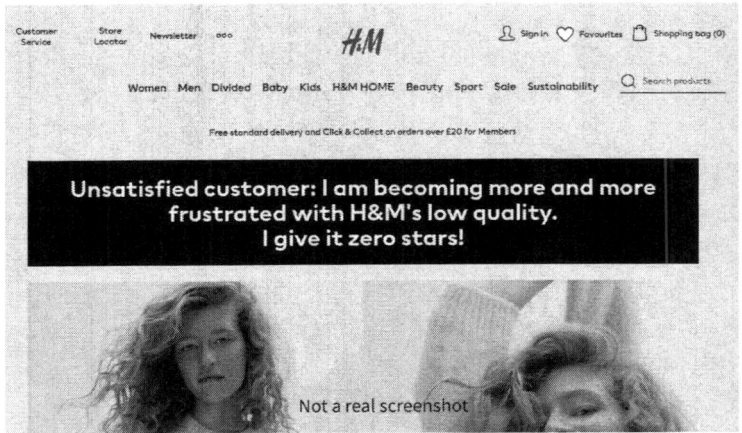

Aber das war nicht das Schlimmste. Da der Artikel auf der Titelseite veröffentlicht wurde, gab es sehr schnell eine große Anzahl von Reaktionen. Der Beitrag wurde zum meistgelesenen Artikel, und das bedeutete, dass er in der Liste der meistgelesenen Snippets erschien ... und dann begannen die Leute zu kommentieren.

Politiken hatte die Leserkritik als Premium-Beitrag veröffentlicht, sodass nur Abonnenten sie lesen und kommentieren konnten. Aber das machte es nur noch schlimmer, denn die Kommentare stimmten mit dem kritischen Leser völlig überein.

Hier einige Kostproben:

Katrine Christiani – Stimme dem Autor voll und ganz zu. Habe mein Abonnement aus demselben Grund gekündigt.

Soren Jensen – Stimme dem Autor voll und ganz zu. Ich überlege auch, die Zeitung zu wechseln.

Marianne Sonntag – Stimme voll und ganz zu. Verdrehte Schlagzeilen. Man versteht die Pointe (wenn es eine gibt) nur, wenn man sich die Mühe macht, 3/4 des Artikels zu lesen. Ist es das wert, frage ich mich oft?

Henrik Munk Nielsen – Stimmt. Letztendlich erinnert es sehr an EB und BT, die reine Clickbaits sind. (Anmerkung: EB und BT sind die beiden größten Boulevardzeitungen in Dänemark)

Soren Ladegaard – Stimme voll und ganz zu. Ich habe mein Abonnement von *Zetland* wieder aufgenommen, und wenn sie meinen Bedarf an Nachrichten decken können, bin ich auch kein zahlender Abonnent von *Politiken* mehr.

Es gab viele weitere Kommentare – 91, um genau zu sein zum Zeitpunkt, an dem ich dies schreibe. Die Abonnenten brachten großen Unmut darüber zum Ausdruck, wohin sich ihre Zeitung entwickelt.

Die Frage ist also, was die Redaktion dagegen unternommen hat, wenn das Feedback und die Daten so eindeutig zeigen, dass das, was sie macht, ihrem Publikum missfällt?

Zunächst wurde der Artikel etwa eine Stunde nach der Veröffentlichung viel weiter nach unten verschoben, bevor er schließlich im Archiv landete und vergessen wurde. Die zitierten Kommentare wurden also größtenteils in dieser einen Stunde verfasst, was darauf hindeutet, dass es noch viele, viele mehr gegeben hätte, wenn die Redaktion den Artikel ganz oben auf Seite eins belassen hätte.

Versäumte Kommunikation mit den Lesern

Allein das Entfernen des Artikels von der Titelseite ist allerdings keine angemessene Reaktion auf den Entrüstungssturm. Was also hat die Redaktion darüber hinaus getan?

Nun, traurigerweise ... nichts. Soweit ich das beurteilen kann, haben die Redakteure ihren Lesern nie geantwortet, und als ich die Schlagzeilen der Vorwoche und der Woche 14 Tage später analysierte, konnte ich keinen Unterschied feststellen. Ich habe mir die Titelseiten über die zwei Vergleichswochen hinweg angeschaut, wobei ich die 25 am häufigsten platzierten Artikel jedes Tages in drei Kategorien eingeteilt habe, je nachdem, wie gut sie den Leser informieren.

- *Informativ*: Die Überschrift verrät, um welches Thema es geht, welche Personen beteiligt sind und was das Problem ist.
- *Thema + Clickbait*: Die Überschrift gibt zwar an, worum es geht, erklärt aber keine Details. Ein einfaches Beispiel wäre: »Bekannte Automarke ruft beliebtes Modell zurück«. Hier erfährt man, dass es um Autos geht, hat aber keine Ahnung, ob das für einen relevant ist, bis man klickt.
- *Clickbait*: Dies ist eine klassische Clickbait-Schlagzeile, bei der der Leser keine Ahnung davon bekommt, worum es in dem Artikel überhaupt geht, bis er darauf klickt. Die Schlagzeile verleitet allerdings aufgrund ihrer Dramatik zum Anklicken.

Und wie schneidet die Redaktion im Umgang mit der Leserkritik ab? Die Zahlen sind in der folgenden Grafik ablesbar.

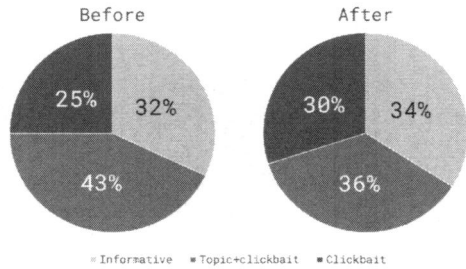

Etwa zwei Drittel der Schlagzeilen bestehen weiterhin aus Clickbait. So ist es nicht verwunderlich, dass viele bisherige Leser, die von ihrer Zeitung etwas anderes erwarten, dagegen revoltieren. Sie hatten keine Boulevardzeitung gewollt. Der Grund, warum sie die Zeitung abonniert haben, war die Erwartung von gutem Journalismus.

Als Medienanalytiker frustriert es mich, wie Redaktionen auf solche Situationen reagieren. Es ist ganz klar, dass es ein Problem gibt, und dieses Problem führt zu Unzufriedenheit bei den Lesern, zu zunehmender Abwanderung von Langzeitabonnenten. Aber am schlimmsten ist, wie sich die Zeitungen selbst verändern, sich in Möchtegern-Boulevardblätter verwandeln, mit vielfach geringerem Wert des Journalismus und schrumpfendem Vertrauen der Leserinnen und Leser.

Was derzeit in der gesamten Branche passiert, verheißt keine gute Zukunft für den Journalismus. Für ein vertrauenswürdiges Nachrichtenangebot sollte Traffic nicht als Hauptziel angestrebt werden. Das ist die falsche Messgröße. Stattdessen gilt es, darauf abzuzielen, die meisten Abonnenten mit einer möglichst langen, möglichst lebenslänglichen Abonnementdauer zu gewinnen.

Vor allem aber müssen wir aufhören, die Boulevardpresse mit vertrauenswürdigen Zeitungen zu vergleichen. Es handelt sich um zwei getrennte Märkte mit unterschiedlichen Absichten und Schwerpunkten. Es spielt keine Rolle, wie viele Aufrufe die Boulevardzeitungen haben, denn es handelt sich nicht um denselben Markt.

Abbildungsnachweise

Which UK news brands are the most trusted? (S. 146). https://pressgazette.co.uk/news/trust-in-news-uk/
Audience and reach, Top 50 UK news brands, July 2022. (S. 146). https://pressgazette.co.uk/media-audience-and-business-data/media_metrics

Gekürzter, übersetzter Nachdruck von https://baekdal.com/newsletter/the-trends-currently-favor-media-companies/?utm_campaign=Vincent%20Peyregne%27s%20Weekly%20Digest&utm_medium=email&utm_source=Revue%20newsletter

Start-ups und Impulse

GABOR STEINGART

Unbedarftheit in Wirtschaftsfragen

Das Verstörende am staatlich kontrollierten Fernsehen sind nicht die Dinge, die berichtet werden. Das Verstörende sind oft die Dinge, die nicht oder nur beiläufig berichtet werden. Manchmal sind es auch nur die Fragen, die ungestellt bleiben.

Als Kanzlerkandidat Olaf Scholz bei einem der Kandidatenduelle in der ARD sagte, Deutschland sei nicht abhängig vom russischen Gas, blieb diese Falschaussage seitens der Journalisten widerspruchslos. Aus Unkenntnis? Aus Desinteresse? Aus Opportunismus? Man weiß es nicht.

Ich erinnere mich zusammen mit dem damaligen ZDF-Intendanten Thomas Bellut und dem Verleger Dieter von Holtzbrinck in der Jury des Georg von Holtzbrinck Journalistenpreises gesessen zu haben, als wir – im Konsens übrigens – die Auszeichnung eines TV-Beitrags erstmals ausfallen ließen. Die Begründung: Die TV-Anstalten hatten keinen wirklich kompetenten Wirtschaftsbeitrag eingereicht. Die Wirtschaftskompetenz im deutschen Fernsehen sei auffällig unterentwickelt.

Das Verstörende: Die Beschäftigten der öffentlich-rechtlichen Sender nehmen diese Kritik seit Längerem schon mit Achselzucken entgegen. Viele sind im Hauptberuf nicht mehr Journalisten, sondern Aktivisten oder – noch schlimmer – Postenschieber und Spesenritter. Die ehemalige RBB-Intendantin Patricia Schlesinger – früher eine leidenschaftliche Journalistin – hat die Eigennutz-Optimierung der TV-Funktionäre nicht erfunden, sondern den Stand der Verkommenheit nur illuminiert. Auch in anderen Sendern haben sich ehemalige Journalisten in diese Richtung entwickelt. Sie nutzen den öffentlich-rechtlichen Auftrag als moralischen Schutzschild für die Optimierung von Privilegien. Die 8,5 Milliarden vom Staat garantierten Einnahmen ermuntern womöglich zu einem derartigen Geschäftsmodell.

Die Selbstkontrolle durch die Fernseh- und Verwaltungsräte funktioniert erkennbar nicht. Und sie tut es schon deshalb nicht, weil man am Rande der Sitzungen versucht, Geschäfte auf Gegenseitigkeit abzuschließen: Aufmerksamkeit gegen Annehmlichkeit. So lautet der Tauschhandel zwischen den dort vertretenen Interessengruppen und den zu beaufsichtigenden TV-Funktionären. Ohne die Recherchen von *Business Insider* hätte es das höfische Treiben beim RBB (und anderswo?) niemals auf die Tagesordnung einer Gremiensitzung geschafft.

Gleichförmigkeit statt Vielfalt

Es ist – und diese Kritik weist über den öffentlich-rechtlichen Rundfunk hinaus – in vielen Redaktionen zu einem hohen Maß an Gleichförmigkeit gekommen. Einer Gleichförmigkeit der Karrierewege, der Ideen, des Denkens und schließlich der Texte.

In der Russland-Politik beispielsweise gilt Kritik bis heute als unpatriotisch. Die mittlerweile unbestreitbare Tatsache, dass die Sanktionsregime des Westens nicht nur die russische, sondern in besonderer Weise die deutsche Volkswirtschaft beschädigen, wird nicht wirklich thematisiert. Warum nicht? Der gute Journalist ist doch nicht die fünfte Kolonne der Nato.

Stattdessen rufen fast alle Medien wie in Trance nach ›Entlastungspaketen‹ des Staates, die in Umfang und Denkungsart mittlerweile einem bedingungslosen Grundeinkommen gleichkommen. Die Marktwirtschaft wird verformt, ohne dass darüber eine Debatte geführt würde. Dabei wäre das von allen Identitätsdebatten die lohnendste.

Es geht ja bei den hier ausgezahlten Geldern erneut um Gelder, die von Kindern, die wir nicht gebären, einzutreiben wären. Wer den Wählern in Spendierlaune zuruft ›You will never walk alone‹, will keine Ambition auslösen und keine Kraftanstrengung verlangen. Die soziale Ruhe der Gegenwart wird mit dem wirtschaftlichen Abstieg der Zukunft erkauft. Das ist die Zeitenwende, von der keiner spricht.

Fehlanzeige: die ökonomischen Grundrechenarten

Nun will man die Ruhe der anderen nicht mutwillig stören und den lieben Kolleginnen und Kollegen auch nicht unnötig auf den Wecker fallen. Aber diese fast obszön zur Schau getragene Unbedarftheit in Wirtschaftsfragen – die schon bei der unter staatlicher Aufsicht erfolgten Verpuffung von Milliarden Anlegergeldern der Wirecard AG auffiel – ist kein Kavaliersdelikt. Nicht für einen kritischen Journalisten.

Die gleichen Kolleginnen und Kollegen, die wegen des falschen Lachens von Armin Laschet in Dauererregung verfielen und aufgrund politisch belangloser Plagiate im Buch von Annalena Baerbock Sonderschichten der Empörung und auch der Verunglimpfung gefahren haben, sind jetzt verstummt.

Sie beherrschen das Politiker-Bingo, wo der eine Kulissenschieber mit dem Finger auf den anderen Kulissenschieber zeigt, aber die ökonomischen Grundrechenarten beherrschen sie nicht.

Man will davon ablenken, dass man fachlich den ökonomischen Kern vom Kern der Moderne gar nicht zu packen bekommt.

Lust- und absichtsvoll werden daher die Nebenkriegsschauplätze besucht, weil man selber am besten weiß, dass zum Betreten der heißen Frontabschnitte zwischen Ökonomie und Politik die schweren Waffen fehlen, um im Terminus des Ukraine-Krieges zu sprechen. Deutlicher noch formuliert: Die meisten Journalisten sind mit leichtem Gepäck unterwegs.

So hat dann der Schwadroneur seinen großen Auftritt. Dieser neuzeitliche Dünnbrettbohrer weiß nicht, wie man eine Bilanz liest. Aber er weiß, wie man das Feuer der Empörung schürt. Er kann Erlös nicht von Ertrag unterscheiden, aber er ist ein ausgewiesener Experte im Übelnehmen und Verleumden.

Aktivisten in Journalisten rückverwandeln

Auch deshalb haben viele von Journalismus auf Aktivismus umgesattelt. Im Kampf für die gute Sache – so die Hoffnung – fällt nicht sofort auf, dass man von der Sache selbst nicht viel versteht. In vielen deutschen Redaktionen fand ein Osterwunder der eigenen Art statt: Tausende von Redakteuren und Redakteurinnen gingen als Soziologen, Psychologen und Literaturwissenschaftler zu Bett, um als Virologen und Klimatologen ihre Wiederauferstehung zu feiern. Für sie gilt, was Kurt Tucholsky einst gesagt hat: »Auf nichts ist der Mensch so stolz wie auf das, was er seit zwei Minuten weiß.«

Unser *Pioneer*-Projekt verfolgt einen grundsätzlich anderen Ansatz. Wir wollen das wohlgefällige Nicken der Journalisten wieder durch den begründeten Zweifel und das Staunen über die Pluralität des Menschen ersetzen. Wir wollen den Aktivisten wieder in den Journalisten zurückverwandeln. Wir wollen der ökonomischen Betrachtung wieder zu ihrem Recht verhelfen.

Es geht im Grunde gar nicht um eine Neuerfindung, sondern um das Zurückholen. Es geht um den Mut, sich auch gegen den Geist der eigenen Zeit zu stellen. Und um die Freiheit, dem Regierungspolitiker evidenzbasiert die Stirn zu bieten. Der Politiker hat das Amt und die Macht. Und wir haben unsere Zweifel, unsere Neugier und unser Wissen.

Wir Pioneers bemühen uns, eine Denkschule zu begründen, die wieder Spaß an der Recherche und Lust an der intelligenten Gegenrede empfindet. Die den Zweifel kultiviert, die die Meinung des anderen nicht bekämpft und auch nicht gönnerhaft toleriert, sondern die diese andere Meinung ermuntert und als Inspiration empfindet. Der mediale Mainstream – den man auch im Kanzleramt längst als ›group thinking‹ und damit als bedrohlich erlebt – verrät die Grundwerte der Meinungsfreiheit. Er hört sich nur noch selber zu. Er will nichts wissen, er will belehren.

Rede und Gegenrede

Wir möchten, dass das, was im medizinischen Alltag gang und gäbe ist, das Einholen einer Zweitmeinung oder vor Gericht die Befragung des Zweitgutachters, dass diese Normalität wieder die unsere wird. »Wahrheit gibt es nur zu zweien.« Hannah Arendt – Das genau beschreibt unsere Mission.

Rede ohne Gegenrede ist Diktatur. Nur eine respektvolle Kultur von Rede und Gegenrede begründet Demokratie. Und diese Gegenrede braucht eine ökonomische Grundierung. Es gibt Meinungen und es gibt Stimmungen. Und es gibt wirtschaftliche Fakten.

The Pioneer ist ein Projekt, das auf strikte politische Unabhängigkeit setzt – keine Politiker in den Aufsichtsgremien, keine von Politikern sanktionierten Gebühren, keine sonstigen Subventionen. Diese politische Unabhängigkeit kombinieren wir mit der Freiheit von der Werbeindustrie.

Unser Projekt *The Pioneer*, das sich aus dem *Morning Briefing* heraus entwickelt hat, will die beschriebenen Verhältnisse verändern. Wir bekämpfen die anderen nicht. Aber wir ergänzen sie. Wir liefern das ökonomisch begründete Zweitgutachten.

Mittlerweile umfasst das *Pioneer*-Team 48 festangestellte Kolleginnen und Kollegen und mehr als 20 freie Mitarbeiter.

Hinzu kommen unsere inzwischen 200 *Pioneer*-Experts, die regelmäßig auf *The Pioneer* schreiben. Sie sind die Sachverständigen des Alltags. Ihre Expertise bereichert den Diskurs und liefert oft den notwendigen Perspektivwechsel.

Wir stehen erst am Anfang. Ich würde den beschriebenen Weg gerne fortsetzen. Wir wissen: Unser Land kann einen medialen Neuanfang gut gebrauchen.

Gekürzter Nachdruck aus *The Pioneer* vom 27.8.2022

BENJAMIN FREDRICH

Wie *Katapult* sich der Abwärtsspirale der Printmedien entgegenstellt

Entgegen den Erwartungen handeln, Witz und Ernsthaftigkeit vereinen und alle Karten auf Print setzen – das ist *Katapult*. Das Magazin aus Greifswald wurde 2015 gegründet und entwickelt Karten und Beiträge anhand von sozialwissenschaftlichen Daten. Mit mittlerweile 92.000 Abonnentinnen und Abonnenten, einem Umsatz von 2,5 Millionen Euro und einer Online-Reichweite, die auf Instagram über eine halbe Million Menschen erreicht, hat sich *Katapult* in der Medienlandschaft etabliert. Mit Blick auf die Diskussion von ›Domänen-Leitmedien‹, wurde die Frage gestellt, inwieweit *Katapult* Domänenkompetenz als Schlüsselkompetenz einsetzt.

Domänenkompetenz ist »die tiefe, gründliche Kenntnis von Zusammenhängen und Entwicklungen in umfassenden Fachgebieten, die über Jahre gepflegt würde und auch dann bestehe, wenn sich ein Thema nicht oben auf der Tagesordnung befände« (Turner, in diesem Band, S. 29f.). Gemeint ist hier der Shift weg von der Polarisierung durch aktuelle schnelllebige Inhalte hin zu hochspezialisierten Publikationen – sogenannten ›Verticals‹ –, die nicht auf Emotionen der Leserschaft ausgerichtet sind, sondern auf die umfassende Kompetenz und Vermittlung tiefgreifender Informationen zielen.

Ein Printmagazin im digitalen Zeitalter

Die Idee von *Katapult* entstand aus dem Bedarf, sozialwissenschaftliche Erkenntnisse einem breiten Publikum zugänglich zu machen. Während die Naturwissenschaften im Journalismus bereits stark bedient wurden und hierfür einfache visuelle Umsetzungen möglich sind, waren Themen wie Sozial-, Politik-, Wirtschafts-, Rechts-, Sprach- und Geschichtswissenschaft wenig präsent. *Katapult* bedient sich daher der Nische, Daten und Erkenntnisse der Sozialwissenschaft auf kreative Weise zu verarbeiten und in Form von Grafiken und Beiträgen einer breiten Öffentlichkeit zugänglich zu machen. Ziel ist dabei, komplexe Inhalte populärwissenschaftlich und barrierefrei darzustellen.

Der anfängliche Versuch, Beiträge umsatzbringend auf Facebook zu veröffentlichen, scheiterte – gleichzeitig entstand daraus die Idee eines Printmagazins, welches viermal jährlich erscheint und in Deutschland, Österreich, Luxemburg, Liechtenstein und der Schweiz vertrieben wird. Seit 2016 finanziert sich *Katapult* durch den Verkauf der Ausgaben, Lizenzverkäufe an Grafiken, Werbeeinnahmen und Spenden.

Seit 2015 ist *Katapult* kontinuierlich gewachsen, zuletzt auf einen Umsatz von 2.500.000 Euro (Stand 2020). Mittlerweile arbeiten 47 Mitarbeitende bei *Katapult*. Der Fokus der Journalistinnen und Journalisten liegt dabei nicht auf der Spezialisierung auf bestimmte Segmente. Vielmehr liegt der Anspruch darin, Generalisten auszubilden, die sich verschiedensten Themen annehmen und katapultartig umsetzen können. Die Redaktion gliedert sich in vier Bereiche auf, die unterschiedliche Formate und Themen bedienen (Online, Magazin, Verlag, Ukraine).

Domänenkompetenz in der Redaktion

Domänenkompetenz prägt sich innerhalb der Redaktion unterschiedlich aus: Das Online-Team arbeitet mit einem Mix aus tagesaktuellen Themen und zeitlosen Karten. Das Ziel: die barrierefreie Aufbereitung von Inhalten. Leser und Leserinnen sollen unabhängig von ihrem Bildungsgrad komplexe Informationen schnell und einfach erfassen können. Das Team setzt dabei auf aktuelle Studien, die nicht älter als drei Jahre sind. Um ein breites Spektrum an Themen zu bedienen, rückt Domänenkompetenz zunächst in den Hintergrund. Diese ergibt sich dann erst aus Befragungen und Gastbeiträgen von Wissenschaftlern, die in regelmäßigem Turnus angefragt werden, bei *Katapult* zu veröffentlichen. Deren Inhalte werden weiterhin redaktionell bearbeitet und mit Grafiken aufgestockt.

Bei der Magazinproduktion werden zum Teil Expertinnen und Experten für die Erstellung von Beiträgen herangezogen. Auch hier liegt der Fokus darauf, aktuelle, aber auch zeitlose Themen anzubieten. Im Gegensatz zu Fachzeitschriften, fokussiert sich *Katapult* nicht auf eine spezielle Sparte, sondern bedient verschiedenste Themen, die das Team für relevant hält. Die Verarbeitung von Inhalten ist die eigentliche *Katapult*-Kompetenz: Zum einen werden kritische Themen herangezogen, aber auch witzige Inhalte eingestreut.

2020 wurde der Katapult-Verlag gegründet. Zusätzlich zum Magazin und den Online-Beiträgen werden Bücher zu sozialwissenschaftlichen Themen veröffentlicht. Dabei arbeitet das Team mit Experten aus verschiedenen Bereichen zusammen, wie beispielsweise beim Buch *100 Karten über China*. Die Domänenkompetenz liegt in diesem Fall nicht bei *Katapult* selbst, sondern bei den Sinologen, mit denen zusammengearbeitet wird. Sie liefern Daten, Studien und Kenntnisse über das Land.

Eine Ausnahme bildet die Gründung der Ukraine-Redaktion. Mit Beginn des Ukraine-Krieges wurden Arbeitsprozesse innerhalb des Unternehmens umgeworfen und der Fokus verschoben: Ein 24-Stunden-Newsticker wurde innerhalb kürzester Zeit aufgebaut, ein Team in Odessa und in Greifswald eingesetzt, um tagesaktuell über das Geschehen in der Ukraine zu berichten. Die Domänenkompetenz liefern ukrainische Journalisten und Journalistinnen, die Landeskenntnisse mitbringen und vor Ort arbeiten. Gleiches gilt für das Buchprojekt *100 Karten über die Ukraine*, welches in Zusammenarbeit mit Experten und ukrainischen Journalisten entstanden ist. Ein Team mit Expertise im Bereich Ukraine ist in diesem Fall unerlässlich.

Domänenkompetenz bei Katapult?

Die Ausprägung von Domänenkompetenz ist bei *Katapult* nach eigener Einschätzung teilweise vorhanden. Im Falle der Teams Magazin, Verlag und Online-Redaktion wird die Kompetenz durch Experten und Expertinnen und wissenschaftliche Analysen miteinbezogen, wenngleich *Katapult* hier vor allem anhand von Analysen wissenschaftsjournalistisch arbeitet. Der Anspruch an die eigenen Journalisten besteht darin, auf Basis von Grundkenntnissen zu Statistik verschiedene Themen einordnen und umsetzen zu können.

Entgegen dessen ist die Domänenkompetenz im Falle der Ukraine-Redaktion relativ hoch. Das liegt daran, dass der Großteil der Journalisten aus der Ukraine stammt und ein Teil sogar vor Ort berichtet. Die Fokussierung auf ein klares Thema und die Zusammenarbeit mit Experten auf dem Gebiet schaffen eine hohe Fachkompetenz.

Bei der Umsetzung von Karten-Büchern ist die Domänenkompetenz ebenfalls entsprechend hoch – allerdings nicht im eigenen Team, sondern durch Zuarbeit von Experten aus dem jeweiligen Fachgebiet.

Es gibt aber ein Gebiet, auf dem *Katapult* über einmalige Domänenkompetenz verfügt: beim grafischen und visuellen Aufarbeiten von wissenschaftlichen Datenlagen. Mit dem Herunterbrechen dieser Daten, einer einfachen Sprache, einem klaren visuellen Wiedererkennungswert durch Humor, Schrift und Farbe verfügt *Katapult* damit über ein Alleinstellungsmerkmal im Journalismus und damit in der Umsetzung der Grafiken einer besonderen Art der Domänenkompetenz.

Katapult ist keine Fachzeitschrift, sondern ein Magazin für Kartografik, das Statistiken und Studien der Sozialwissenschaft aufarbeitet – die Ausprägung einer Domänenkompetenz ist in manchen Bereichen stark ausgeprägt, in anderen weniger.

ANTJE SIRLESCHTOV

Vom Aufstieg der unersetzlichen Experten-Journalisten

Die Role Models des deutschen Journalismus sind – oder sollte man besser sagen: waren – allesamt Allrounder. Sie besetzten die begehrten Leitartikel-Plätze der großen Zeitungen, interviewten die Regierungschefs im Fernsehen und beeindruckten das Publikum mit Essays und großen Reportagen. Ihre Glaubwürdigkeit und Bekanntheit in der Öffentlichkeit fußt auf ihrer handwerklichen Brillanz, aber eben auch auf breitem Wissen, erworben in jahrzehntelanger Arbeit in unterschiedlichen Redaktionsbereichen – als Korrespondenten in Auslandsredaktionen, als Lokaljournalisten, in den Feuilletons und Hauptstadtredaktionen der Medien.

Was sie zu Leitfiguren im Journalismus machte, ist also in den allermeisten Fällen Vermittlungskompetenz – und nicht Domänenkompetenz. Tiefe Kenntnisse in einem Berichterstattungsfeld, nur zu erlangen durch intensive und andauernde Beschäftigung mit einem Thema, führte in der Vergangenheit kaum an die Spitze des Journalismus und gehörte damit auch nicht zu den Top-Zielen von Berufseinsteigern. Wer diesen Weg dennoch ging, lief Gefahr, als begrenzt einsatzfähiger fester oder freier Nerd in den Redaktionen belächelt zu werden und nur selten (und für kleine Honorare) Beiträge platzieren zu können. Domänenkompetenz war eine Karriere-Bremse für jeden, der in Publikumsmedien erfolgreich werden wollte – bis der Publikumsjournalismus mit der Digitalisierung in die Krise kam. Die Digitalisierung hat die Allrounder-Medien einem Hyper-Wettbewerb ausgesetzt, der vielfach eine ganz neue Vermittlungskompetenz erzwingt. Der Allrounder wird zum All-Channel-Jockey, der jeden Stoff so auflegt, dass er die meisten Klicks bringt.

Experten als Randfiguren

Experten-Journalisten – das lehrte die Erfahrung des Berufsalltags – waren dagegen Randfiguren in der Branche. Sie glänzten zwar mit ihrer Expertise. Aber nur in kurzen Momenten thematischer Hochkonjunktur. Wenn ›ihr‹ Thema breites öffentliches Interesse erlangte, war ihre Domänenkompetenz gefragt. Dann – und nur dann – fragten die Redaktionen das tiefe inhaltliche Wissen der Experten, ihre Urteilsfähigkeiten und ihre Branchen-Kenntnisse nach. Print-Spezialisten tourten durch die TV-Studios, wenn sie eine Spezialität wirklich verstanden. Drehte die Nachrichtenlage, verschwand das Interesse. Die Arbeit der Experten rutschte in Randspalten, auf den Vormittag oder ganz aus dem Programm.

Nur die Namen der Allrounder waren und sind dem breiten Publikum bekannt. Die Experten kennt man allenfalls in Fachkreisen. Wer sich diesen Branchengesetzen entziehen wollte, dem blieb in der Regel nur, in der (schlecht beleumundeten) Fachpresse anzuheuern oder seine Auftragsbücher mit (gut bezahlten) Jobs in der Industrie abzupolstern – wobei manche Fachpublikationen diesen Unterschied nicht mehr machen.

›Domänenkompetenz, Expertenjournalismus: Nein danke!‹ – Diese Erfahrung hat sich über Jahrzehnte in den Gen-Code der Journalistinnen und Journalisten eingebrannt. Nunmehr über mehrere Generationen hinweg und beschleunigt durch die schwindende Widerstandskraft der Medien, den Gesetzmäßigkeiten der Digitalisierung zu widerstehen: dem Wettbewerb der Reichweiten, in dem diejenigen Journalisten zu Stars werden, deren Beiträge, versehen mit reißerischen Headlines und Google-optimierten Texten, die meisten Klicks erzeugen.

Dass die Öffentlichkeit die Verflachung des publizistischen Angebots spürt und der Branche wie dem Berufsstand der Journalisten das Vertrauen und die Abonnementgebühren entzieht, Medien also genauso wie die Medienmacher ihre Glaubwürdigkeit aufs Spiel setzen und letztlich den Ast absägen, auf dem sie (wirtschaftlich) sitzen, ist weithin bekannt. Es führte dennoch nur selten zur Selbsterkenntnis oder gar zu einer nachhaltigen Strategie-Umkehr. Dabei sind die Wendepunkte schon zu sehen.

Beschäftigungs-Abbau in US-Nachrichtenmedien

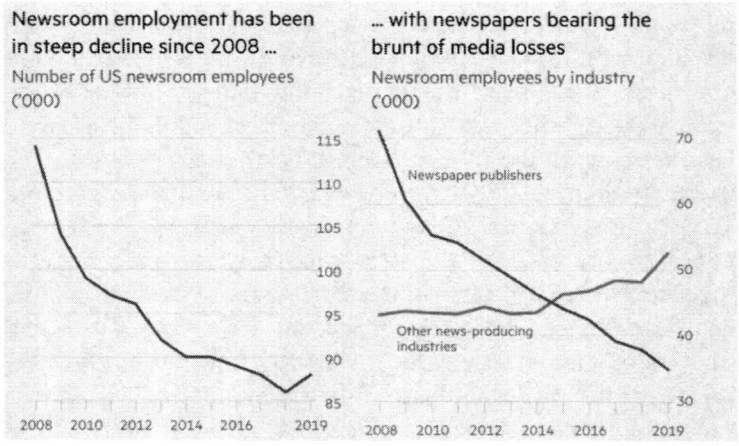

Newsroom employment has been in steep decline since 2008 ...

Number of US newsroom employees ('000)

... with newspapers bearing the brunt of media losses

Newsroom employees by industry ('000)

Newspaper publishers

Other news-producing industries

Quelle: Pew Research Center, US Bureau of Labor Statistics. © FT

Ein Blick auf die Arbeitsmarktstatistik für Journalisten in den USA nennt das Jahr 2015 als Wendepunkt, die Merger & Acquisition-Daten bestätigen es in den Jahren 2021/22: Blickt man genauer auf die Zahlen, sieht man nicht nur einen fallbeilartigen Absturz der Beschäftigten in Newsrooms, sondern auch eine aufsteigende Beschäftigungslinie außerhalb der Tageszeitungen. 2015 kreuzen sich die Linien, die Zeitungen beschäftigen in den USA erstmals weniger Journalisten als andere Medien, ein Trend der sich in den USA zuspitzt.

Der Berliner Markt als Beispiel

Für Deutschland gibt es keine vergleichbaren Daten, weshalb hier die persönlichen Erfahrungen aus einem besonders umkämpften deutschen Medienmarkt als Indikator dienen mögen – Berlin.

Als die Autorin vor gut zwei Jahrzehnten zum *Tagesspiegel* stieß, waren die drei Abonnementzeitungen mit in etwa gleich großen Redaktionen ausgestattet – jeweils rund 150 Journalisten, obwohl die *Berliner Zeitung* eine deutlich höhere Auflage verkaufte als die Nr. 2, die *Berliner Morgenpost*, und auf Platz 3 der *Tagesspiegel*. Heute sind Personal- und Auflagenstand ganz andere. Der *Tagesspiegel* verkauft als Nr. 1 mehr Exemplare als *Berliner Zeitung* und *Berliner Morgenpost* zusammen und beschäftigt auch mehr Journalisten als die beiden Wettbewerber.

Die zugrundeliegende, fundamentale Verschiebung der publizistischen Kontinentalplatten kann man auch als den stillen Aufstieg der Experten, als den ›Erfolgsmotor der Domänenkompetenz‹ beschreiben. Die klickgetriebene Vermittlungskompetenz der Allrounder erzielt immer umkämpftere Werbeeinnahmen, während sich mit Domänenkompetenz haltbare Abonnements an loyale Kunden verkaufen lassen.

Das zeigen anschaulich die Erfahrungen aus der Werkstatt der Domänenkompetenz, die die Verfasserin in den letzten zehn

Jahren sammeln konnte. Zunächst als Geschäftsführende Redakteurin beim Berliner *Tagesspiegel* und seit Ende 2020 als Chefredakteurin des auf Professional Briefings spezialisierten Digitalpublishers Table.Media hat die Autorin dieses Beitrags in den vergangenen Jahren journalistische Teams zusammengestellt, deren Ziel es ist, mit Domänenkompetenz eine interessierte Fach-Öffentlichkeit zu überzeugen, als Medienkonsumenten zu binden und eine Zahlungsbereitschaft auszulösen, die das Einkommen der Journalisten sichert. Aus weit mehr als einhundert Gesprächen mit Journalistinnen und Journalisten lassen sich einige Erkenntnisse über den Status der Domänenkompetenz im Journalismus gewinnen und eine Prognose über dessen Bedeutungszuwachs oder -verlust wagen.

Der Berliner *Tagesspiegel* hat sich vor einigen Jahren entschlossen, trotz Spardruck die vorhandene Fachkompetenz in der Redaktion zu halten und sogar auszubauen und dazu in wichtigen gesellschaftlichen Transformationsthemen wie Klima & Energie und Digitalisierung unter der Marke »Tagesspiegel Background« Expertenredaktionen zu gründen. In werktäglich erscheinenden Newslettern versorgen sie ein zahlungsbereites Publikum mit fachpolitischen Entwicklungen und qualitativ hochwertigen Branchenanalysen. Zugleich entstand ein Fundus, aus dem sich die Redaktion der Tageszeitung bediente. Es wäre Schönfärberei zu sagen, dass es sofort eine Welle der Begeisterung in der Redaktion gab. Nein, die gab es nicht. Bestenfalls eine wohlwollende Distanz zum nicht mehr zählbaren, erneuten Versuch, in Berlin eine Tageszeitung dem Siechtum zu entreißen.

Schleichend, aber kontinuierlich drehte sich das Bild. Ein paar Zäsuren, die den Meinungsbildungsprozess verdeutlichen. Ein erfahrener Redakteur der Zeitung sagte: ›Wenn ich nicht kann, dann bitte ich lieber einen Kollegen aus der Background-Redaktion einen Termin wahrzunehmen. Da stimmen dann sicher die Fakten.‹ Ein Staatssekretär sagt in großer Runde und Anwesenheit seines Pressesprechers: »Morgens lese ich als erstes das Briefing von Ihnen und dann kommt die Mappe aus dem Haus.« Redakteure, deren Text im Entscheiderbriefing und dann in der Zeitung erschien, berichten von der ungleich größeren Resonanz auf die Veröffentlichung in der Expertenpublikation.

Just in time: Corona und das Briefing zur Gesundheitspolitik

Mit jedem neuen Redakteur und jedem neuen Wissensgebiet löste sich die Skepsis weiter auf – bis zum Januar 2020. Über viele Monate war ein neues Briefing für die Gesundheitspolitik vorbereitet worden. Mit dem Jahresanfang 2020 stießen ein halbes Dutzend Gesundheitsfachleute zur Redaktion, nur wenige Tage, ehe ein unbekanntes Virus erstmals bei einem bayerischen Autozulieferer festgestellt wurde. Die vollkommen ungeplante Koinzidenz von Gesundheitsfachleuten und Coronavirus bescherte eine Kettenreaktion von Aufmerksamkeit, massiver redaktioneller Präsenz in Briefings und Zeitung, Zitaten und Verkäufen von Zeitung und Briefings. Und damit einhergehend – vielleicht zum ersten Mal seit vielen Jahren – wurde die große Zahl der Experten in einem Fachgebiet in der Zeitungsredaktion und im Verlag gleichermaßen als Segen empfunden. Weil einerseits den Lesern der Zeitung sehr schnell breites Wissen vermittelt werden konnte und zugleich die Briefings mit ihren sachkundigen Inhalten vom Fachpublikum geschätzt – und bezahlt – wurden.

Es soll nicht verschwiegen werden, dass der Weg zur inzwischen hohen Akzeptanz mühsam war. Zwar bot sich den an der Berichterstattung über komplexe Themen interessierten Journalisten die Möglichkeit, nun tief in ihre Stoffe einzutauchen und kompetent und mit hoher Qualität zu berichten – und das täglich. Kein Streit mehr mit Blattmachern um begehrte Druckplätze. Keine Auseinandersetzung über Detailtiefe der Artikel, von der man annahm, dass Zeitungsleser kein Interesse daran haben.

Doch die Realität sah anders aus: Die angesprochenen Journalisten misstrauten den Plänen. Dass ihr Publikum künftig ›nur noch‹ aus einigen tausend fachkundigen Lesern bestehen soll, erschien ihnen wie eine Missachtung ihrer Leistung. Warum sollten sie in Zukunft mit ihren Artikeln nicht mehr alle Leser der Zeitung erreichen (auch, wenn längst klar ist, dass sie nur ein Bruchteil wirklich liest)? Erst die Zusicherung, dass ihre Artikel auch in Zukunft in der Zeitung Platz finden würden und nicht ›nur‹ im Briefing, löste schließlich Bereitschaft zum Wechsel in die Fach-Teams aus.

Die Verticals als Cash Cow

Heute sind die Fachmedien ein publizistisch und wirtschaftlich hocherfolgreicher Teil der Zeitung – Verlagskollegen sprechen von einer ›Cash Cow‹.

Für diese Sicht sprechen ebenfalls die M&A-Daten des amerikanischen Medienmarktes, der auch in diesem Fall als Vorreiter angesehen werden kann. Mit einem Paukenschlag und angeblich einer Milliarde Euro kaufte Axel Springer 2021 den Domänenkompetenz-Verlag Politico. 2022 wurden die Domänenkompetenz-Häuser Axios und Industry Dive für dreistellige Millionensummen verkauft.

Was steckt hinter der neuen Wertschätzung für die Experten-Journalisten, dem ›Deep Journalism‹? Man kann sie als Synthese von Leitmedien-Qualität mit Fachpresse-Tiefgang bezeichnen. Sie verbinden die traditionelle Stärke der Qualitätszeitungen: Aktualität, Verständlichkeit und Seriosität mit den Stärken der Fachmedien: tiefe Expertise und hohe Vernetzung.

Sieht man von den ersten Gallischen Dörfern des Deep Journalism etwa beim *Tagesspiegel* und Table.Media ab, so muss man feststellen: Journalistische Domänenkompetenz genießt in den Augen der Redaktionen in traditionellen Medienhäusern noch keine große Reputation. Wer für ein Fachpublikum schreibt, erreicht ja keine große Leserzahl, schafft es nur sehr selten mit seinen Texten auf die begehrten vorderen Zeitungsseiten und gerät bei der Personalentwicklung schnell aus dem Blick. Fach-Nerds wird zudem oft nachgesagt, sie verstünden wenig von Parteipolitik und nur selten etwas von Arbeitsmarkt- und Wirtschaftspolitik. Werden Führungspositionen für traditionelle Ressorts wie Politik oder Wirtschaft besetzt, fallen sie mithin oft durchs Raster. Diese Erfahrung lässt Redakteure oft vor thematischer Fokussierung zurückschrecken. Und auch Berufsanfänger meiden zu frühe Spezialisierung. Sie planen ihre Karrieren nicht selten wie einen Gemischtwarenladen – von ›großen Sozialreportagen‹ bis ›irgendwas mit Klimawandel oder Migration‹. Oft bringen sie diese Empfehlungen auch aus ihrer Ausbildung mit – von Journalistenschulen und aus Volontärskursen. Unter dem Eindruck des jahrelangen wirtschaftlichen Drucks in der Branche entlassen die Ausbildungseinrichtungen ihre Absolventinnen und Absolventen mit der Empfehlung, sich möglichst breit aufzustellen, um Jobchancen nicht zu verpassen.

Die Möglichkeiten des digitalen Publishing – Blogs, Plattform-getriebene Briefing-Newsletter u.v.m. – verheißen neue publizistische Chancen für Journalisten, die sich dem traditionellen Medienbetrieb bewusst entziehen wollen oder dem Spardruck der etablierten Unternehmen zum Opfer fallen. Gerade für diejenigen unter ihnen, die sich intensiv und mit hoher Expertise mit einem Fachthema beschäftigen wollen, Domänenkompetente also im besten Sinn, scheinen sich neue Spielräume zu ergeben. Mit Interesse werden die Versuche der Protagonisten verfolgt, etwa dem renommierten Wissenschaftsjournalisten Jan Martin Wiarda und seinem Newsletter, dem nicht minder angesehenen Verteidigungsspezialisten Thomas Wiegold oder dem genossenschaftlichen Zusammenschluss der ›Riff-Reporter‹.

Wiarda und Wiegold veröffentlichen regelmäßig die Erlöse, die ihre Blogs erzielen. Sie kommen beide auf nahezu identische Digital-Einnahmen um 20.000 bis 30.000 Euro pro Jahr (neben nicht bezifferten Erlösen aus Moderationen und anderen publizistischen Tätigkeiten). Es scheint offensichtlich, dass journalistische Domänenkompetenz-Einzelkämpfer von ihren Digital-Publikationen kaum oder gar nicht leben können. Als zwingend erforderlich stellte sich bei *Tagesspiegel* und Table.Media heraus, zu den neuen redaktionellen Strukturen ebenso neue kaufmännische Abteilungen aufzustellen, damit schnell Umsätze erzielt werden können, die auskömmlich sind.

Erste Erfahrungen bei Table.Media

Auch bei dem noch neuen digitalen Medienhaus Table.Media wiederholt sich die bereits beim *Tagesspiegel* beobachtete Metamorphose von der verwunderten Skepsis zur engagierten Mitwirkung – allerdings in deutlich erhöhtem Tempo. Table.Media wird in der Branche spürbares Interesse entgegengebracht. In Leitmedien-Qualität mit Expertentiefe zu berichten und Leser höchsten Kalibers in täglich oder wöchentlich erscheinenden Newslettern kenntnisreich über Entwicklungen auf dem Laufenden zu halten und sie zu analysieren, macht Journalisten neugierig.

Wobei Neugierde nicht gleichzusetzen ist mit Begeisterung. Die Skepsis überwiegt zunächst. Dass sich die traditionellen Medienhäuser nur selten eigene Korrespondenten in China leisten und darunter die Informationsdichte über die politischen, gesellschaftlichen und wirtschaftlichen Entwicklungen in dem Land leidet, das wie kaum ein anderes den Wohlstand in Deutschland beeinflusst, ist jedem rasch zu erklären. Dass indes Unternehmen, Wissenschaftseinrichtungen, Verwaltungen und Politiker bereit sind, für einen täglichen Newsletter über China so viel zu zahlen, dass davon eine zahlenmäßig beachtliche China-Redaktion leben kann, verursacht oft ungläubiges Staunen. »Das kann doch nichts werden«, mutmaßte ein Journalist beim ersten Treffen über das Geschäftsmodell von Table.Media.

Wer die wirtschaftliche Entwicklung vieler Medienhäuser kennt (und die Euphemismen, mit denen sie ihren Niedergang garnieren), der kann keinem Journalisten übelnehmen, dass er zunächst zweifelt. Diese Zweifel zerstreuen sich dann, wenn sie mit den Kunden der Briefings sprechen. Sie geben ein ganz eindeutiges Bild des Marktes. Verlässliche Information in der Tiefe ist unverzichtbar für jede Entscheidung von Tragweite. Die Bezugsgebühren von Briefings – zwischen 100 und 200 Euro im Monat – sind geradezu lächerlich im Vergleich zu den sogenannten Opportunitätskosten, also den Kosten, mit denen man sich vergleichbare Informationen auf anderem Weg beschafft. Pressespiegel (die keine eigenen Recherchen bieten) kosten ein Mehrfaches. Eine halbe Stelle, die Berichterstattung auswertet und eigene Informationen besorgt, ebenso. Agenturen und Berater nehmen den Monatsbetrag für ein Briefing pro halbe Stunde. Ein hochrangiger Vertreter eines Verbandes mit Büro in China meinte, halb im Ernst, halb im Spaß sagen wir intern: Table informiert uns schneller, umfassender und gründlicher als unser teures Büro vor Ort.

Es gehört zur Neubewertung von gründlicher, verlässlicher, aktueller Information, dass man ihren Wert erkennt. Auf den austauschbaren Allrounder folgt der unverzichtbare Kenner.

ANNETTE MILZ

Rückbesinnung auf Kernelemente des Qualitätsjournalismus

Jammern hilft nicht.

Trotzdem gehört Jammern seit Jahren zur Medienbranche wie Druckerschwärze zur Zeitung.

Zugegeben, das liegt auch in der Natur der Sache bzw. des Berufs: Die hehre und sogar von der Verfassung geschützte Aufgabe des Journalismus ist schließlich eine demokratische Wächterfunktion inklusive Kritik an Missständen und Disfunktionalem. Der journalistische Blick ist daher seit jeher mehr auf negative Umstände als positive Beispiele gerichtet. Und das Nachrichtengeschäft folgt immer noch der imaginären Leitlinie des alten Spruchs ›Hund beißt Mann = keine Nachricht. Mann beißt Hund = Schlagzeile‹.

Zugegeben auch: Die aktuellen Krisen machen es der Branche nicht leicht, die Zukunft zu umarmen, wenn die Renditen schneller schmelzen als die Butter in der Sonne.

Nicht jedes Jammern ist also grundlos, aber einiges doch selbstverschuldet. Viel zu lange haben Medienunternehmen nicht wahrhaben wollen, was Vordenker schon sehr früh prognostizierten – zum Beispiel Bill Gates: »Bisher hatten Journalisten ein Monopol auf die Vermittlung von Nachrichten. Doch im Datennetz kann jeder Online-Anbieter Nachrichten verbreiten, seine eigene Zeitung herausgeben und seine eigenen Sendungen produzieren«.

1995 sagte er das, das World Wide Web war gerade mal 4 Jahre alt, Google noch gar nicht erfunden (1997) und das iPhone noch lange nicht in Sicht (2007). Die Druckerzeugnisse der Verlage sorgten noch für Renditen im zweistelligen Bereich; ein Frühstück ohne gedruckte Zeitung – für die meisten Verleger damals kein realistisches Szenario.

Und heute? Bill Gates Prophezeiung ist längst Realität. In Lichtgeschwindigkeit haben sich die Informations-Gewohnheiten verändert. ›Gatekeeper‹ im Journalismus sind Schlüsselfunktionen von gestern. Heute versteht man unter »Gatekeeper« eine Schlüsselsoftware für Computer.

Die Digitalisierung hat die Medienhäuser kräftig durchgerüttelt: ›Plattformunabhängiges Publizieren‹ ist zum Schlagwort geworden. Ebenso: Contentstrategie statt Seitenplanung. In den Redaktionen sind viele neue Aufgabenfelder entstanden, wie beispielsweise Audience Developer, SEO-Experten oder Community Manager.

Zugleich wurden die alten Gewissheiten und Geschäftsmodelle im Mediengeschäft verdrängt durch neue Marktmächte wie Alphabet (Google und YouTube), Meta (Facebook, Instagram, WhatsApp) oder Amazon.

Sie alle haben die Art zu kommunizieren und zu handeln grundlegend gewandelt. Leider nicht nur zum Positiven, wie es der Traum vom freien Internet anfänglich verhieß.

Noch vor 10 Jahren hätte wohl kaum jemand für möglich gehalten, dass ausgerechnet ein amerikanischer Präsident ›Fake News‹ zum geflügelten Schimpfwort und salonfähig machen würde, dass ganze Troll-Armeen westliche Öffentlichkeiten und

Wahlen mit gelenkten Deepfakes unterwandern und dass Filterblasen sowie Hatespeech zum gesellschaftlichen Problem avancieren würden.

Das demokratische Gemeinwesen ist gefährdet, warnt dementsprechend drastisch Jürgen Habermas in seinem jüngsten Buch *Ein neuer Strukturwandel der Öffentlichkeit*. Wie in seinem Klassiker vor 60 Jahren, weist Habermas auch heute der ›Öffentlichkeit‹ die wesentliche Funktion für die Bestandssicherung des bürgerlich-demokratischen Gemeinwesens zu, mit einer besonderen Verantwortung der Qualitätsmedien als Vermittler einer politischen Öffentlichkeit. 2022 warnt er aber: »Der technologische Fortschritt der digitalisierten Kommunikation fördert zunächst Tendenzen zur Entgrenzung, aber auch zur Fragmentierung der Öffentlichkeit«.

Die Frage, wie Qualitätsmedien die Menschen erreichen, die sich in Scharen ›alternativen‹ Quellen zuwenden, wird zunehmend zur Existenzfrage – für die Medienunternehmen selbst, aber auch für die freiheitliche Demokratie. Die Folgen von Pandemie, Krieg und Energienotstand wirken da wie Brandbeschleuniger.

Und was bedeutet das nun für den Qualitätsjournalismus, welche Art Journalismus hat eine tragfähige Zukunft?

Der Schlüssel für die Zukunft liegt genau genommen in der Vergangenheit: In einer Rückbesinnung auf die Kernelemente, die Qualitätsjournalismus seit jeher auszeichnen sollte und die mehr denn je in den Fokus gehören. Daraus folgt:

Wer relevant sein will, muss auch kompetent sein.

Eigentlich ist das eine Binsenweisheit – im Journalismus leider nicht. Jahrelang haben Struktur-Debatten in den meisten Medienunternehmen den Transformationsprozess dominiert. Aus Inhalten wurde Content. Neue Newsdesk-Modelle sollten

Synergien und Effizienz fördern. Zeitintensive Recherchen wichen immer öfter schnellen, klickträchtigen Meinungsbeiträgen. Die Weltfinanzkrise 2008 steigerte den wirtschaftlichen Druck. Die Folge: rigide Sparprogramme mit massivem Stellenabbau in Redaktionen. Und in nicht wenigen Verlagen wie Sendern wurden klassische Fachressorts verkleinert, wenn nicht sogar aufgelöst – zu teuer, zu ineffizient. Expertise könne man sich ja je nach Bedarf einkaufen.

Ein besonders radikales Beispiel: 2010 beschloss der Jahreszeitenverlag die Redaktionen seiner Magazine abzuschaffen bis auf die Leitungsebene. »Der Verlag definiert seine Rolle neu«, kündigte damals der Sprecher der Geschäftsleitung Jan Klage an: »Wir übernehmen Produktion, Marketing und Vermarktung für hoch qualifizierten Journalismus in Wort und Bild.« De facto bedeutete das: Journalistische Expertise wurde verlustreich outgesourct.

Den umgekehrten Weg hat der Berliner *Tagesspiegel* ein paar Jahre später eingeschlagen – indem er spezialisierte Informationsdienste neben und doch verzahnt mit der Redaktion schuf (vgl. die Beiträge von Sebastian Turner, Alfons Frese und Lorenz Maroldt in diesem Band).

Das zeigt, welchen Spielraum eine klug aufgebaute Domänenkompetenz im Journalismus eröffnet. Das Unternehmen Table. Media baut diesen Weg gerade aus (vgl. die Beiträge von Sebastian Turner und Antje Sirleschtov in diesem Band). Er könnte beispielhaft werden.

Auch für lokale Medien. Weil immer noch gilt ›All business is local‹, könnte die Lokalzeitung der Zukunft auch als Kompetenzzentrum für spezielle Vor-Ort-Charakteristika glänzen.

Ein fiktives Beispiel: Im hessischen Darmstadt ist das Europäische Raumflugkontrollzentrum der ESA, ›Europas Tor zum Weltraum‹, angesiedelt. Für das Zentrum arbeiten allein rund 1.000 Menschen; mit den Familien, Freunden, lokalen Geschäftreibenden etc. sind eine Vielzahl mehr davon betroffen. Journalistisch birgt das einen unerschöpflichen Quell an Themen. Und wer sitzt näher dran als die Journalisten vor Ort? Aus der naheliegenden Beschäftigung mit dem Thema ließe sich ein eigenes redaktionelles Kompetenzzentrum schaffen, das alle relevanten Informationen bündelt – unabhängig von Werbezyklen, weil abonnementfinanziert. So entstünde eine Wissensdomäne, die nicht nur die lokalen Fragen abdeckt, sondern auch nationale, womöglich sogar internationale Strahlkraft besäße. Vorausgesetzt, die Redaktionen bewahren und beweisen ihre journalistische Unabhängigkeit, statt als Sprachrohr für Pressemitteilungen zu agieren.

Jede Region in Deutschland hat ihre Besonderheiten, die sich thematisch kanalisieren ließen. Journalistische Domänenkompetenz könnte viele Facetten haben.

Es würde zugleich einen Ausweg aus dem ›Ihr lügt doch alle‹-Dilemma weisen. Domänenkompetenz, die selbst Experten überzeugt, wirkt tiefer als Fake-News-Propaganda.

Wer mit Kompetenz gewinnen will, muss für Talente attraktiv sein.

Die wesentliche Herausforderung der kommenden Jahre trifft alle: die Personalfrage. Die Fachpresse-Statistik verdeutlicht das Problem drastisch. 71 Prozent (!) der Verlage beantwortete bereits 2021 die Frage: »Ist es schwerer, neue Mitarbeiter:innen zu gewinnen?« mit einem eindeutigen Ja.

Und schon seit der Jahrtausendwende ist die mit am häufigsten gestellte Frage auf den »Top-30-bis-30«-Konferenzen, die das *medium magazin* jährlich für journalistischen Nachwuchs veranstaltet: »Wie machen wir die Branche für Talente (wieder) attraktiv?« Jedenfalls nicht mit befristeten Zeitverträgen ohne Perspektiven, mit einer Ressourcenverschwendung, die vorhandene Kompetenzen nicht abruft und innovativen Ideen keine Möglichkeit zur Entfaltung gibt.

Die Attraktivität hängt nicht nur an wirtschaftlichen Fragen.
Journalismus ist eben nicht nur ein Beruf, sondern auch eine Berufung. Wer diesen Weg einschlägt, muss die Sinnhaftigkeit seines Tuns spüren können – als Wächter wie als Übersetzer von Expertenwissen. Nicht zuletzt die Pandemie hat deutlich gezeigt, wie wichtig ein profunder Wissenschaftsjournalismus sein kann. Bezeichnend ist aber auch das: Eines der erfolgreichsten und innovativsten Formate – das *maiLab* von Mai Thi Nguyen-Kim – ist auf YouTube entstanden, außerhalb von etablierten Medien.

Die Fragmentierung der Gesellschaft braucht neue Antworten auch vom Journalismus. Die Medientransformation birgt viele Möglichkeiten, journalistische Kompetenz als Wert neu zu definieren. Und damit neue Businessmodelle zu schaffen.

Domänenkompetenz, die mit Inhalt füllt, was der Name verspricht, wäre ein Weg für den Qualitätsjournalismus der Zukunft.

Jammern ist es sicher nicht.

WOLFGANG BÜCHNER

Mehr Investitionen wagen. Journalistische Qualität dürfen wir uns nicht ersparen

Die Queen-Ballade *We Are The Champions* wäre ein guter Sound-track für einen Film über die frühen 2000er-Jahre in der Redak-tion von *Spiegel Online*. Das kleine Team um Chefredakteur Ma-thias Müller von Blumencron (dem der Autor dieses Beitrags ab Sommer 2001 bis 2009 angehörte), hatte keinen Zweifel daran: Uns gehört die Zukunft. Viele Verleger und Journalisten wollten nichts davon wissen, aber schon damals war klar: Digitale jour-nalistische Angebote werden gedruckten Zeitungen und Maga-zinen, aber auch journalistischen Formaten in Radio und Fernse-hen in fast jeder Hinsicht überlegen sein.

Mit dem zehn Jahre zuvor von Tim Berners Lee entwickelten HTTP-Netzwerkprotokoll und dem Start des World Wide Web stand Journalisten erstmals ein Medium zur Verfügung, in dem sie alle denkbaren medialen Assets – Texte, Tabellen, Bilder, Video, Audio, Grafiken, Links und vieles mehr – miteinander verknüpfen konnten. Der journalistische Gestaltungsspielraum wurde gleich um mehrere Dimensionen erweitert. News-Websites konnten Ereignisse umgehend präsentieren. Mit Push-Notifications waren und sind sie in der Regel sogar schneller als das traditionelle Breaking-News-Medium Radio. Auch die These, das Web eigne sich nur für journalistisches Fast Food wurde rasch widerlegt. Dass Zeitungen und Magazine deshalb eine Zukunft haben würden, weil nur dort Sorgfalt und Tiefgang zu finden sei, war nichts weiter als *wishful thinking* der Printosaurier.

Viele Redaktionen und Blogs zeigten bald, dass die Berichterstattung mit den neuen Möglichkeiten des Web ausführlicher, detaillierter und facettenreicher sein kann, als jede Magazinstrecke. Hinzu kamen Möglichkeiten für opulente optische Gestaltungen, mit denen selbst Hochglanzmagazine und TV-Sendungen nur mühsam mithalten konnten. Und schließlich war die von Jeff Jarvis 2009 in seinem Buch *What would Google do?* perfekt formulierte Philosophie »Do what you do best and link to the rest« der Kultur des Besserwissens und eifersüchtigen Hortens von mühsam recherchierten Informationen in jeder Hinsicht überlegen.

Dass diesen neuen publizistischen Möglichkeiten und den damals explodierenden Reichweiten der News-Websites irgendwann auch entsprechende Anzeigen-Erlöse folgen würden, daran hatten die Internet-Pioniere der Jahre 2000ff. keinen Zweifel. Anders als ihre Kolleginnen und Kollegen in Zeitungsredaktionen konnten sie den Erfolg ihrer Arbeit nicht nur anhand aufwendiger Copytests oder monatlich in der IVW-Auflagenstatistik ablesen. In den Online-Redaktionen der Verlage gab es bereits 2001 eine stündliche Auswertung dazu, welche Story, welches Foto wie oft von den Usern geklickt wurde.

Zur Wahrheit gehört aber auch: Schon damals fragten sich einige, wie nachhaltig der wirtschaftliche Erfolg dieser digitalen Senkrechtstarter sein würde. Ihre bange Frage lautete: Ihr produziert mit großem redaktionellem Aufwand ein in vieler Hinsicht überlegenes journalistisches Produkt und verschenkt es dann an die Leser? Wie lange soll das gut gehen?

Die meisten Pioniere im Online-Journalismus wollten von Bezahlschranken auf ihren Websites damals nichts wissen. Sie waren überzeugt: Mit rasant wachsenden Werbeerlösen können wir unsere Redaktionen sukzessive ausbauen, die Kompetenz und Qualität in vielen Themenbereichen verbessern, dadurch für die Werbeindustrie noch attraktiver werden und die Anfangsinvestitionen rasch zurückzahlen.

Fast zehn Jahre lang ging diese Rechnung auf. Obwohl die Auflagen der Printprodukte teilweise stark zurückgingen, konnten viele Verlage die Erlöse im Vertrieb und Anzeigengeschäft durch Preiserhöhungen lange einigermaßen stabil halten. Und zugleich entwickelten sich die digitalen Werbeerlöse einiger Anbieter vielversprechend.

Doch je deutlicher sich das Ende des Geschäftsmodells Print abzeichnete, desto sichtbarer wurde, dass Verlage auch im digitalen Journalismus Vertriebserlöse benötigen, um Qualitätsjournalismus zu finanzieren. Heute ist klar: Journalistische Qualität braucht kein Papier, aber journalistische Qualität braucht Abos (oder andere digitale Vertriebserlöse). Und umgekehrt: Um Abos zu verkaufen, müssen die Verlage journalistische Qualität anbieten, in journalistische Qualität investieren.

Einigen wenigen Verlagen gelingt diese Transformation ganz ordentlich. Allen voran die *New York Times*, die 2019 alleine in ihrer Digitalsparte einen Umsatz von 700 Millionen US-Dollar verzeichnete. Auch in Deutschland könnte es einigen überregionalen Anbietern gelingen, ein nachhaltig profitables digitales Geschäftsmodell zu entwickeln, bevor gedruckte Zeitungen und Magazine sich nicht mehr rechnen.

Besorgniserregend ist im Spätjahr 2022 allerdings der Zustand mancher Regionalverlage. Regionalzeitungen beziehungsweise regionale Informationsangebote sind ein unverzichtbarer Bestandteil der Kommunikationsinfrastruktur einer funktionierenden Demokratie. Wie dramatisch die Folgen eines flächendeckenden Zeitungssterbens sind, zeigt das Beispiel der USA. Studien belegen, dass nicht nur die politische Partizipation leidet, wenn über lokale Politik, Wirtschaft, Kultur und Gesellschaft nicht mehr berichtet wird (KÜBLER/GOODMAN 2019), in den lokalen News-Wüsten der Vereinigten Staaten haben auch Populisten und die Verbreiter von Fake News und Verschwörungstheorien leichtes Spiel (ABERNATHY 2022).

Doch nirgendwo wurde in den vergangenen Jahrzehnten härter gespart, als im Lokaljournalismus. Nirgendwo ging im eigentlichen Sinne des Wortes mehr Domänenkompetenz verloren. Während Verlagsmanager auf Konferenzen den Lokaljournalismus als ›Königsdisziplin‹ priesen, wurden in den Lokalredaktionen Jahr für Jahr Stellen gestrichen. Das Ergebnis sind in manchen Regionen ausgezehrte Redaktionen, die kaum die Kraft haben, ein, zwei Zeitungsseiten im Lokalteil zu füllen, nebenbei aber noch attraktive, gut verkäufliche Ware fürs Web produzieren sollen. Für solche journalistischen Nebenbeiprodukte und die Zweitverwertung des Materials, das für die Tageszeitung produziert wurde, sollen die Leser dann monatliche Abogebühren von 10 Euro und mehr bezahlen?

Nur wenige Verlage investierten zuletzt systematisch in ihre lokale journalistische Kompetenz. Innovative digitale Produkte im Lokaljournalismus sind bis heute Mangelware. Doch genau diese wären nötig, wenn qualitativ hochwertiger Lokaljournalismus im Post-Papier-Zeitalter überleben soll. An Ideen mangelte es nicht, eher an der Bereitschaft, in Projekte zu investieren, deren Return On Investment etwas weiter entfernt ist als der nächste Geschäftsbericht.

Eine wenig beachtete Folge dieses teils selbstverschuldeten Niedergangs der Regionalverlage ist, dass auch die Finanzierung der letzten verbliebenen deutschen Nachrichtenagentur, der Deutschen Presse-Agentur, immer schwieriger wird. Denn deren finanzieller Spielraum ist maßgeblich davon abhängig, wie viel die Verlage für den Basisdienst und die Landesdienste bezahlen. Auch bei einer Nachrichtenagentur gilt: Wenn zu wenige Reporter ein zu großes Berichterstattungsgebiet abdecken müssen, geht die Agentur irgendwann über die Relevanz-Kante. Dann beklagen sich die Kunden über das ungenügende Angebot aus bestimmten Regionen oder in bestimmten Themenfeldern und fordern, entweder die Qualität zu verbessern oder den Preis zu senken.

Sollte sich diese Entwicklung fortsetzen, wäre es an der Zeit, über ein anderes Finanzierungsmodell für die dpa nachzudenken. Denn auch für die Agentur gilt: Für ein qualitativ hochwertiges journalistisches Angebot werden Investitionen benötigt. Weitere Sparrunden könnten das »Wasserwerk der Demokratie«, das bis heute dafür sorgt, dass es aus ganz Deutschland eine saubere und zuverlässige Versorgung mit Nachrichten gibt, schwer beschädigen.

Um dieser Abwärtsspirale zu entkommen, müssen sich folgende Einsichten durchsetzen: *Erstens*: Die Zukunft des Journalismus ist digital. Verlage sollten ihre Investitionen auf digitale Innovationen konzentrieren. *Zweitens*: Qualitätsjournalismus gibt es nicht zum Nulltarif.

Um bei den Grundlagen unserer Nachrichteninfrastruktur zu beginnen: Die Deutsche Presse-Agentur sollte finanziell so ausgestattet werden, dass sie nicht nur den Status quo halten kann. Es wäre vielmehr im Sinne aller Verlage und letztlich auch im Sinne aller User, Leser, Hörer und Zuschauer, wenn die dpa in die Lage versetzt würde, ihr nationales und internationales Korrespondentennetz wieder deutlich dichter zu knüpfen.

Eine so gestärkte dpa würde es den Regionalverlagen erlauben, sich stärker auf ihre eigentliche Kernkompetenz zu konzen-

trieren: die Entwicklung attraktiver, digitaler Nachrichtenange-
bote für Städte, Stadtteile, Dörfer.

So könnten neue journalistische Produkte entstehen, für die
die User bereit sind, genauso viel oder mehr zu bezahlen, wie sie
heute für einen Spotify- oder Netflix-Account ausgeben.

Unmöglich ist das nicht. Aber es braucht eine Menge verlegerischen Mut und journalistische Leidenschaft.

Literatur

ABERNATHY, MUSE PENELOPE (2022): News Deserts and Ghost
Newspapers: Will Local News Survive. In: *UNC Hussman School
of Journalism and Media.* https://www.usnewsdeserts.com/
reports/news-deserts-and-ghost-newspapers-will-local-news-
survive/

KÜBLER, DANIEL; GOODMAN, CHRISTOPHER (2019): Newspaper
markets and municipal politics: how audience and
congruence increase turnout in local elections. In: *Journal of
Elections, Public Opinion, and Parties,* 29(1), S. 1-20. https://www.
zora.uzh.ch/id/eprint/162736/

Relevanz für spezifische journalistische Felder

SIGRUN ALBERT / MITARBEIT: ANJA PASQUAY

Von Fehlentwicklungen in Amerika lernen

Blicken wir in die USA, so blicken wir häufig in die Zukunft. Aufregend, voller brillanter technischer Innovationen. Viele davon kommen einige Jahre später in Europa an. Beim Thema lokaler Journalismus verspricht der Blick in die Zukunft allerdings keinen hollywoodreifen wohligen Nervenkitzel. Zu sehen ist vielmehr eine Wüste. Und in der lebt es sich zunehmend schlechter. Nicht nur für Medienschaffende, sondern für die gesamte Gesellschaft.

Auf der US-amerikanischen Landkarte werden die Gebiete immer größer, in denen die Bevölkerung nicht mehr mit zuverlässigen lokalen Nachrichten durch die Zeitungen vor Ort versorgt wird. Mit schon heute messbaren negativen Folgen für das Funktionieren von Verwaltungen in den Kommunen und den gesellschaftlichen Zusammenhalt.

Seit 2004 sind laut einer Untersuchung der University of North Carolina rund 2.100 Zeitungen vom Markt verschwunden. Das bedeutet, dass mehr als jeder fünfte Amerikaner in einer

Nachrichtenwüste lebt, also kaum oder gar keinen Zugang zu einer zuverlässigen lokalen Medienberichterstattung hat (ABER-NATHY 2020).

Wo das Angebot abnimmt, sinkt das Kundeninteresse – und wo die Geschäfte schlecht laufen, muss gespart werden. Viele amerikanische Medienunternehmen sind so in einen Teufelskreis geraten. Redaktionelles Personal wird reduziert, so können noch weniger Inhalte produziert werden, die für eine Region relevant sind und damit guter Grund für den Abschluss eines Abonnements wären (WALKER 2021).[1]

Fatale Auswirkungen

Forscher haben die Auswirkungen auf die Inhalte untersucht: Eine Analyse von 16.000 Nachrichten, die innerhalb einer Woche in 100 zufällig ausgewählten US-Kommunen in Lokalmedien veröffentlicht wurden, zeigte unter anderem, dass in acht Kommunen gar keine Inhalte maßgeblichen Informationsbedarf abdeckten und in zwölf Gemeinden keine Original-Nachrichten von den Redaktionen selbst veröffentlicht wurden (NAPOLI et al. 2018). Gleichzeitig hat laut einer Umfrage von Gallup und der Knight Foundation aus dem Jahr 2018 die Mehrheit der Amerikaner – darunter neun von zehn Republikanern – das Vertrauen in die Medien verloren (GALLUP/KNIGHT FOUNDATION 2018, 2020). Im Jahr 2020 hatte sich die Situation weiter verschlechtert, wie die Autoren schreiben:

> »Gallup und Knight haben für ihre ›American Views-Umfrage 2020‹ über 20 000 erwachsene Amerikaner befragt. Ihre Feststellungen: Skepsis und Vorurteile nehmen zu, ob und wie gut Nachrichtenmedien ihrer demokratischen Rolle nachkommen und faktentreue, vertrauenswürdige

---

1   Die Zahl der Mitarbeiter im Newsroom von US-Zeitungen sank zwischen 2008 und 2018 von rund 71.000 auf 38.000 (47%).

Informationen liefern. Viele Amerikaner haben das Gefühl, dass wichtige Aufgaben der Medien – wie das Verbreiten von Informationen und die kritische Beobachtung der Mächtigen – durch zunehmende Voreingenommenheit beeinträchtigt werden. Viele Amerikaner haben also nicht nur das Vertrauen verloren, dass Medien objektiv arbeiten. Sie glauben sogar, dass Nachrichtenredaktionen aktiv dazu beitragen, dass die Spaltung der Gesellschaft sich vergrößert« (KNIGHT FOUNDATION 2018, 2020). Studien belegen, dass die Schwächung der Medienlandschaft in den USA und eine abnehmende Berichterstattung über Staat und Kommunen fatale Auswirkungen haben. Sie führt unter anderem zu

- *einer stärkeren parteipolitischen Polarisierung*: Es wurde ein Zusammenhang gemessen zwischen dem Rückgang der Zahl der Redakteure in einer Stadt und weniger Kandidaten bei der Wahl zum Bürgermeisteramt. Und es gab sogar Hinweise darauf, dass die schwächere Besetzung der Redaktionen zu einer geringeren Wahlbeteiligung führt (RUBADO/JENNINGS 2019);
- *einem Verlust der Verwurzelung der amerikanischen Politik im Lokalen*: Wenn lokale Zeitungen schließen, verlassen sich die Amerikaner stärker auf verfügbare nationale Nachrichten oder parteiische Heuristiken, um politische Entscheidungen zu treffen (DARR/HITT/DUNAWAY 2018);
- *höheren kommunalen Zinsbelastungen bei Verschuldung*: Wird eine Zeitung eingestellt, steigen die kommunalen Fremdkapitalkosten um 5 bis 11 Basispunkte (GAO/LEE/MURPHY 2020; FARMER 2018);
- *einer erhöhten Umweltverschmutzung*: Je näher eine Industrieanlage am Hauptsitz eines Zeitungshauses liegt, desto höher ist die Wahrscheinlichkeit, dass ihre Emissionswerte dort veröffentlicht werden. Werke, die nah an Verbreitungsgebieten der Medienhäuser liegen, produzieren geringere Schadstoffemissionen (CAMPA 2018);

- *reduzierter politischer Partizipation*: In Städten, in denen Zeitungen geschlossen wurden, ging auch das gesellschaftliche Engagement der Bürger zurück (SHAKER 2014);
- *mehr Bestechlichkeit von Mandatsträgern*: Zudem korreliert die sinkende Rezeption von Tageszeitungen mit mehr Korruption – und das wiederum mindert die Regierungseffektivität (ADSERA/BOIX/PAYNE 2003).

Die Situation in Deutschland

Zurück aus der – dystopischen – Zukunft in die Realität des deutschen Lokaljournalismus: Wie ist die Situation dort? Im *Digital News Report* (2021) des Reuters Institute finden sich die Ergebnisse einer Umfrage, die zeigen, wie gut Lokalmedien in Deutschland verankert sind (HÖLIG/HASEBRINK/BEHRE 2021). So dominierten zum Zeitpunkt der Befragung bei den Themen ›Lokalpolitik‹ und ›Coronavirus‹ die lokalen Anbieter (Zeitung, TV, Radio) deutlich vor Social Media oder Suchmaschinen. Als beste Quelle zu diesen Themen gilt die Lokalzeitung. Man darf daraus schließen, dass die erwachsenen Deutschen ihrer Lokalzeitung trotz anderer Informationsangebote Vertrauen schenken und die erforderliche Kompetenz bei relevanten Themen zusprechen (HÖLIG/HASEBRINK/BEHRE 2021).

Lokale Zeitungen können in Deutschland also heute ihre Aufgaben als ›Grundnahrungsmittel‹ der Demokratie erfüllen. Doch was braucht es, um das Vertrauen in die Seriosität und Kompetenz von lokalen Zeitungen in eine immer digitaler werdende Zukunft zu überführen? Wie können deutsche Medienhäuser agieren, um die Dystopie von der Informations-Wüste abzuwenden?

Darauf gibt es nicht die eine Antwort – jedes Medienunternehmen sollte seinen eigenen Weg finden. Hin zu (noch) mehr vertrauenswürdiger, kompetenter Berichterstattung, intensiver Kontaktpflege zu (potenziellen) Kunden und regionalen

Stakeholdern, kluger Vernetzung und Kooperation insbesondere im Lokalen und Regionalen. Größere Spezialisierung und Individualisierung werden auch in der lokalen Berichterstattung mittelfristig nötig sein – so fakten- und evidenzbasiert wie möglich, um Populisten und schein-kompetenten Akteuren verlässlichen Journalismus entgegensetzen zu können.

Das alles kostet Geld, Zeit und Geduld, eine innovativere lokale Berichterstattung ist für Medienhäuser eine große Herausforderung. Denn wer schon im Heute rund um die Uhr kompetent aus der eigenen Region berichterstatten möchte – und das auf den verschiedensten Kanälen von TikTok bis Print –, der hat häufig kaum Kapazitäten, um sich mit einem ungewissen Morgen auseinanderzusetzen. Ein Gutachten der Otto-Brenner-Stiftung kommt zum Schluss, dass der privatwirtschaftliche wie der öffentlich-rechtliche Mediensektor in Deutschland seine Innovationskraft deutlich erhöhen muss. Die Autoren empfehlen unter anderem »eine Aufstockung der Budgets für direkte finanzielle Unterstützung sowie eine bundesweite Etablierung von strukturierten Innovationsprogrammen, die Neugründungen flexibel und mit Geduld fördern und zugleich die Innovationsaktivitäten etablierter Medienunternehmen unterstützen können« (BUSCHOW/WELLBROCK 2020).

Allerdings müssen und wollen Verlage nicht auf ungewisse staatliche Förderungen warten – privatwirtschaftliche Unternehmen bevorzugen es ohnehin, sich aus eigener Kraft eine gute Zukunft zu erarbeiten. Erfahrungsaustausch mit anderen Verlagen in Deutschland und international kann dabei helfen, nicht jeden Umweg selbst zu gehen, sondern gemeinsam aus Versuch und Irrtum zu lernen.

Der Nova Innovation Award

Für den BDZV war diese Erkenntnis ein Grund, im Jahr 2017 den Nova Innovation Award ins Leben zu rufen. Er prämiert regionale und lokale Innovationen aus verschiedenen Feldern. Im Bereich der Produktinnovation und der Publizistik zeigt sich: Viele erfolgreiche Innovationsprojekte konzentrieren sich darauf, Kompetenzen von Redaktionen auszubauen und durch Kooperation mit anderen sowie intensiver Vernetzung mit der lokalen Community zu stärken. Es lohnt sich dabei, auf der Suche nach noch mehr Kompetenz und Relevanz die eigene Region immer wieder mit frischem Blick zu betrachten. Hintertupfing revisited quasi. Leitfragen können dabei sein:

- Gibt es eine (neue) Hochschule/Forschungsinstitution, die spannende Wissenschaftler in die Region zieht und mit der es sich zu kooperieren lohnt?
- Welche Stärken und welches Know-how haben wir in unserem Unternehmen aufgebaut, die wir auch publizistisch transportieren können?
- Welche Besonderheiten finden sich in unserer Region – von Kompetenz in Wein- oder Gartenbau über Pferdezucht bis zu spezialisierten Industrien (die sich häufig in bestimmten Räumen ballen)? Und wie können wir mit den Protagonisten so zusammenarbeiten, dass die Kompetenzen unserer Region (noch) besser vermittelt werden?

Preisträger des Nova Innovation Awards aus den letzten Jahren haben gezeigt, wie viel Kraft und Innovation entstehen kann, wenn lokale und regionale Medienhäuser die Besonderheiten ihrer Regionen gezielt zum Ausbau einer ganz eigenen Domänenkompetenz nutzen – fruchtbare Landschaften statt Wüste also.

Ausgewählte Nominierte und Preisträger des Nova Innovation Awards:

Nominiert 2022: »Württemberger Weinmeisterschaft« (*Stuttgarter Zeitung/Stuttgarter Nachrichten*): Die »Württemberger Weinmeisterschaft« gibt den Lesern einen vertieften, kuratierten Einblick in die Vielfalt der Württemberger Weinproduktion.

Winzerbetriebe aus der Region Württemberg erhalten eine Bühne, auf der sie ihre Produkte vorstellen können. Die beiden Zeitungstitel präsentieren sich als »Sachwalter und Hüter« des Kulturgutes Württemberger Wein. Dies geschieht konkret in Form der vom langjährigen *StZ*-Weinkolumnisten Holger Gayer geleiteten Fachjury sowie der von ihm moderierten »virtuellen Verkostungen«, bei denen Lesern und Leserinnen der beiden Zeitungen die Wein-Favoriten der Fachjury präsentiert werden.

2021: »Heimat-Check« (*Westfalenpost*, Hagen). 16.000 Menschen beteiligten sich an der Bürgerstudie »Wie nehmen unsere Leserinnen und Leser ihre jeweilige Heimatstadt wahr?« Sie bewerteten ihre Region im gesamten Verbreitungsgebiet anhand von 14 Fragen und äußerten sich auch zu problematischen Themen und Missständen. Heimat-Check wurde damit zum redaktionellen Höhepunkt der Kommunalwahlen in Nordrhein-Westfalen und versetzte die Redaktionen in die Lage, die politische Diskussion im Kommunal-Wahlkampf bürger- und lesernah mitzubestimmen.

2020: »Tagesspiegel Checkpoint« (*Der Tagesspiegel*, Berlin): 2014 startete Chefredakteur Lorenz Maroldt den Checkpoint, um Leser zu erreichen, die sich morgens über die wichtigsten Berlin-Themen informieren wollen. Der Berlin-Newsletter mit mehr als 100.000 Lesern wird inhaltlich und strategisch kontinuierlich weiterentwickelt. Gleichzeitig wurde das Angebot 2019 in ein kostenpflichtiges digitales Abo-Modell überführt.

2019: Die Podcast-Offensive (*Hamburger Abendblatt*). Die Zeitung nahm früh den Trend um Podcasts auf, mit unterschiedlichen Formaten in einem redaktionellen Umfeld: Produziert wurden unterschiedlich tagesaktuelle und Multiplikator-Podcast-Formate, mit denen neue Zielgruppen und neue Geschäftsfelder erschlossen wurden.

2018: Listening-Center – lokale und regionale Reportings (*Rheinische Post Medien*, Düsseldorf): Das Listening-Center ist ein Recherchetool, das Lokalredaktionen mit Technologie verbindet. Ein Algorithmus durchsucht in Echtzeit 40 Millionen Quellen, soziale Netzwerke, Foren und Nachrichtenseiten und zeigt lokale und regionale Themen an, die Widerhall im Netz finden und somit für die jeweiligen Lokalredaktionen Relevanz haben.

Literatur

ABERNATHY, PENELOPE MUSE (2020): *News Deserts and Ghost Newspapers: Will Local News Survive?* https://www.usnewsdeserts.com/reports/news-deserts-and-ghost-newspapers-will-local-news-survive/the-news-landscape-in-2020-transformed-and-diminished/vanishing-newspapers

ADSERA, ALICIA; BOIX, CHARLES; PAYNE, MARK (2003): Are You Being Served? Political Accountability and Quality of Government. In: *The Journal of Law, Economics and Organization*, Vol. 19, No.2, 2003. https://www.princeton.edu/~adsera/JLEO.pdf

BUSCHOW, CHRISTOPHER; WELLBROCK, CHRISTIAN-MATHIAS (2020): *Die Innovationslandschaft des Journalismus in Deutschland.* Düsseldorf (Landesanstalt für Medien NRW). https://nbn-resolving.org/urn:nbn:de:0168-ssoar-69718-6 [online]. https://nova-award.de/nova

CAMPA, PAMELA (2018): Press and leaks: Do newspapers reduce toxic emissions? In: *Journal of Environmental Economics and Management*, Vol. 91, September 2018, S. 184-202. https://www.sciencedirect.com/science/article/abs/pii/S0095069616301371

DARR, JOSHUA P.; HITT, MATTHEW P.; DUNAWAY, JOHANNA L. (2018): Newspaper Closures Polarize Voting Behavior. In: *Journal of Communication*, Vol. 68, Issue 6, December 2018,

S. 1007-1028. https://doi.org/10.1093/joc/jqy051; https://academic.oup.com/joc/article-abstract/68/6/1007/5160090?redirectedFrom=fulltext

FARMER, LIZ (2018): *When Newspapers Close, the Cost of Government Goes Up – A first-of-its-kind study looks at how local news outlets shutting down impacts cities' and counties' finances*. https://www.governing.com/archive/gov-newspapers-closure-costs-government.html

GALLUP; KNIGHT FOUNDATION (2018): *American Views on Trust Media and Democracy 2018*; GALLUP; KNIGHT FOUNDATION (2020): *American Views 2020: Trust, Media and Democracy*. o.O. 2020 [10.11.2022]. https://knightfoundation.org/reports/american-views-2020-trust-media-and-democracy/

GAO, PENGJIE; LEE, CHANG; MURPHY, DERMOT (2020): Financing Dies in Darkness? The Impact of Newspaper Closures on Public Finance. In: *Journal of Financial Economics*, (2020), Vol. 135, No. 2, S. 445-467. https://papers.ssrn.com/sol3/papers.cfm?abstract_id=3175555

HÖLIG, SASCHA; HASEBRINK, UWE; BEHRE, JULIA (2021): *Reuters Institute Digital News Report 2021 – Ergebnisse für Deutschland*. Hamburg: Verlag Hans-Bredow-Institut, Juni 2021 (Arbeitspapiere des Hans-Bredow-Instituts, Projektergebnisse Nr. 58). https://reutersinstitute.politics.ox.ac.uk/digital-news-report/2021/germany

HÖLIG, SASCHA; HASEBRINK, UWE; BEHRE, JULIA (2021): *Reuters Institute Digital News Report 2021 – Ergebnisse für Deutschland*. Hamburg: Verlag Hans-Bredow-Institut, Juni 2021 (Arbeitspapiere des Hans-Bredow-Instituts – Projektergebnisse Nr. 58). https://leibniz-hbi.de/uploads/media/Publikationen/cms/media/3cbhyvy_AP58_RDNR21_Deutschland.pdf

KNIGHT FOUNDATION (2020) (Hrsg.): *Gallup/Knight Poll: Americans' concerns about media bias deepen, even as they see it as vital for democracy*. o.O. https://knightfoundation.org/reports/ american-views-trust-media-and-democracy/ und https:// knightfoundation.org/press/releases/gallup-knight-poll-americans-concerns-about-media-bias-deepen-even-as-they-see-it-as-vital-for-democracy/

NAPOLI, PHILIP M.; WEBER, MATTHEW; MCCOLLOUGH, KATIE; QUN, WANG (2018): *Assessing Local Journalism: News Deserts, Journalism Divides, and the Determinants of the Robustness of Local News*. o.O., – n. https://www.google.com/url?sa=t&rct=j&q =&esrc=s&source=web&cd=&ved=2ahUKEwj6gpPwzcv5A hWOi_oHHc_rC8cQFnoECAQQAQ&url=https%3A%2F%2 Fkjzz.org%2Fsites%2Fdefault%2Ffiles%2FAssessing-Local-Journalism_100-Communities.pdf&usg=AOvVaw1tVQzQ_ ENUhI44BRGocdJd

RUBADO, MEGHAN E.; JENNINGS, JAY T. (2019): *Political Consequences of the Endangered Local Watchdog: Newspaper Decline and Mayoral Elections in the United States*. Vol. 56, Issue 5, o.O. https://journals.sagepub.com/doi/ abs/10.1177/1078087419838058

SHAKER, LEE (2014): Dead Newspapers and Citizens' Civic Engagement. In: *Political Communication*, 31:1, S. 131-148 DOI: 10.1080/10584609.2012.762817. https://www.tandfonline. com/doi/full/10.1080/10584609.2012.762817

WALKER, MASON (2021): *U.S. newsroom employment has fallen 26% since 2008*. (https://www.pewresearch.org/?p=304666) Washington, 13.07.2021. Quelle: https://www.pewresearch. org/fact-tank/2021/07/13/u-s-newsroom-employment-has-fallen-26-since-2008/

ANKE VEHMEIER IM INTERVIEW

Domänenkompetenz im Lokalen

Anke Vehmeier leitet das Lokaljournalisten-Programm der Bundeszentrale für politische Bildung.

Wie kritisch ist die Lage und die Entwicklung im Lokaljournalismus in Deutschland? Drohen uns amerikanische Verhältnisse, wie sie Sigrun Albert (S. 189) in ihrem Beitrag beschreibt – also Gemeinden und Städte, ja ganze Landstriche ohne professionellen Lokaljournalismus? Mit allen Konsequenzen, die das für das Gemeinwesen haben dürfte – Stichworte: schlecht informierte Bürgerinnen und Bürger, rückläufiges bürgerschaftliches Engagement, mangelnde Integration und zunehmende Spaltung der Gesellschaft, fehlende Kontrolle politischer Entscheidungsträger, Ausbreitung von Korruption?

Deutschland hat eine reiche lokaljournalistische Presselandschaft, sie ist besonders in Europa. Der Lokaljournalismus sollte dafür sorgen, dass sich Bürgerinnen und Bürger über die Geschehnisse in ihrer Stadt oder Gemeinde informieren können, dass Missstände aufgedeckt werden und verschiedene Meinungen eine Plattform finden und kritisch hinterfragt werden. So die Idealvorstellung. Nicht in allen Gemeinden ist das möglich: Lokalredaktionen werden geschlossen, in manchen Redaktionen fehlt qualifiziertes Personal oder die Zeit, beispielsweise Aussagen in Gemeinderatssitzungen kritisch zu hinterfragen oder journalistisch auszuleuchten, damit die Leser und User verstehen, um was es geht und wie sie von Entscheidungen betroffen sind. Doch anders als in den USA, wo rund 70 Millionen Menschen in sogenannten ›News Deserts‹ leben und 2.500 Lokalzeitungen seit 2005 eingestellt wurden (SCHMIEDER 2022), haben viele Medienhäuser in Deutschland den Stellenwert ihrer Redaktionen bzw. von deren Berichterstattung innerhalb der Demokratie erkannt und finden eigene Lösungen, um guten Lokaljournalismus anzubieten. Denn ein qualitativ hochwertiger Lokaljournalismus ist eine wichtige Säule für eine solide Demokratie.

Qualität vor Quantität zu schaffen, geht zum Beispiel so: Redaktionen stellen ihre Art der Berichterstattung um, schreiben nicht mehr über jeden einzelnen Punkt auf der Tagesordnung einer Ratssitzung, sondern greifen einzelne Themen auf, führen Hintergrundgespräche zu spannenden Aspekten am Rande der Sitzung, greifen Kontroversen auf, die die Leserinnen und Leser interessieren. Generell rücken die Fragen in den Vordergrund: »Was wollen die Leserinnen und Leser? Was betrifft sie persönlich?« Ziel wäre es: Der Lokaljournalismus übernimmt seine Kernaufgabe: sauber berichten, nahe ran an die Menschen. Nach einer Zeit der Distanz während der Pandemie zeigt sich das jetzt besonders.

Beispiele:

Die *Heilbronner Stimme* hat ein Videoformat »Ohne Ausrede«. Dafür lädt Chefredakteur Uwe Ralf Heer Persönlichkeiten aus der lokalen und überregionalen Politik oder dem Stadtleben zu

Live-Gesprächen ein, die mit der Kamera aufgezeichnet werden.[1] Ein Redaktionsteam der *Westfalenpost* radelt durchs Verbreitungsgebiet und kommt mit Leserinnen und Lesern ins Gespräch (WIRNER 2022).

Mehr Domänenkompetenz in der Lokalberichterstattung – ist das angesichts der wiederholten Sparrunden bei den Lokal- und Regionalmedien Wunschdenken oder ein Konzept, das Auftrieb verheißt?

Ich übersetze den Begriff ›Domänenkompetenz‹ mit ›Expertenwissen‹. In vielen Redaktionen zeigt sich, dass es durchaus Sinn ergibt, Experten für Themengebiete in den eigenen Redaktionen zu haben. Beispiel: Aline Pabst (*Saarbrücker Zeitung*). Sie hat sich dem Thema Umwelt verschrieben und hat somit unterschiedliche klimajournalistische Themen im Blick – neben ihrer alltäglichen Redaktionsarbeit. Sie sagte kürzlich beim 25. Forum Lokaljournalismus der Bundeszentrale für politische Bildung, sie sei Journalistin geworden, weil sie »die vierte Macht im Staat« sein will. Und so versucht sie, die Klimakrise lokal herunterzubrechen, und wird auch zur Ansprechpartnerin für andere Journalisten im Haus, die über Klimathemen berichten.

Auch im Datenjournalismus zeigt sich, dass Domänenkompetenz einzelner Personen gut und sinnvoll sein kann, wenn es darum geht, mit statistischen Tools komplexe Sachverhalte in einfache Grafiken umzuwandeln. Der Lokaljournalismus als solcher muss aber auch seine Domänenkompetenz ausspielen, nah an den Leuten dran sein, ihre Geschichten kennen und transparent über politische und soziale Fragestellungen berichten – und das kontinuierlich und mit Konzept.

---

1 https://www.youtube.com/playlist?list=PL9AlYbBLm86hMPGsgYTAwnGOg1RNa i1nN

Ein wichtiger Aspekt ist zudem die Aus- und Weiterbildung von Lokaljournalisten. Gerade um eine fundierte kommunalpolitische Berichterstattung präsentieren zu können, werden Journalisten gebraucht, die Entwicklungen und Zusammenhänge erkennen und die richtigen Fragen an die richtigen Leute richten. Hier müsste meines Erachtens gerade in der Volontärsausbildung ein stärkeres Augenmerk auf Exzellenz gelegt werden.

Wie stark gefährden Zentralisierungstendenzen, also Redaktionszusammenlegungen, den Lokaljournalismus? Mit Blick auf die Altersstruktur der Lokalzeitungsleserinnen und -leser: Gibt es lokale Domänenkompetenz, mit der man junge Menschen erreicht? Können Sie Vorbilder als Beispiele nennen?

In der Tat ist leider nicht belegt, ob solche Zusammenlegungen mehr schaden als nutzen. Die Forschung dazu ist eher dünn. Zentralisierung in Medienhäusern könnte die Gefahr bedeuten, dass Themen nicht mehr in ihrer Vielfalt und Pluralität abgebildet werden und somit eine größere Distanz zu den Menschen entsteht. Studien – eher mit Blick auf die USA – haben gezeigt: Dort, wo der Lokaljournalismus weniger präsent ist, steigt die Gefahr von Korruption und umweltschädlichem Verhalten. Die Kontrollfunktion durch einen breit aufgestellten und pluralen Lokaljournalismus sollte immer gewahrt bleiben. Und es gibt Wege, diesen Zentralisierungstendenzen entgegenzuwirken.

Was das Thema junges Publikum angeht: Viele Redaktionen stecken beispielsweise viel Energie in Social Media, um dort neue und vor allem jüngere Leserinnen und Leser zu erreichen. Die *Pforzheimer Zeitung* zum Beispiel hat einen tollen Instagram-Account und erreicht dort fast 30.000 Menschen.[2] Die Online-Redaktion spricht ihre Userinnen und User nahbar und themenspezifisch an.[3]

---

2 https://www.instagram.com/pznews/?hl=de
3 https://www.instagram.com/stories/highlights/18235861429138893/?hl=de

Dabei ist wichtig, nicht nur auf die Social-Media-Kanäle zu achten. Auch in der gedruckten Zeitung oder dem Online-Angebot finden ›junge‹ Themen im Lokalen statt. Ein Beispiel dafür ist das junge Magazin *Fudder* der *Badischen Zeitung*, in dem Themen, die junge Leute bewegen, aufgegriffen werden.[4]

Die Bundeszentrale für politische Bildung hat sich seit Jahrzehnten für einen besseren Lokaljournalismus engagiert. Hilft sie damit der Domänenkompetenz von Lokaljournalisten auf die Sprünge?

Wir wollen niemandem »auf die Sprünge« helfen. Unser Konzept ist es, mit den Lokaljournalisten gemeinsam Weiterbildungsangebote zu schaffen, die praxisorientiert, dynamisch und innovativ sind. Sie sollen sich an den Bedürfnissen der Redaktionen orientieren – mit Themen und Formaten. Neben unserem Forum Lokaljournalismus, den Modellseminaren und Redaktionskonferenzen in Präsenz, bieten wir zum Beispiel auch digitale Power-Workshops an, die sehr erfolgreich und stark nachgefragt sind, nach dem Motto: »Gib eine Idee rein und nimm zehn mit in die Redaktion«. Gerade die Netzwerk-Funktion ist ein wichtiges Charakteristikum des Lokaljournalistenprogramms.

Was leistet die drehscheibe *in diesem Kontext? Ist sie ein Medium, das der Domänenkompetenz im Lokalen aufhilft?*

Für jedes Unternehmen ist es wichtig, zu wissen, was sich auf dem Markt tut. Was die Nachbarn machen, welche Produkte gerade interessant sind, in welchen Bereichen die Nachfrage besonders groß ist. Immer am Ball bleiben, ist die Devise. Für sie ist auch wichtig, vorauszublicken: Was wird wichtig werden? Nicht anders ist das bei Lokalredaktionen. Mit einem Unterschied: Alle

---

4   https://www.badische-zeitung.de/fudder-x1x

Redaktionen haben dasselbe Ziel, ihre Leserinnen und Leser mit interessanten, nutzwertigen, relevanten Artikeln zu versorgen, aber sie konkurrieren nur noch sehr selten direkt miteinander. Alle Redaktionen können deshalb einander helfen. Hier kommt die *drehscheibe* ins Spiel: Sie funktioniert als Ideengeber und Bindeglied zwischen den Redaktionen. Zeigt, was Redaktion A in Kiel zu einem Thema macht, sodass Redaktion B in Kempten die Idee aufgreifen kann. Außerdem werden Innovationen in den Lokalredaktionen vorgestellt, oder neue Denkanstöße für die Herangehensweise an die eigene Arbeit gegeben. Ist es noch sinnvoll, zu wirklich jeder Vereinsversammlung zu gehen? Gibt es alternative Formen der Berichterstattung? Wie lässt sich TikTok lokal einbinden? Wie gehen Redaktionen mit Hasskommentaren um? Die *drehscheibe* fragt Journalisten, Wissenschaftler oder Fachexperten zu verschiedenen Themen. Außerdem regt sie an, die Themen aus einem neuen Blickwinkel zu betrachten, gibt kreative Vorschläge zu Jahrestagen, die in jeder Redaktion umgesetzt werden können, oder macht Vorschläge zur Umsetzung globaler Themen. Sie schaut auch über Landesgrenzen, wie sich Lokaljournalismus bei den Nachbarn entwickelt. Und vor allem: Im Magazin bekommen ›die im Lokalen‹ eine Stimme. Denn nicht zuletzt ist – wie in jedem Unternehmen – Wertschätzung ein wichtiger Teil, der zur kreativen und qualitativen Arbeit und letztlich zu einem besseren Journalismus beiträgt und damit einen wichtigen Beitrag für die politische Bildung leistet.

Die Interview führte Stephan Russ-Mohl am 14.11.2022.

Literatur

SCHMIEDER, JÜRGEN (2022): Lokalzeitungen in den USA. Wüste Zeiten. In: *Süddeutsche Zeitung* v. 6.7. https://www. sueddeutsche.de/medien/usa-zeitungssterben-1.5615180

WIRNER, STEFAN (2021): »Man spürt, ob man als Zeitung eine Rolle spielt«. In: *Die drehscheibe* v. 21.8. https://www. drehscheibe.org/interview/man-spuert-ob-man-als-zeitung-eine-rolle-spielt.html

FRANK ÜBERALL

Erodierende Domänenkompetenz

58. Das ist die Zahl, die den CDU-Vorsitzenden Friedrich Merz im Spätsommer 2022 beim Bundesparteitag seiner Partei in Hannover in Wallung brachte. 58 Redakteurinnen und Redakteure öffentlich-rechtlicher Sendeanstalten seien zur Berichterstattung über das mehrtägige Ereignis angemeldet worden, eine »stolze Zahl« sei das, so Merz. Die Äußerung reihte sich ein in eine Generalkritik am öffentlich-rechtlichen Rundfunk, die mit der Affäre um Verdachtsmomente der Geldverschwendung beim RBB einen Booster bekommen hatte. Im Netz wurde zugespitzt darüber diskutiert, dass die Zahl 58 zu hoch sei. Berichterstattung müsse doch auch mit weniger Leuten gehen, und eilfertig hieß es von Verantwortlichen etwa bei der ARD, man werde noch intensiver Synergieeffekte prüfen.

Das ist kein gutes Omen für den Politik-Journalismus, erst recht aber nicht für den der Sendeanstalten im Dienst der Allgemeinheit. Denn bei genauerem Hinsehen entpuppt sich die Zahl 58 als Täuschung: Es ging um die Zahl der Akkreditierungen, nicht der Anwesenden. Bei einem mehrtägigen Ereignis kommt es durchaus vor, dass sich jemand anmeldet und dann nur kurz oder gar nicht erscheint. Zum anderen kommen auch freie Mitarbeitende zu solchen Veranstaltungen, um persönlich Kontakte zu knüpfen oder Einzelinterviews zu führen. Vor allem für die allgemeinen Kontaktbesuche bekommen ›Freie‹ in der Regel oft gar kein Honorar. Um die entsprechende Politik- bzw. Domänenkompetenz aufrechtzuerhalten, sind solche Vor-Ort-Einsätze aber unerlässlich.

Ein System von Praktikanten, Hospitanten und Dilettanten

Solche Zeit-Investitionen sind für feste wie freie Journalistinnen und Journalisten aller Mediengattungen immer schwieriger zu realisieren. Der Trend in vielen Redaktionen geht hin zur Kostenoptimierung, was zuweilen dramatische Auswirkungen auf den Journalismus und somit letztlich auf das jeweilige Produkt hat. ›Alleskönner‹ werden bevorzugt, besondere Kompetenz (nur) auf einem Gebiet erscheint eher hinderlich, weil man so nicht in allen Bereichen eingesetzt werden kann. Wo die Personaldecke schrumpft und die Arbeitsbelastung zunimmt, will man sich zuweilen domänenkompetente Fachleute nicht mehr leisten.

Böse Zungen sprechen zudem von einem System der ›Praktikanten, Hospitanten, Dilettanten‹. Die werden in manchen Redaktionen gar nicht mehr zu tatsächlichen Bildungs- oder Einweisungszwecken, sondern als billige Arbeitskräfte eingesetzt. Mangels Betreuung und Anleitung wissen diese Personen oft herzlich wenig von Strukturen und Prozessen, Inhalten und Handelnden aufseiten der Organisationen, über die sie berichten sollen. Im hektischen Alltag scheint es auf solche Zusammenhänge auch kaum noch anzukommen. Inhaltlich kontroverser Austausch wird meist als eine Art Boxkampf dargestellt, mit möglichst knappen und treffsicheren Zitaten – so als ob dort bloß eitle Subjekte miteinander kämpfen, um dem jeweils anderen zu schaden. Die Suche nach Konsens, Kompromiss und Lösungsmöglichkeiten droht dabei auf der Strecke zu bleiben. Zwar gibt es mit dem Ansatz des ›Konstruktiven Journalismus‹ inzwischen Gegenbewegungen, der Alltagsdruck auf die konkrete Arbeit in vielen Redaktionen lässt aber wenig Raum für reflektierte Berichterstattung und Einordnung.

Zentralisierung bei der Content-Erstellung als Bumerang

Die Zentralisierung journalistischer Content-Erstellung birgt die Gefahr, möglichst viel ›vom Schreibtisch aus‹ zu bearbeiten und dadurch weniger tief in die Themen einzusteigen. Gepaart mit der zunehmenden Arbeitsbelastung kann das zum Bumerang vor allem für regionale Medien werden, aber auch in Bezug auf notwendige Domänenkompetenz: Man muss fachlich ›auf der Höhe‹ sein und die wichtigsten Player des Bereichs, über den man berichtet, kennen. Dass häufig redaktionelle Aufträge nicht von Festangestellten bearbeitet, sondern bei Freiberuflern beauftragt werden, ist dabei ein zweischneidiges Schwert. Wenn dafür gezielt Freie mit entsprechender Domänenkompetenz ausgewählt werden, ist das positiv – wenn dagegen ausschließlich omnipräsente ›Vielarbeiter‹ möglichst billig eingekauft werden, wird schnell das Gegenteil erreicht.

In Zahlen lässt sich das nur schwierig ausdrücken. Die letzte große wissenschaftliche Bestandsaufnahme des Arbeitsfeldes Journalismus stammt von einem Team um Siegfried Weischenberg (WEISCHENBERG/MALIK/SCHOLL 2006). Seitdem hat sich viel getan: Redaktionen haben Newsrooms gegründet, in denen Themen zentral bearbeitet werden, andere Redaktionen wurden dafür verkleinert, Medien gaben auf, im Netz entstanden neue Präsentationsformen, die sozialen Netzwerke sind auf dem Vormarsch. Tageszeitungen legen Redaktionen zusammen, so manches Blatt erscheint nur noch als ›Zombie-Zeitung‹, bei der der überregionale Teil von einem anderen Unternehmen zugeliefert und die Artikel für das regionale bzw. lokale Ressort von der Konkurrenz übernommen werden. Selbst die Zahl der Tageszeitungen hat von 2016 bis 2022 abgenommen: Von 333 (PWC 2018) auf 316 (BDZV 2022). Tatsächlich ist der Personalschwund durch Zusammenlegungen der Redaktionen noch größer.

Trotz aller Unkenrufe steht es um den Beruf ›Journalismus‹ aber gar nicht so schlecht, wenn man den aktuellen Statistiken glauben darf. Die Bundesagentur für Arbeit hat für das Jahr 2021 bundesweit in der Kategorie ›Redaktion und Journalismus‹ 89.310 sozialversicherungspflichtige Beschäftigungsverhältnisse registriert – Tendenz Jahr für Jahr leicht steigend. Das durchschnittliche Bruttoeinkommen dieser fest angestellten Berufsgruppe wird mit 4.453 Euro monatlich beziffert. Im Bereich der Öffentlichkeitsarbeit wurden für 2021 insgesamt 35.240 Beschäftigte gezählt, ebenfalls mit ständig steigender Tendenz, allerdings mit einem Durchschnittseinkommen von 4.888 Euro. Hinzu kommen noch artverwandte Berufe im Marketing (ARBEITSAGENTUR 2022).

Für freiberuflich tätige Journalistinnen und Journalisten gibt eine Statistik der Künstlersozialkasse entsprechend Auskunft: Im Vergleichsjahr 2021 wurden 40.957 Medienschaffende im Bereich ›Wort‹ registriert, wobei hier wohl auch Buchautorinnen und -autoren mitgezählt werden. Eine weitere Ausdifferenzierung gibt es nicht. Die Zahl ist im Vergleich zu den vergangenen Jahren leicht gesunken. Das durchschnittliche Jahreseinkommen in dieser Kategorie wird mit 21.213 Euro angegeben (KSK 2022).

Solche Zahlen können freilich nicht über andauernde Sparprogramme in Redaktionen hinwegtäuschen – ein Trend, der sich durch verschiedene Krisen fortsetzen dürfte. Domänenkompetenz droht zugunsten anderweitiger Arbeitsbelastung zu erodieren. Viele Medienhäuser setzen bewusst darauf, dass ihre Mitarbeitenden möglichst viele Ausspielkanäle bedienen, schnell und viel produzieren und auch noch Kommentierungen in den sozialen Netzwerken zumindest zur Kenntnis nehmen, womöglich aber auch noch im Auftrag der Redaktion beantworten. Für ›Freie‹ kommt die Notwendigkeit der Selbstorganisation (etwa Terminvereinbarungen und Steuerfragen) sowie der ›Kampf um die Aufträge‹ hinzu. Wenn bei manchen Regionalmedien Honorare unterhalb des Niveaus von Mindestlohn gezahlt werden, liegt die Gefahr auf der Hand, dass Aufträge weniger gewissenhaft absolviert werden oder die Public Relations erfolgreich mit höheren Honoraren lockt. Immer wieder gibt es Abwanderungen aus dem Journalismus in die Öffentlichkeitsarbeit. Erworbene Kompetenz wird so anders eingesetzt und steht nicht mehr den professionellen Medien zur Verfügung, die ihren Journalismus in den Dienst der Gesellschaft stellen.

Es fehlt eine aktuelle Bestandsaufnahme

Nun hat sich immerhin die ab 2021 amtierende Bundesregierung deutlich auf die Fahnen geschrieben, den gesellschaftlichen Wert von Journalismus besonders zu würdigen. »Gemeinsam mit den Ländern befördern wir eine breite gesellschaftliche Debatte über den Wert freier Medien für die Demokratie«, heißt es im Koalitionsvertrag zwischen SPD, Grünen und FDP (BUNDESREGIERUNG 2021: 124). Dazu wäre eine aktuelle empirische Bestandsaufnahme ein sinnvoller Ansatz. Eine solche Studie droht aber schon daran zu scheitern, eine valide Grundgesamtheit darzustellen. Wo Weischenberg das Standardwerk ›Stamm‹ zugrunde gelegt hat, drohen neue und kleine Medien unberücksichtigt zu bleiben.

Letztlich kommt es aber auch darauf an, dass Journalismus von Medienunternehmen nicht allein als Geschäft gesehen wird. Redaktionen und Freie müssen sich neben notwendigen administrativen Aufgaben auf Domänenkompetenz konzentrieren und auch einmal bei einem Parteitag Gespräche führen (können), die nicht direkt in eine Berichterstattung münden. Der politisch diskutierte Ansatz, Journalismus als steuerrechtlich gemeinnützige Tätigkeit zu definieren, wäre da ein Schritt in die richtige Richtung. Denn eine freie und demokratische Gesellschaft braucht nicht nur unabhängige Medien – sie müssen auch professionell sein.

Literatur

ARBEITSAGENTUR (2022): *Berufe auf einen Blick*. https://statistik. arbeitsagentur.de/DE/Navigation/Statistiken/Interaktive-Statistiken/Berufe-auf-einen-Blick/Berufe-auf-einen-Blick-Anwendung-Nav.html

BDZV – BUNDESVERBAND DIGITALPUBLISHER UND ZEITUNGSVERLEGER (2022): *Marktdaten*. https://www.bdzv.de/ alle-themen/marktdaten

BUNDESREGIERUNG (2021): *Mehr Fortschritt wagen* (Koalitionsvertrag). https://www.bundesregierung.de/ resource/blob/974430/1990812/04221173eef9a6720059cc353d7 59a2b/2021-12-10-koav2021-data.pdf?download=1

KSK – KÜNSTLERSOZIALKASSE (2022): *KSK in Zahlen*. https://www. kuenstlersozialkasse.de/service/ksk-in-zahlen

PWC (2018): PWC *Germany, Zeitungsmarkt* – German Entertainment & Media Outlook 2018-2022. https://www.pwc. de/de/technologie-medien-und-telekommunikation/german-entertainment-and-media-outlook-2018-2022/zeitungsmarkt. html

WEISCHENBERG, SIEGFRIED; MALIK, MAJA; SCHOLL, ARMIN (2006): Journalismus in Deutschland 2005. In: *Media Perspektiven,* 07/2006, S. 346ff. https://www.ard-media.de/ fileadmin/user_upload/media-perspektiven/pdf/2006/07-2006_Weischenberg.pdf#

AXEL BOJANOWSKI

Rivalisierende Gewissheiten. Domänenkompetenz im Klimadiskurs

Wer nur die großen Medien verfolgt, dürfte den Eindruck haben, die Klimaforschung wäre homogen. Zwar herrscht breite Übereinstimmung darüber, dass eine zu erwartende globale Erwärmung Risiken mit sich bringt. Umfragen von Soziologen brachten gleichwohl erhebliche Unterschiede in den Ansichten der Klimaforscher hervor.

Das öffentliche Bild bestimmen Wissenschaftler mit dramatischen Botschaften. Sie haben es leicht, in die Medien zu gelangen. Das belegen beispielsweise Auswertungen aus der Zeit von 2016 bis 2019, die Sozialforscher kürzlich erhoben haben zum Zweck der Auswahl von Gesprächspartnern – so die persönliche Mitteilung der Wissenschaftler an mich. Demnach ergab die Auswertung von deutschen Online-Nachrichtenmedien, dass sechs Forscher in den Artikeln dominierten.

Hier die Rangliste der meistzitierten Klimaforscher in Deutschland aus jenen ausgewerteten Nachrichtenquellen von 2016 bis 2019:

- Mojib Latif (Uni Kiel) mit 70 Nennungen in der Stichprobe,
- Hans Joachim Schellnhuber (Potsdam Institut für Klimafolgenforschung – PIK) mit 55 Nennungen,
- Stefan Rahmstorf (PIK) mit 45 Nennungen,
- Petteri Taalas (Chef der UN-Wetterbehörde World Meteorological Organization – WMO) mit 44 Nennungen,
- Anders Levermann (PIK) mit 42 Nennungen,
- Ottmar Edenhofer (PIK) mit 39 Nennungen.

Es fällt auf, dass niemand vom größten und renommiertesten deutschen Klimaforschungsinstitut dabei ist, dem Max-Planck-Institut für Meteorologie. Dafür ist das PIK viermal vertreten, das für rührige Pressearbeit bekannt ist. Alle Klimaforscher in der Rangliste sind für besonders nachdrückliche Warnungen vor dem Klimawandel bekannt und zudem dafür, ihre Mahnungen mit politischen Botschaften zu verknüpfen.

Bereits 2005 hatten die Sozialforscher Hans Peter Peters und Harald Heinrichs beschrieben, dass Klimaforscher, die ihre Stellungnahmen mit politischen Botschaften verknüpfen, von Journalisten stärker wahrgenommen und eher zitiert werden. Journalisten fragen am liebsten die gleichen Klimaforscher, schrieben Peters und Heinrichs. Die allermeisten Experten bleiben der öffentlichen Debatte fern. Der Publizistikforscher Mike Schäfer hat dieses Phänomen empirisch für die Schweiz belegt (RUSSMOHL 2018).

Seinen Erhebungen zufolge sind es immer dieselben wenigen Wissenschaftler, die in den Massenmedien vorkommen. Die überwältigende Mehrheit der Professoren, rund 96 Prozent, erhielt so gut wie keine Medienaufmerksamkeit. Journalisten in Deutschland fragten am liebsten jene Minderheit von Klimaforschern mit hohem Vertrauen in die Klimamodelle, berichtete die Kommunikationsforscherin Senja Post 2019. Dabei ist das Vertrauen in die Modelle unter Klimawissenschaftlern nicht besonders ausgeprägt.

Eine Umfrage von Senja Post (2019) unter Klima-Professoren an deutschen Forschungsinstituten zeigte 2015, dass rund zwei Drittel der Befragten die Klimamodelle für »nicht ausreichend präzise« halten. Mehr als jeder Fünfte hielt es für »prinzipiell nicht erfüllbar«, dass die Modelle ausreichend präzise werden könnten. Auch sonst offenbarte die Befragung, dass Klimaforscher mit Bescheidenheit auf ihre Ergebnisse blicken: Nahezu vier von fünf Umfrageteilnehmern gaben an, dass empirische Daten zum Klima »noch nicht ausreichend verfügbar sind«, damit das Klima berechenbar wäre.

Jeder zehnte der befragten Forscher indes hielt die Daten bereits für ausreichend präzise – und gerade jene Gruppe gab am häufigsten an, bei Journalisten Gehör zu finden. Der häufigste Satz zum Klimawandel unter Journalisten und Aktivisten dürfte sein, dass sich »97 Prozent der Klimaforscher einig« wären und sich deshalb Mediendebatten zum Thema verbieten würden, weil ansonsten die »False Balance«-Falle drohe.

Fragwürdige 97 Prozent

Tatsächlich gibt es eine Studie, die eine Einigkeit von 97 Prozent unter Klimawissenschaftlern ergab zur Frage, ob der Mensch wesentlich verantwortlich ist für die globale Erwärmung (COOK et al. 2013). Doch die Arbeit, veröffentlicht von Betreibern der Aktivisten-Website »Skeptical Science«, gründet auf fragwürdiger Methodik (TOL 2016) – wie auch ähnlich konzipierte Auswertungen, die angeblich nahezu 100 Prozent Einigkeit zeigten.

Dabei bräuchte es solche Studien nicht, es gibt weitaus bessere Belege für den menschengemachten Klimawandel: die Physik. Klaus Hasselmann vom Max-Planck-Institut für Meteorologie hat vergangenes Jahr den Physik-Nobelpreis für seine Beweisführung bekommen, dass anthropogene Treibhausgase die Erwärmung steuern.

Umfragen unter Klimatologen ergaben ein differenzierteres Bild, als es meist dargestellt wird (BRAY/VON STORCH 2013). Von 286 Teilnehmern einer Erhebung lauteten die Antworten auf die Frage »How convinced are you that most of recent or near future climate change is, or will be, a result of anthropogenic causes?« wie folgt (7 bedeutet »very much«, 1 »not at all«):

Gut 80 Prozent der Klimaforscher ordneten sich in die Kategorien 5, 6 und 7 ein, was deutlicher Überzeugung für den anthropogenen Klimawandel entsprach. Die anderen hielten eher auch natürliche Ursachen für die globale Erwärmung wahrscheinlich. Ein klares Bild, aber weit weg von den 97 Prozent, die im gleichen Jahr veröffentlicht wurden.

Eine Umfrage der American Meteorological Society von 2016 (MAIBACH et al. 2016) ergab zur Frage der Ursachen der Erwärmung ein ähnliches Ergebnis:

29% think the change is largely or entirely due to human activity.

38% think most of the change is caused by human activity.

14% think the change is caused more or less equally by human activity and natural events.

7% think the change is caused mostly by natural events.

5% think the change is caused largely or entirely by natural events.

6% say they don't know.

1% think climate change isn't happening.

Gefragt wären Daten statt Umfragen

Dass ein Klimawandel stattfindet, beweisen nicht Umfragen, sondern Daten. Auch über den ersten Teil des UN-Klimaberichts über die physikalischen Grundlagen zum Klimawandel herrscht in hohem Maße Einverständnis unter Klimaforschern, über Teil 2 und 3 des Berichts über mögliche Folgen und Maßnahmen weitaus weniger.

Es gibt aber auch scheinbar etablierte Daten, über die Klimaforscher in Wahrheit heftig streiten. Meinungsunterschiede zum Stand der Wissenschaft bestimmen die Debatte unter Experten, ohne dass deshalb gleich die grundsätzliche Sorge vor Risiken der globalen Erwärmung infrage stünde.

Medien aber behaupten häufig, dass Skeptiker überrepräsentiert wären in der Berichterstattung; vom »Versagen der Medien« ist sogar die Rede (GEISEL 2022). Dabei zeigen die Erhebungen von Senja Post, dass grundlegende Zweifel in deutschen Medien kaum gemeldet werden: »Stimmen, die den menschlichen Einfluss auf das Klima abstreiten, spielen in der Klimaberichterstattung quantitativ praktisch keine Rolle«, resümiert Senja Post (2019).

Die Öffentlichkeit erfährt aber auch wenig über die Wissenslücken der Klimaforschung. Je größer die Unsicherheiten zu einer Aussage im UN-Klimareport waren, desto weniger Beachtung fanden sie in den Medien, berichtet eine Forschergruppe um Jörg Haßler (2016) von der Universität München. Eine verpasste Chance: Medien verprellten die Mehrheit der Leser mit Einseitigkeit, hat Senja Post ermittelt. Berichten, die Wissenslücken und Unsicherheiten darlegten, würde gewöhnlich höhere Glaubwürdigkeit zugesprochen.

Literatur

BRAY, DENNIS; VON STORCH, HANS (2013): *A survey of the perceptions of climate scientists*. Helmholtz Zentrum Geesthacht, MS Geesthacht

COOK, JOHN et al. (2013): Quantifying the consensus on anthropogenic global warming in the scientific literature. In: *Environmental Research Letters*, 8 024024

GEISEL, SIEGLINDE (2022): Die Medien versagen in der Berichterstattung. In: *Deutschlandfunk Kultur v. 16.5.*

Klimawandel und die Folgen – Die Medien versagen in der Berichterstattung. https://www.deutschlandfunkkultur.de/klimawandel-medien-berichterstattung-100.html

HASSLER, JÖRG et al. (2016): So gut wie sicher? Die Darstellung der Ungewissheit klimawissenschaftlicher Erkenntnisse durch Wissenschaft, Massenmedien und Politik: In: GEORG RUHRMANN et al. (Hrsg.): *Wissenschaftskommunikation zwischen Risiko und (Un-)Sicherheit.* Köln [Herbert von Halem], S. 122-141

MAIBACH, EDWARD et al. (2016): *A 2016 National Survey of American Meteorological Society Member Views on Climate Change: Initial Findings.* https://www.climatechangecommunication.org/wp-content/uploads/2016/04/AMS_Member_Survey_Report_2016.pdf

PETERS, HANS PETER; HEINRICHS, HARALD (2005): *Öffentliche Kommunikation über Klimawandel und Sturmflutrisiken Bedeutungskonstruktion durch Experten, Journalisten und Bürger.* Forschungszentrum Jülich GmbH, Programmgruppe Mensch, Umwelt, Technik, Band 58

POST, SENJA (2019): *Zur Darstellung des Klimawandels in den Medien Herbsttagung des Deutschen Ethikrats am 23. Oktober 2019 in Göttingen,* Manuskript

RUSS-MOHL, STEPHAN (2018): Immer dieselben Wissenschafter am Mikrofon. In: *Neue Zürcher Zeitung* v. 27.10.

TOL, RICHARD S. J. (2016): *Comment on ›Quantifying the consensus on anthropogenic global warming in the scientific literature‹.* Environmental Research Letters, Vol. 11, Nr. 4. https://iopscience.iop.org/article/10.1088/1748-9326/11/4/048001

KATJA SCHUPP

Vom Alpha-Tier zum Team-Player. Teamarbeit und Domänenkompetenz im Bewegtbild-Journalismus

Fernsehjournalisten und Fernsehjournalistinnen haben es mit ihrem Sachwissen schon immer besonders schwer: Denn selbst wenn sie (fast) alles über ein Themengebiet wissen – sei es nun Energie, Abfallentsorgung, Kultur, Rechtsprechung, Innenpolitik, Gesundheit oder Wirtschaft – ist da immer dieses manchmal so sperrige Bild, das es für jeden zu vermittelnden Sachverhalt in einem audiovisuellen Medium nun einmal braucht. Bisweilen ist der Inhalt sogar so komplex und schwierig, dass er sich bildlich nur über Grafiken oder Schaubilder darstellen lässt – oder sogar nicht einmal das. Wenn es kompliziert wird und Bild und Text nicht zusammenpassen, dann rauschen die Informationen vorbei, als hätte es sie nie gegeben. Eine verschenkte Chance, die heute kein Publikum der Welt mehr verzeiht.

Inzwischen jedoch ist es ohnehin nicht mehr zutreffend, überhaupt noch von ›Fernsehjournalismus‹ zu sprechen – ›audiovisueller Journalismus‹ trifft es besser. Denn Fernsehen ist für

Journalismus mit bewegten Bildern nur noch ein Ausspielkanal von vielen: YouTube, Instagram, TikTok, Netflix und unzählige andere Kanäle verbreiten audiovisuelle Medienangebote (und ob ARD und ZDF jeden Plattformtrend mitmachen oder besser in eine gemeinsame Mediathek investieren sollten – für diese Diskussion ist hier kein Platz). So oder so: Bewegtbild ist die beliebteste Mediengattung mit dem größten Wachstum in der Nachfrage, wie die Zahlen aus der ARD/ZDF Online-Studie Jahr für Jahr eindrucksvoll belegen: Das Publikum verbringt mehr als die Hälfte der täglichen Medienzeit mit bewegtem Bild – 2021 betrug diese Hälfte im Schnitt 3 Stunden und 42 Minuten pro Tag und Person.

Goldene Zeiten also für audiovisuelle Journalisten und Journalistinnen? Nicht ganz ... denn das Problem dabei ist: Videos im Netz sind alles, nur kein Journalismus. Journalistische Angebote machen neben Unterhaltung, Musik, How-Tos und vielem anderen nur einen (sehr) kleinen Teil des Bewegtbildangebots aus. Die etablierten Fernsehanstalten haben ihre Gatekeeper-Funktion längst verloren – jeder kann ins Netz und damit in die Öffentlichkeit. Diese Entwicklung bringt gerade für Journalisten und Journalistinnen mit ausgeprägtem Fachwissen zwei Entwicklungen mit weitreichenden Folgen mit sich.

Erstens: Die Konkurrenz durch nicht-journalistisches Expertentum hat im audiovisuellen Netz-Universum explosiv zugenommen und bietet etwas für jede noch so kleine Nische. Wer etwas wissen will, ›braucht‹ keinen Journalismus, der ihm aus nicht immer transparenten und durchaus von persönlichem Wissen, individueller Vorliebe und persönlichem Netzwerk gespeisten Gründen Experten (und hier wurde bewusst nicht gegendert, denn Experten im Fernsehjournalismus sind weit überwiegend männlich) vorselektiert. Im Zweifel suchen die Nutzer und Nutzerinnen sich das Experten-Wissen selbst. Die Corona-Pandemie hat zwar einen Vertrauensboom für das öffentlich-rechtliche Fernsehen und seine Angebote gebracht, aber generell gilt: Je jünger die

Mediennutzenden sind, desto weniger differenzieren sie zwischen journalistischen und nicht-journalistischen Angeboten. Viel entscheidender ist für sie eine gefühlte Glaubwürdigkeit, ›Authentizität‹ jener, die auf YouTube, Instagram, TikTok agieren. Unter den beliebtesten dreißig YouTube-Kanälen ist derzeit nur ein einziges journalistisches, in diesem Falle: wissenschaftsjournalistisches Angebot: *Dinge erklärt – Kurzgesagt*, aktuell von 1,9 Millionen Menschen abonniert, ist ein Kanal für animierte Wissensvideos, der seit 2017 zu *funk*, dem ARD-ZDF-Netzwerk für die Zielgruppe der Unter-30-Jährigen, gehört. (Übrigens ein hervorragendes Beispiel dafür, wie völlig anders Wissensvermittlung auf YouTube im Vergleich zum Fernsehen funktioniert: Gerade klassische Wissensformate des Fernsehens wurden auf YouTube von plattformgerechten Newcomern allesamt rechts überholt ...)

Die Konsequenz aus dieser ersten Entwicklung: Anders als früher gibt es da draußen immer jemanden, der es noch besser weiß. Denn klassische Anbieter von audiovisuellem Journalismus – öffentlich-rechtliche Medienhäuser zum Beispiel – sind von ihrer Grundkonzeption her Generalisten, die die Gesellschaft in ihrer vielfältigen Gesamtheit ansprechen (sollen). Das mediale Modell entwickelt sich jedoch hin von einem Massenmarkt zu einem Markt für die Nische. Gezielt ein Nischenpublikum bedienen und mit detailliertem Expertenwissen versorgen, fällt jedoch jenen, die sich direkt auf ein Thema und einen Kanal, eine Plattform spezialisiert haben, erheblich leichter als den etablierten Medienhäusern, seien sie nun öffentlich-rechtlich oder privat.

Der ›richtige‹ Kanal ist entscheidend

Zweitens: Parallel zur Zunahme des Expertentums jenseits journalistischer Angebote bedingt der gleiche Zusammenhang eine Entwicklung, die die Zeit für die Aneignung von fundiertem Sachwissen im Journalismus noch mehr beschneidet: Nämlich die Notwendigkeit, sich zunächst grundsätzlich für den ›richtigen‹, also den für Thema und Zielgruppe am besten geeigneten Kanal zu entscheiden und dann genau da professionell präsent sein zu können. »Mach mal eben noch was für Social Media mit« ist ein Arbeitsauftrag, den gerade junge Journalisten und Journalistinnen schon längst rundweg ablehnen (sollten). Denn jeder Kanal, ob Instagram, Facebook, TikTok oder ein Webauftritt, gehorcht eigenen Gestaltungsregeln. Um erfolgreich zu sein, muss man diese Gestaltungsregeln kennen und inzwischen oft auch die professionelle Produktionstechnik zur Hand haben und beherrschen. Das gelingt nur noch in den seltensten Fällen als Ein-Mann/Frau-Betrieb. Was mit einem ›Das-kann-doch-jeder-mal-eben-nebenbei‹-Gefühl begann, hat inzwischen in aller Regel nur dann Erfolg, wenn es rundherum professionell aufgezogen, strategisch geplant und Tag für Tag bis in das Community-Management hinein mit Kompetenz und Aufwand gepflegt wird. Und das umso mehr, wenn an einem gelungenen TikTok-Auftritt etwa eine etablierte, seriöse und erfolgreiche Medienmarke hängt (wie zum Beispiel die hier vorbildlich arbeitende *Tagesschau*).

Kurz und gut, das Leben ist für jene im audiovisuellen Journalismus, die sich auf ein Themengebiet spezialisiert haben, nicht leichter geworden: Die Konkurrenz ist riesig und der Aufwand, den man betreiben muss, um gegen diese Konkurrenz zu bestehen, wird von Tag zu Tag größer. Die naheliegenden Möglichkeiten, darauf zu reagieren – also entweder auf Expertenwissen schlechterdings zu verzichten und nur noch auf Generalistentum zu setzen oder aber alle neuen Publikationskanäle zu ignorieren – sind in Wahrheit keine.

Teamwork – auch in der Nische

Die sinnvollste Strategie, um diesen beiden großen Herausforderungen zu begegnen, greift auf Urtugenden des Journalismus zurück und erfordert dennoch einiges Umdenken. Denn: Sie läuft dem unter Journalisten und Journalistinnen weit verbreiteten Verständnis von beruflicher Autonomie zuwider. Die erfolgversprechendste Strategie, um gegen das Expertenwissen da draußen plattform-gerecht bestehen zu können, ist nämlich: Die Wiederentdeckung von Teamwork.

Ein gutes Beispiel hierfür ist die Entwicklung des Datenjournalismus – jener journalistischen Arbeitsweise, die aus digitalen oder digitalisierten Datensätzen journalistische Themen und Stücke entwickelt. Datenjournalismus funktioniert nur im Team, nicht selten über Medienhäuser hinweg: Journalistische Fachexpertise in einem bestimmten Themengebiet, zum Beispiel Wirtschaftskriminalität, trifft auf Kompetenz in Recherche, Statistik, Informatik, Plattformkompetenz, User-Centered Design, Kommunikationsdesign, digitalem Storytelling. So entstehen Team-Publikationen zu ganz spezifischen Zusammenhängen, die ohne Sachwissen in einem Themenfeld genauso wenig auskommen wie ohne plattformspezifisches Gestaltungswissen, von der Fähigkeit, im Team zu arbeiten, ganz zu schweigen.

Je mehr es auf die spezifischen Nischen-Kompetenzen des Einzelnen im Journalismus ankommt, umso mehr ist die Zeit der ›Lone Riders‹ vorbei. Das im gelebten Berufsalltag umzusetzen, ist eine große Herausforderung für journalistische Unternehmens- und Arbeitskultur, die als Change-Prozess moderiert werden muss. Wer versucht, alles allein zu machen, war und ist im audiovisuellen Journalismus schon immer auf verlorenem Posten. Umso besser, dass die gegenwärtigen Zeiten mehr denn je Teamwork erfordern – denn das sollten gerade Bewegtbildjournalisten und -journalistinnen schon sehr gut kennen. Nur im Team kann Journalismus bestehen in einem sich von der Masse zur Nische verändernden Markt und Beiträge leisten, die über das, was alle eh schon wissen, hinausgehen. Und nur dann hört und sieht auch weiterhin jemand hin …

Es gäbe viele weitere Möglichkeiten, die Frage nach den Möglichkeiten, ja der Notwendigkeit von Domänenkompetenz im audiovisuellen Journalismus zu diskutieren – aber auch das macht man am besten im Team. Denn: Nicht zuletzt bietet das Team Möglichkeiten, die eigenen Grenzen kontinuierlich auszudehnen. Allerdings nur, wenn es gelingt (auch eine der ganz großen Herausforderungen im Journalismus), journalistische Teams kontinuierlich in vielerlei Aspekten diverser zu machen. Das steigert kreative Innovationsfähigkeit und damit die gestalterische Kraft und Relevanz von Journalismus innerhalb einer Demokratie.

STEFAN BRAUN

Politik und Medien – ein Verhältnis in Schieflage

Das Zeitbudget dramatisch geschrumpft; die Zahl der Medien exorbitant gestiegen; dazu Zuspitzungen und Sieger-Verlierer-Zuschreibungen, die frustrieren – für die Politik hat sich das Verhältnis zu den Medien in den letzten Jahren spürbar verschlechtert. Es gibt Ministerinnen und Fraktionschefs, Abteilungsleiterinnen und Kabinettsmitglieder, die zwischen der Sorge, Wichtiges zu übersehen, und dem Überdruss ob zu vieler Info-Kanäle und holzschnittartiger Vereinfachungen immer unglücklicher werden. Es muss nicht für alle zutreffen, was ein prominenter Minister im Kabinett von Olaf Scholz jüngst im Hintergrund erklärte. Aber sein Grundgefühl ist mittlerweile weit verbreitet. Er sagte, längst hätten sich Politik und Medien zu zwei getrennten Systemen entwickelt, die sich einerseits zwar gegenseitig bräuchten, andererseits aber nach vollkommen unterschiedlichen Gesetzen funktionierten. Deshalb, so der Minister, habe er sich entschieden, keine Medien mehr intensiver zu verfolgen.

Das mag eine kleine Übertreibung sein (zumal dieser Minister sicher andere für sich lesen lässt). Aber seine Beobachtung hat einen wahren Kern. Das erfährt man schnell, wenn man sich derzeit in Berlin umhört. Der Frust wächst – und trotzdem gibt es darauf bislang wenige Antworten. Sieht man mal davon ab, dass die Anzahl von Nachrichtenkanälen, News-Homepages, Web-Angeboten immer noch weiter steigt. Die Entfremdung wächst, ohne dass daraus erkennbar Schlüsse gezogen wurden.

Was ist in den letzten zwanzig Jahren passiert? Was mit den Medien geschehen? Wie haben sich die zentralen gesellschaftlichen Debatten entwickelt? Und was hat das alles mit der Politik gemacht? Sucht man Antworten auf diese Fragen, wird schnell klar: Es hat große Veränderungen gegeben; das alles fiel nicht vom Himmel und kam doch für viele überraschend. Schuld an den großen Umbrüchen sind nicht einzelne. Vielmehr hat es eine Verkettung von Entwicklungen auf verschiedenen Ebenen gegeben, die gleich mehrere Konsequenzen haben: Sie gefährden die klassischen Medien; sie bedrohen das Verstehen von politischen Prozessen. Und sie sind heikel geworden für eine ohnehin schon attackierte Demokratie.

Das Internet und seine umstürzende Kraft

Erster Punkt: Die neue Macht des Internets. Wann es damit los gegangen ist, lässt sich nicht mehr genau sagen. Aber dass das Netz um die Jahrtausendwende etwas Neues bringen würde, konnten die Zeitungen, die Verlagshäuser, die großen Medien im Land spüren. Genauer gesagt: Sie hätten es spüren können, wenn sie es denn gewollt hätten. Viele wollten nur lange nicht. Und ernst nehmen wollten sie das, was da am Horizont aufzog, erst recht nicht.

Als das Internet ums Jahr 2000 immer mehr in die Rolle eines zentralen Informationskanals hineinwuchs, nahmen die klassischen Medien das deshalb kaum wahr. Geprägt von einer seit dem Kriegsende unbestreitbaren Erfolgsgeschichte, in der Zeitungen, Zeitschriften, überhaupt die allermeisten klassischen Medien durch sehr stabile Werbeeinnahmen und noch stabilere Abonnentenbeziehungen üppig Geld verdient hatten, glaubten die meisten Medienhäuser lange, dass sie nichts in Gefahr bringen könnte, erst recht nicht das Internet.

Natürlich, es gab ein paar junge Leute, die das in ihrer Abenteuerlust ausprobierten. Aber zu einer relevanten, die Verhältnisse gar umstürzenden Konkurrenz würde das Internet nicht werden. So der weit verbreitete Glaube. Nur aus diesem Grund konnte es den meisten Verlagen passieren, unvorbereitet in eine fast schon fatale Situation zu geraten. Erst staunend, dann bestürzt reagierten sie auf das schnell mächtiger werdende Umsonst-Angebot im Netz, möglich gemacht durch Twitter, Facebook, Wikipedia, Google und Co. Zunächst boten sie alles ebenfalls kostenlos an – und fütterten damit jene Gratis-Mentalität, die ihnen immer gefährlicher geworden ist. Heute müssen sie mit kreativsten Paywall-Modellen ebendiese Mentalität überwinden, weil sie ansonsten als Medien gar nicht mehr überleben können. Insbesondere für die klassischen Zeitungen, die noch sehr von ihren zahlenden Print-Abonnenten leben und zugleich doch alle Kraft in den digitalen Wettbewerb werfen müssen, ist das zu einer bedrohlichen Zerreißprobe geworden. 24/7 verlangt diesen Medien eine harte Ressourcen-Neuverteilung ab; so hart, dass sie oft gar nichts dafür können, dass ihre besonderen Inhalte darunter leiden.

Die klima-verändernden sozialen Medien

Viele Journalistinnen und Journalisten reagierten auf die Kommentierungen, Willensbekundungen und Wutausbrüche, die sich über die sozialen Medien im Netz ausbreiteten, nicht etwa mit mehr und besserer Recherche. Sie nahmen die Kultur des

Jeder-ist-sein-eigener-Kommentator nicht zum Anlass, um mit mehr Information und Glaubwürdigkeit den Unterschied zu den Do-it-Yourself-Kommentatoren deutlich zu machen. Stattdessen reagierten sie mit eigenen Emotionen und machten genau das, was die sozialen Medien immer noch stärker machte: Lautstärke wurde mit noch mehr Lautstärke beantwortet.

Selbst kluge und renommierte Journalisten stürzten sich in Meinungs- und Gefühlsdebatten – und verschärften ihre Tonlage in Kommentaren, um die Meinungshoheit über die Welt zu verteidigen. Nach dem Motto: Wir sind die vierte Gewalt – und niemand darf uns das streitig machen. Erst recht nicht die Stimmungsmacher im Netz.

Damit jedoch geschah das, was sie alle eigentlich verhindern wollten: Die klassischen Medien verloren an Einfluss. Je heftiger sich Journalisten in die Streitereien stürzten, desto mehr begaben sie sich auf die Ebene derer, die sie im Zaun halten wollten. Natürlich galt und gilt das nicht für alle. Manche nutzten und nutzen Twitter oder neuerdings Mastodon, um relevante Sachinformationen unter einer wachsenden Leserschaft zu verbreiten. Aber das konnte das Mehr an Gefühlsausbrüchen und das Schwinden der Glaubwürdigkeit nicht ändern.

Der Sommer 2015 und seine Folgen

Und dann kam der Sommer 2015, in dem eine große Zahl an Flüchtlingen aus Syrien, Irak, Iran und Afghanistan nach Europa und nach Deutschland drängten. Bemerkenswert daran war nicht nur die Tatsache als solche; bemerkenswert war, dass sich die richtige humanitäre Grundentscheidung der Kanzlerin mit einer inadäquat zögerlichen Organisation durch die Bundesregierung mischte; dass sich die Bevölkerung zusehends in hilfsbereite Unterstützer und sich immer radikaler gebende Kritiker aufspaltete; und dass sich auch die Welt der Medien in zwei Lager teilte. Nicht selten auch innerhalb der gleichen Redaktionen. Auf allen Ebenen wirkten Kräfte, die das Land polarisierten.

Dazu kam, dass spätestens im Sommer und Herbst 2015 die Anstrengungen bei der Aufnahme der Flüchtlinge mit einer Krise des demokratischen Rechtsstaats zusammenfielen. Im gleichen Ausmaß, wie die Zahl der Flüchtlinge stieg, nahm auch die rechtsradikale Gewalt gegen Flüchtlinge zu. Durch die Bundesrepublik schwappte eine Welle der Attacken und der Aggression. In der Politik, in der Gesellschaft und in vielen Medien wurde der Kurs in der Flüchtlingspolitik dann auch deshalb verteidigt, weil es viele nicht zulassen wollten, dass Rechtsextremisten mit ihrer Gewalt über Kurs und Richtung in diesem Land entscheiden würden.

Die sehr reale rechtsextremistische Gefahr wurde als Angriff auf die demokratischen Grundfesten des Staates wahrgenommen. Eine Attacke, wie sie sich viele Menschen bis dato im Nachkriegsdeutschland nicht hatten vorstellen können. Sich dem entgegenzustellen, wurde immer wichtiger, bekam eine immer größere Bedeutung. Fragezeichen und Kritik selbst an einzelnen Entwicklungen bei der Flüchtlingsaufnahme wurden phasenweise verdrängt oder beiseitegeschoben, weil in der aufgeheizten Stimmung schnell der Verdacht im Raum stand, dass die Kritik nur als Vehikel benutzt werden könnte, um die Flüchtlingspolitik insgesamt zu diskreditieren.

Das galt nicht nur, aber auch für Journalistinnen und Journalisten. Viele von ihnen – vor allem jene in den Vierzigern und noch mehr in den Fünfzigern – sind nicht zuletzt deshalb in diesen Beruf gekommen, weil sie die im Grundgesetz fest geschriebene Liberalität, pro-europäische Weltoffenheit und Gleichberechtigung für eine historische Errungenschaft halten. Im Sommer 2015 und auch später noch ging es deshalb vielen nicht nur um die Aufnahme von Menschen in Not; es ging ihnen zugleich um die Verteidigung des Landes mit seiner Identität als demokratischer, die Menschenrechte achtender Rechtsstaat.

Nichts an der Motivation war falsch. Im Gegenteil war es und ist es natürlich richtig, die demokratische Verfasstheit zu verteidigen. In den allermeisten Redaktionen, so sie heute noch Redaktionsstatuten haben, gehört das zum unumstößlichen Selbstverständnis. Und doch, obwohl das richtig war und ist, schlitterten viele in der Politik, in den Medien und in der Gesellschaft damals ungewollt in jenen Konflikt, den sie eigentlich vermeiden wollten: eine Spaltung der Gesellschaft anhand von Herkunft und Identitäten. So wie sich das die AfD immer gewünscht hatte.

Als die AfD 2017 in den Bundestag einzog, war die Polarisierung zementiert. Ausgerechnet jene Kraft, die man kleinhalten wollte, hatte von dem Konflikt, gepaart mit Attacken gegen von ihnen als Systemmedien und Lügenpresse denunzierte Journalisten und Journalistinnen, am meisten profitiert. Es folgten Auftritte der AfD im Parlament, die das Verteidigungs-Gen vieler Journalisten für die Demokratie immer weiter verstärkte. Nichts daran war falsch, aber es veränderte das eigene Tun. Kämpfen und Verteidigen erschienen wichtiger als eine reine Information – noch dazu in Zeiten, in denen Fakten mit Fake News konterkariert werden sollten. Vonseiten der Journalisten steckte kein böser Wille dahinter; es geschah schleichend und mit bester Intention. Aber es veränderte was. Im Denken und im Schreiben. Identität wurde immer noch wichtiger; die reine, nüchterne Information auch von und über jene Politiker, die anders denken, rutschte nach hinten.

Die Folge: Medien unter Stress – und Politik unter noch größerem Stress

Für die Medien, die Gesellschaft und die Politik ist das nicht ohne Folgen geblieben. Die Macht des Internets stellt viele Zeitungen und Medien vor existenzielle Belastungen. Sie müssen ihre Homepage bespielen, ihre Printkunden bedienen, sollen Podcasts machen, am besten Videos drehen und tolle Multimedia-Geschichten produzieren. Und das alles auch noch in Zeiten, in denen das eigene Budget eher schrumpft als größer wird.

Zugleich wächst im Konkurrenzkampf zwischen den Medien (immer mehr Medien) der Druck, sich irgendwie bemerkbar zu machen. Das ist lange, vielleicht zu lange vor allem über Lautstärke gelaufen. Also über besonders heftige Kommentare, besonders steile Thesen, besonders schnelle Angebote. Was dabei ins Hintertreffen geriet, war das Erzählen dessen, was ist. Noch dazu das Berichten vom Für und Wider einer Entscheidung. Je resoluter, desto besser – das wurde zum wichtigsten Instrument im heftigen Wettbewerb um Hörer, Leser, Aufmerksamkeit.

Krisen wie Corona und der Ukraine-Krieg haben das kurzzeitig unterbrochen, weil in diesen Phasen die Leserinnen und Leser wirklich viel und am besten alles wissen wollten. Aber kaum lernten sie mit der Krise zu leben, geriet nicht nur die Gesellschaft, sondern gerieten auch die Medien und die Politik wieder in Identitäts- und Glaubenskämpfe.

Die Konsequenzen für Politikerinnen und Politiker haben sich mit den Schwierigkeiten der Medien gegenseitig noch verstärkt. Die Masse der Medien erhöht schlicht den Zeitdruck; der Wettbewerb zwischen den Medien verschärft den Ton; und der scharfe Trend zu Haltung und Entschiedenheit macht das Handeln in den vielen politischen Krisen-Grautönen immer schwerer. Anders ausgedrückt: Während die Entscheidungsprozesse in der Politik immer komplizierter und schwerer werden, wird die mediale Begleitung dessen immer aufgeregter. Nicht bei allen, nicht jedes Mal. Aber im Trend.

Fragt man nach, was das mittlerweile für Folgen hat, dann gibt es unter Politikern drei Typen: diejenigen, die es weitgehend ausblenden, sich also abkoppeln; diejenigen, die voll eintauchen und also fast in den Medienfluten ertrinken; und diejenigen, die es irgendwie in der Mitte versuchen – und dabei mal das eine und mal eher das andere erleben. Dazu zählen auch die allermeisten Minister und Ministerinnen. Eine Kanzlerin, die bestimmte Tageszeitungen einfach noch selbst gelesen hat, gehört dagegen der Vergangenheit an.

Daraus lassen sich drei Lehren ableiten, wenn man Politikerinnen und Politiker – noch dazu jene in großer Verantwortung – möglichst direkt erreichen möchte: Weil viele der Stimmungswallungen in sozialen und sonstigen Medien überdrüssig sind, geht es vor allem um Information und Einordnung, nicht um Kommentierung; weil der Graben durch Zuspitzungen und Sieger-Verlierer-Wertungen tief geworden ist, geht es vor allem um die schwierigen Abwägungen, die Politik tagtäglich leisten muss. Und weil die Zeit noch viel knapper ist als früher, sollte das Ganze in ein Umfeld eingebettet sein, das so informativ wie nur irgend möglich ist. Nur dann ist der Mehrwert trotz der knappen Ressource Zeit groß genug.

Nein, das ist keine Schwächung des Journalismus. Es ist eine Wiederbelebung der Aufgabe des Beobachtens; es ist der Versuch, zu den Wurzeln des Journalistischen zurückzukehren. Also erst zu berichten, was ist, und dann einzuordnen, was daraus folgen könnte. Eine Haltung zu haben, ist wichtig; es ist oft im Leben sogar unverzichtbar. Haltungsjournalismus aber kann das gefährden, was am wichtigsten ist: zu erzählen, was da gerade passiert ist.

Blick nach Österreich und in die Schweiz

DORIS HELMBERGER-FLECKL

Tiefenbohrung in Österreich.
Die *Furche* als Beispiel

Die Medienlandschaft ist im Umbruch – und die österreichische erst recht. Beginnen wir im Kern, bei der Glaubwürdigkeit der Medien. Wie überall hat auch in Österreich das Vertrauen in die ›vierte Macht‹ dramatisch gelitten. Im Vertrauensindex der APA (Austria Presse Agentur) und des Marktforschungsinstituts OGM vom Juli 2022 lagen die redaktionellen Medien mit einem Wert von minus 31 auf dem vorletzten Rang. Weniger Vertrauen genoss nur noch die Regierung. Wie ist dieser Absturz zu erklären? Zu den grundsätzlichen Herausforderungen durch die digitale Transformation und zu den Entfremdungen im Zuge der Flüchtlingskrise und der Covid-19-Pandemie kamen noch spezifische österreichische Faktoren.

Da wäre etwa jene Causa, die 2021 das Ende der Kanzlerschaft von Sebastian Kurz einläutete. Es ging um gefälschte Umfragen zugunsten von Kurz, die vom österreichischen Finanzministerium (also mit Steuergeld) in einem Boulevardmedium platziert worden waren – mit wohlwollender Berichterstattung als Gegenleistung. In der Folge kam es nicht nur zum Rücktritt des Kanzlers, sondern auch zu einem Absturz Österreichs im Pressefreiheits-Ranking von Reporter ohne Grenzen – von Platz 17 auf Rang 31.

Dies war freilich nur die Spitze der typisch österreichischen Form der ›Inseratenkorruption‹: Mit Regierungsinseraten wurden und werden Medien gefördert – freundlich gesinnte mehr als andere. Der ehemalige SPÖ-Bundeskanzler Werner Faymann hatte dieses System etabliert, ÖVP-Kanzler Sebastian Kurz sollte es zur Perfektion treiben.

Befeuert wurde der mediale Glaubwürdigkeitsverlust Anfang November 2022 noch durch Bekanntwerden von Chats, in denen zwei führende Chefredakteure des Landes (Matthias Schrom vom ORF und Reinhard Nowak von der Tageszeitung *Die Presse*) eine übergroße Nähe zur Politik an den Tag gelegt bzw. rote Linien überschritten hatten. Beide traten zurück.

Dies alles geschah parallel zur anhaltenden Diskussion um den öffentlich-rechtlichen Rundfunk, den ORF. Es ging und geht um seine parteipolitische Umklammerung durch den von ›Freundeskreisen‹ durchzogenen Stiftungsrat, um seine Digitalstrategie und natürlich auch um seine Finanzierung. Schließlich hatte der österreichische Verfassungsgerichtshof die Regelung, wonach bei ausschließlicher Online-Nutzung von ORF-Inhalten keine Rundfunk-Gebühr gezahlt werden muss (›Streaminglücke‹), für verfassungswidrig erklärt. Bis Ende 2023 muss nun eine Alternative gefunden werden. Zugleich wandten sich Österreichs Zeitungsverleger gegen das umfangreiche Text-Angebot des ORF auf orf.at (›blaue Seite‹), weil sie darin eine Wettbewerbsverzerrung sowie ihre eigenen digitalen Abomodelle gefährdet sahen.

Politische Reaktionen auf die Fehlentwicklungen

Wie reagierte nun die österreichische Politik auf all diese Entwicklungen?

Bezüglich der privaten Medien präsentierte die Regierung unter Kurz-Nachfolger Karl Nehammer (ÖVP) ein ›Qualitäts-Journalismus-Förderungs-Gesetz‹, das am 1. Juli 2023 in Kraft treten soll: Zusätzlich zu den knapp 9 Millionen Presseförderung soll Qualität im Journalismus mit 20 Millionen Euro gefördert werden. Die diskutierten Kriterien reichen von einem eigenen Redaktionsstatut über die Mitgliedschaft beim Presserat (einem Verein zur Selbstkontrolle der österreichischen Presse) bis zu einer Mindestanzahl an publizierten Zeichen bei Online-Medien.

Zudem wurde auch ein Medientransparenzgesetz in Begutachtung geschickt: Anzeigenvergaben durch öffentliche Rechtsträger sollen dadurch lückenlos nachvollziehbar werden. Der von vielen geforderte ›Deckel‹ für Medien-Inserate der öffentlichen Hand (2021 wurden insgesamt immerhin 225 Millionen Euro verteilt) fehlte freilich. Für viele ein Zeichen, dass die letzte Konsequenz im Kampf gegen Inseratenkorruption nach wie vor fehlt.

Das Beispiel Wiener Zeitung

Zudem sorgte auch der Umgang der Regierung mit der *Wiener Zeitung* für Aufregung. 1703 ist diese älteste Tageszeitung der Welt erstmals erschienen – damals noch als *Wiennarisches Diarium* mit dem Untertitel *Alles Merckwürdige /so von Tag zu Tag*. Dass es diese Qualitätszeitung bis zuletzt noch gab – und zwar im Staatsbesitz –, war freilich die größte Merkwürdigkeit: Sie finanzierte sich größtenteils aus Pflichtveröffentlichungen von Unternehmen in ihrem ›Amtsblatt‹.

Ein Anachronismus. Lange war deshalb klar, dass die Politik agieren müsse, doch diese schob das Problem immer weiter vor sich her. Im Oktober 2022 schlug die Regierung schließlich vor, dass das altehrwürdige Blatt zwar (online) weiter aktuell berichten, aber nur noch monatlich auf Papier erscheinen sollte. Zudem wurde ein – üppig dotiertes – neues Zentrum für Journalistenausbildung und Medienkompetenz-Vermittlung angedacht.

Auch hier waren die Reaktionen heftig. Persönlichkeiten aus Politik, Medien und Kultur bis hin zu Literaturnobelpreisträgerin Elfriede Jelinek forderten, die *Wiener Zeitung* als ›Kulturgut‹ zu erhalten. Andere wie der Medienberater Peter Plaikner wiesen hingegen darauf hin, dass angesichts der dramatisch gestiegenen Papierpreise selbst renommierteste Zeitungshäuser quer durch Europa Überlegungen anstellten, werktags bloß online und nur noch am Wochenende gedruckt zu erscheinen.

Die Furche *und ihre Domänenkompetenz*

Vor diesem reichlich düsteren Hintergrund muss sich auch ein weiterer Solitär auf dem österreichischen Medienmarkt behaupten: die Wochenzeitung *Die Furche*, die wie die *Kleine Zeitung* und *Die Presse* auch zur Styria Media Group gehört.

Inwiefern ein noch verstärkter Fokus auf ›Domänenkompetenz‹ einen Ausweg aus der Vertrauens- und Finanzierungskrise der Branche weisen kann, wird spannend zu beobachten sein. Inhaltlich gehört das Tiefenbohren freilich seit jeher zum Selbstverständnis dieser Zeitung. 1945 vom österreichischen Publizisten Friedrich Funder als »kulturpolitische Wochenschrift« gegründet, sollte *Die Furche* sowohl der Orientierung dienen als auch »geistiges Forum« der Auseinandersetzung sein – ein Forum zum »geistigen Wiederaufbau« nach den Verheerungen durch Krieg und Menschenverachtung. Neben einer kleinen

Redaktion gehörten also freie Autorinnen und Autoren stets zum fixen Inventar dieses Mediums.

Heute besticht *Die Furche* gleich in mehrfacher Hinsicht durch ›Domänenkompetenz‹: Zum einen redaktionell durch eine lang erworbene Kompetenz in den Bereichen Religion, Kultur und Literatur – erweitert um die Themen (Bio-)Ethik, Bildung, Identität, (politische) Philosophie, Bewusstsein, psychische Gesundheit und Nachhaltigkeit.

Zweitens holt sich *Die Furche* als »geistiges Forum« auch Domänenkompetenz durch Gastkommentare, Fremdbeiträge und Kolumnen von ausgewiesenen Expertinnen und Experten ins Blatt. Beispiele wären hier etwa die zahlreichen Literatur-, Theater-, Musik- und Filmkritikerinnen und -kritiker sowie Vertreterinnen und Vertreter verschiedener Religionen und Konfessionen, die sich abwechselnd ›Glaubensfragen‹ stellen.

Und drittens beweist *Die Furche* ihre Domänenkompetenz auch im Rahmen ihrer Digitalisierungsstrategie: Seit 1. November 2022 sind auf *furche.at* alle Artikel bis ins Jahr 1945 zurück zugänglich – der Schatz der *Furche*, das Archiv, wurde sozusagen gehoben. Außergewöhnlich ist freilich, dass die einzelnen Beiträge durch künstliche Intelligenz (den ›Furche-Navigator‹) semantisch miteinander verbunden sind. Dieser Navigator zeigt sich als Zeitleiste am Ende jedes Online-Artikels und ermöglicht es den Digital-Abonnentinnen und -Abonnenten, in die Geschichte zu reisen und neue Zusammenhänge zu entdecken. Ein einzigartiges Angebot im deutschsprachigen Raum, für das es aus unserer Sicht relevante Zielgruppen gibt. Neben allgemein Interessierten sind das insbesondere jene Menschen, die solche vertieften Recherchemöglichkeiten auch beruflich nutzen und dafür zahlen würden. Lehrerinnen und Lehrer sind nur ein Teil davon.

Die Redaktion selbst stellt zudem auf der Website *furche.at* mithilfe des Navigators zu aktuellen Themen Diskurspakete zusammen. Und in wöchentlichen Newslettern bietet sie zu bestimmten

Themen spannenden Lesestoff aus der Geschichte: von heute unbekannten russischen Dissidenten bis zu Beiträgen von Thomas Bernhard und der bereits erwähnten Elfriede Jelinek.

Das neue Ressort »Chancen«

Ganz neu ist in der *Furche* auch der positive Blick nach vorn: Im Online-first-Ressort »Chancen« geht es im Sinne des konstruktiven Journalismus darum, was schon jetzt und hoffentlich auch morgen gelingt. Herzstück ist ein Feature, das längere Audiostücke bietet. Die zuständige Redakteurin wurde u. a. für ihre Hörspiele ausgezeichnet. Kompetenz liegt also hier auf der Hand.

All das kann freilich nicht darüber hinwegtäuschen, dass die am Anfang dieses Buches beschriebenen Herausforderungen auch für die kleine *Furche*-Redaktion mit Sitz in Wien gravierend sind. Dennoch bietet die aktuelle Situation für eine Wochenzeitung wie *Die Furche*, die als »geistiges Forum« von jeher tiefer schürfen oder höher fliegen muss als andere Medien, durchaus auch Profilierungs- und damit letztlich Überlebenschancen. Und wer, wenn nicht so ein kleiner Solitär wie *Die Furche*, soll es mit Qualität, Integrität und Kompetenz in existenziellen Domänen schaffen, der grassierenden Vertrauenskrise in der Medienbranche zu trotzen?

KURT W. ZIMMERMANN

Tücken des Outsourcings.
Eine Schweizer Domäne verschwindet

Es passiert mir selten, dass ich beim Zeitungslesen den Atem anhalte. Dafür bin ich als Medienkonsument zu abgehärtet. Kürzlich allerdings ging mir wirklich fast die Luft aus. Ich las den *Tages-Anzeiger* aus Zürich.

Es sei klar, schrieb der *Tages-Anzeiger*, »dass nur noch ein Wunder die amerikanische Demokratie retten kann«. Wirklich und wörtlich: »Nur ein Wunder kann die amerikanische Demokratie noch retten.« Wunder allerdings sind wunderselten. Es ist damit zu 99,9 Prozent sicher, dass die USA von einer Demokratie nun zu einer Diktatur werden. Offen ist nur noch, wie der künftige Diktator heißt. Joe Biden? Donald Trump? Donald Duck?

Wie kann ein Blatt einen solchen Blödsinn drucken? Oder präziser gefragt: Wie kann das größte Schweizer Qualitäts-Blatt einen solchen Blödsinn drucken?

Die Demokratien der USA und der Schweiz haben eine jahrhundertelange Verwandtschaft. Schon bei ihrem Unabhängigkeitskrieg um 1780 nannten die Vereinigten Staaten die freiheitliche Schweiz eine »sister republic«. Die Schweizer Schwester übernahm in ihrer ersten Bundesverfassung von 1848 wiederum wesentliche Elemente der US-Verfassung wie Menschrechte und Gewaltenteilung.

Linkspopulistischer Quatsch

Schweizer wie die Amerikaner wissen seitdem, wie unerschütterlich gewachsene Demokratien sind. Sie wissen es aus erlebter Erfahrung. Ihre Demokratien überstanden Bürgerkriege, Weltkriege, Staatskrisen und Wirtschaftskrisen. Dass sich Amerika in eine Diktatur verwandelt, wie der *Tages-Anzeiger* voraussagt, ist darum linkspopulistischer Quatsch.

Die Erklärung für den Quatsch ist einfach. Beim Thema Außenpolitik haben beim *Tages-Anzeiger* die Schweizer nichts zu melden. Das Sagen haben hier die Deutschen. Ende 2016 löste der *Tages-Anzeiger* sein Netz an Auslandskorrespondenten auf, um damit ein paar Millionen Franken im Jahr zu sparen. Er schloss stattdessen einen Vertrag mit der *Süddeutschen Zeitung* und bezieht seinen Auslandsteil seitdem weitgehend von dort.

Der Verzicht auf die Autonomie im Auslandsteil war für das Zürcher Medienhaus ein schwerer strategischer Fehler. Denn er fiel genau in jene Phase, als in den Medien internationale Themen wie Migration, Klima, Brexit, Trump, EU, Corona und Ukraine sprunghaft an Bedeutung gewannen und die publizistische Agenda zu diktieren begannen. Dies beendete eine Periode der nationalen Nabelschau im Journalismus. Nach dem Ende des Kalten Krieges hatten Redaktionen überall vermehrt auf die Inlandsberichterstattung gesetzt. Es schien keine internationalen Themen von größerem Interesse mehr zu geben, eine Ignoranz, die nur von gelegentlichen Terroranschlägen in London oder Paris und von temporär interessanten Kriegshandlungen in Libyen oder Mali unterbrochen wurde. Das Parteiengezänk vor der eigenen Haustür war für Journalisten attraktiver als die internationale Lage von Argentinien bis Zypern.

Das Auslandsressort nach München outgesourct

Folgerichtig wurden bei den meisten Blättern der Auslandsteil im Umfang heruntergefahren, die Auslandsredaktion verkleinert, das Korrespondentennetz ausgedünnt und die Verträge mit den internationalen Nachrichtenagenturen aufgekündigt. Das traf sich gut, weil die Verlagshäuser ohnehin ihre Kosten senken mussten. Den radikalsten Kahlschlag praktizierte der Zürcher *Tages-Anzeiger*, indem er das Auslandsressort gleich nach München outsourcte.

Mit der Flüchtlingskrise, der Wahl von Donald Trump und dem Brexit begann in den Jahren 2015 und 2016 die spektakuläre Renaissance der Auslandsberichterstattung, die bis heute anhält. Der Auslandteil ist heute – zumindest in der kleinen Schweiz – das wichtigste Element einer Zeitung. Hier die Autonomie aufzugeben, ist selbstmörderisch.

Der *Tages-Anzeiger* tat es trotzdem. Als Folge davon ist das Blatt heute typisch deutsch. Nur, was ist aus Schweizer Sicht typisch deutsch? Deutsche Journalisten unterscheiden sich von ihren Schweizer Kollegen in einem entscheidenden Punkt. Anders als die geschichtlich entspannten Schweizer halten sie die Demokratie nicht für ein sturmerprobtes Modell, das kaum je ins Wanken geraten kann. Die Deutschen halten die Demokratie – keine Überraschung bei ihrer nationalen Historie – stattdessen für ein äußerst fragiles Gebilde, das dauernd vom Untergang bedroht ist.

Diese Obsession deutscher Medien, wonach es mit den Demokratien permanent zu Ende geht, gilt zu Hause wie außerhalb. Wenn etwa eine rechtskonservative Partei wie die AfD in einer Wahl auf zwanzig Prozent der Stimmen kommt, ist von *Spiegel* bis *Zeit* sofort »die Demokratie in Gefahr«. Die gleiche Paranoia haben deutsche Journalisten auch international. Überall auf der Welt sind sie von ihrer Wahnvorstellung der zerfallenden Demokratien getrieben. Die deutschen Journalisten von der *Süddeutschen Zeitung* schreiben dann in ihrer Filiale des *Tages-Anzeigers*, »dass nur ein Wunder die amerikanische Demokratie retten kann«. Sie schreiben im Zürcher Blatt, ein Entscheid des Supreme Courts bedeute für die USA »nichts weniger als das Ende der Demokratie«. Sie schreiben, Boris Johnson habe in London einen »Angriff auf die Demokratie« unternommen. Sie schreiben »Brasiliens Demokratie ist reif für die Intensivstation«. Sie schreiben von einem »Ringen um die Demokratie in Israel«. In Schweden steht es »fatal für die Demokratie«. Und Italien, will es nicht untergehen, braucht nun sogar eine »wehrhafte Demokratie«.

Nun sind das, von den USA über Großbritannien bis Brasilien, Israel, Schweden und Italien, allesamt gestandene Demokratien, die nicht erst mit ausländischer Hilfe eingepflanzt werden mussten. Der *Tages-Anzeiger* behauptet fiebrig das Gegenteil und belegt seine Todesszenarien mit den Polemiken seiner Dienstherren im Norden. Das ausgequetschte Auslandsressort in Zürich ist inzwischen so schwach, dass es selbst den gröbsten Unfug wie diese Demokratie-Demontagen aus seinem deutschen Hauptquartier kritiklos übernimmt.

Es ist schade um den *Tages-Anzeiger*, sagt man sich als Schweizer. Er ist noch immer die Zeitung mit der höchsten Abonnentenzahl der Eidgenossenschaft. Doch dort, wo es drauf ankommt, ist er nur noch eine deutsche Kolonie.

Aktualisierter Nachdruck aus der *Weltwoche* vom 4.8.2022

Domänenkompetenz beim Nachwuchs

Gefragt sind: Vermittlungs- und Sachkompetenz. Ein Blick auf den Nachwuchs

Henriette Löwisch ist Leiterin der ältesten und einer der angesehensten Journalistenschulen Deutschlands, der Deutschen Journalistenschule in München.

Wenn wir es richtig sehen, bringen Ihre handverlesenen Schülerinnen und Schüler, die mehrstufig getestet werden, bevor sie zur Ausbildung zugelassen werden, ja ›Domänenkompetenz‹ in Form von Vorerfahrungen (Studium, Berufsausbildung und -praxis) bereits mit, während sie das journalistische Handwerk bei Ihnen lernen. Wie sehr achten Sie bei der Auswahl auf die Domänenkompetenz, die die Schüler vorzuweisen haben?

HENRIETTE LÖWISCH: Vorerfahrungen spielen in unserem Auswahlverfahren eine zentrale Rolle, denn unsere Prüfungskommissionen wissen, wie wichtig die Vielfalt der Perspektiven und

Kompetenzen für den Journalismus ist. Dabei geht es einerseits um Fachkenntnisse, die Bewerberinnen und Bewerber aus Studium oder Ausbildung mitbringen, andererseits aber auch um praktische Erfahrungen, die im Berufsleben, bei Auslandsaufenthalten oder im Rahmen von ehrenamtlichem Engagement erworben wurden. Formale Nachweise spielen hier übrigens eine geringe Rolle. Vielmehr entscheiden die Bewerberinnen und Bewerber selbst, welche Aspekte ihrer Biografie sie in ihren Lebensläufen hervorheben. Insbesondere Sachgebiete, die sich die Prüflinge auf ihrem bisherigen Lebensweg erarbeitet haben, dienen dann oft als Dreh- und Angelpunkte der Auswahlgespräche. Die Kommissionen haken nach, um herauszufinden, welche Domänenkompetenz die Bewerberinnen und Bewerber mitbringen, ob sie ihre Sachkenntnis einem breiten Publikum vermitteln wollen und ob sie nicht nur für den Journalismus, sondern auch für ein Thema brennen. Quoten werden ausdrücklich nicht angewandt. Die Beurteilung obliegt allein den Prüferinnen und Prüfern, die selbst in Redaktionen tätig sind und deren Nachwuchsbedarf am besten kennen.

Wie nehmen Sie Ihre Schülerinnen und Schüler wahr: Wie wichtig ist ihnen Domänenkompetenz im Vergleich zu Vermittlungskompetenz? Hat sich da in den letzten Jahren etwas verändert?

An der DJS steht die Vermittlungskompetenz stark im Vordergrund, das war schon zu meinen Zeiten als Journalistenschülerin vor mehr als 30 Jahren so. Die Anforderungen sind in diesem Bereich stark gestiegen, denn vermittelt werden muss nicht mehr nur via Zeitung, Radio oder Fernsehen, sondern auch über die sozialen Medien, per Newsletter, Podcast oder Insta-Reel. Journalismus bedeutet heute stärker als früher, die Menschen über unterschiedliche Kanäle zu erreichen, statt sich nur auf einen Kanal zu spezialisieren. Stark an Bedeutung gewonnen hat im Vergleich zu den 1990er-Jahren aber auch der Bereich Recherche. Wie kommt man an Informationen heran und wie kann man sie verifizieren? Factchecking, Online-Recherche, Datenjournalismus, digitale Verifikation sind vergleichsweise neue Fächer in unserem Curriculum. Die Schülerinnen und Schüler sehen die DJS als Chance, Recherchieren und Erzählen auf hohem Niveau zu lernen, und dies innerhalb von zehn Monaten. In dieser intensiven Phase verfolgen sie ihre Sachgebiete weiter, jedoch eher am Rande. Manche wenden sich im Anschluss an die Ausbildung wieder ihrer Domäne zu. Andere haben erst in der Ausbildung ein Spezialgebiet für sich entdeckt, zum Beispiel im Zuge einer ausführlichen Recherche.

Inwieweit achten Sie darauf, dass sich die Domänenkompetenz während der Ausbildung weiterentwickelt und diese womöglich bereits bei Ihnen an der Schule ›synergetisch‹ in die Ausbildung miteinfließt? Gibt es hier individuell Fördermöglichkeiten und Förderbedarf?

Beispielhaft ist unsere Förderung von journalistischen Talenten mit Expertise in den Bereichen Mathematik, Informatik, Naturwissenschaft und Technik, die wir seit mehreren Jahren in Kooperation mit der Klaus-Tschira-Stiftung anbieten. Sie beinhaltet einerseits finanzielle Unterstützung für die Studierenden, da die DJS ja anders als Verlagsschulen keine Ausbildungsvergütung zahlen kann. Dazu kommen dann noch ein Mentoringprogramm und ein Praktikum in einer Wissenschaftsredaktion. Bewerben können sich MINT-Studierende, die vorher unser Auswahlverfahren erfolgreich durchlaufen haben. Das Programm kann als Vorbild dienen, wenn es darum geht, den Journalismus für Menschen mit Vorerfahrungen aus unterschiedlichen Fachgebieten attraktiv zu machen.

Ist für Berufseinsteiger Domänenkompetenz eine Einstiegshilfe oder eher hinderlich, weil die Berichterstattungsmöglichkeiten einengend sind? Gilt das für ›freie‹ ebenso wie für festangestellte Journalistinnen und Journa-listen?

Die Meinungen gehen da wie so oft auseinander. Generell schreckt der Nachwuchs vor einer frühen Festlegung zurück, weil er Nachteile für den Berufseinstieg befürchtet. Was, wenn das Medium, für das eine Absolventin sehr gern arbeiten will, bereits einen Windkraftspezialisten im Redaktionsteam hat? Hieße das, sich von der Chance zu verabschieden, dort je einen Job zu landen, weil der ›Beat‹ bereits besetzt ist? Wäre es dann nicht besser, als Generalistin zu beginnen und erst nach und nach eine Spezialisierung aufzubauen? Ich selbst ermutige die Schülerinnen und Schüler, eigene Schwerpunkte zu erkennen und zu pflegen. Wer zum Beispiel technisches Verständnis mitbringt, kann diese Kompetenz im Berichterstattungsfeld Energie sehr gewinnbringend anwenden, und zwar sowohl im Ressort Wirtschaft als auch im Ressort Politik.

Wird seitens der Redaktionen bei Einsteigern Domänenkompetenz, also Spezialisierung auf ein oder mehrere Berichterstattungsfelder, nachge-fragt? Sind Kompetenzen in Orchideenfächern – wie Arabistik – oder nutzwertnahe Kompetenzen – wie Medizin – besonders gefragt? Können Sie auch etwas sagen über die Akzeptanz von einst ›typischen‹ Fächern wie Germanistik, Soziologie oder Kommunikationswissenschaft?

Da der Journalismus immer noch recht geistes- und sozialwis-senschaftlich geprägt ist, sind Einsteigerinnen und Einsteiger mit anderen Studienabschlüssen sehr gefragt. Gerade wurden wegen der Pandemie besonders Medizinerinnen und Mediziner gesucht, ebenso wie Nachwuchskräfte, die sich bereits näher mit dem Gesundheitssystem befasst haben. Aber auch sogenannte ›Orchideenfächer‹ wecken Interesse, besonders wenn mit ihnen Sprachkenntnisse und soziokulturelle Zugänge verbunden sind.

Allerdings sind Studierende der Politik- oder Kulturwissenschaft häufig diskursiv besser auf eine Karriere im Journalismus vorbereitet als ihre Kommilitoninnen und Kommilitonen aus den Naturwissenschaften. Redaktionen, die sich ›Quereinsteiger‹ aus anderen Disziplinen wünschen, sollten sich also darüber im Klaren sein, dass sie etwas dafür tun müssen, zum Beispiel, indem sie ihre Diskussionskultur bei Konferenzen überdenken.

Ihre Schüler machen umfangreiche Praktika. Beobachten Sie eine Auswirkung der Digitalisierung auf die Domänenkompetenz? Wirkt es sich auf Schreibstil und Inhalte aus, wenn ein Schüler während eines Praktikums schwerpunktmäßig für Websites arbeitet? Gibt es Unterschiede bei den Websites je nach Medienmarke und Redaktion?

Eine Auswirkung der Digitalisierung auf die Domänenkompetenz kann ich auf Anhieb nicht erkennen. Außer Sie wollen darauf hinaus, dass Redakteurinnen und Redakteure in der Online-Welt auf so vielen Klavieren spielen müssen, dass sie weniger Muße finden, sich inhaltlich auf dem Laufenden zu halten oder fortzubilden? Das trifft natürlich zu. Die Verdichtung der Arbeit führt dazu, dass Journalistinnen und Journalisten immer weniger Zeit zum Lesen haben, ebenso wenig wie für Recherche, Weiterbildung oder Familie. Ob sich der Schreibstil eines Schülers oder einer Schülerin verändert, abhängig von der Website, bei der er oder sie ein Praktikum macht, kann ich so pauschal nicht beurteilen.

Der größte amerikanische Zeitungskonzern Gannett, der USA Today und circa 250 Lokal- und Regionalblätter herausgibt, hat seinen Rückzug aus dem Meinungsjournalismus verkündet. Von außen ist kaum einzuschätzen, ob das vor allem als Sparmaßnahme gedacht ist, oder diese Rückkehr zu einem »Journalismus, der nichts will« (Johannes Gross), die bisherige Einschätzung ersetzt, Zahlungsbereitschaft im Digitaljournalismus

sei vor allem dort zu generieren, wo Medien die Vorurteile ihrer User be-
stätigen. Wie positionieren Sie sich in der Journalistenausbildung hier-
zu – oder überlassen Sie es jeweils den Schülerinnen und Schülern, sich zu
positionieren?

Ich weiß nicht, ob der Gannett-Konzern sich als publizistisches
oder verlegerisches Leitbild eignet. Die deutschen Verlage sollten vielleicht eher versuchen, aus in den USA begangenen Fehlern
zu lernen. Die dortige Regionalpresse befindet sich ja in einem
ziemlichen Niedergang. Das sieht in Deutschland noch besser
aus, es gibt einige ambitionierte Regionalzeitungen, die den digitalen Wandel bewusst mit Qualität meistern wollen. Dabei gilt
es, die Balance zu finden zwischen der Aktivierung des Publikums und der maßvollen Moderation der gesellschaftlichen Debatte. Das ist eine riesige Herausforderung, der ich mit großem
Respekt begegne.

Sie beobachten ja auch über Ihr Alumni-Netzwerk, wie sich Ihre Absolven-
ten professionell weiterentwickeln. Gibt es da – im Lauf der Jahre – eine
Zu- oder Abnahme erfolgreicher Spezialisten im Vergleich mit Generalis-
ten?

Ich kann da leider keinen belastbaren Trend erkennen oder be-
nennen.

Gibt es unter Ihren Absolventen nennenswerte Abgänge vom Journalismus
in die PR-Branche?

Die DJS gibt es seit 1949, und immer wieder sind einige ihrer Absolventinnen und Absolventen in die Öffentlichkeitsarbeit gegangen, oft nach Jahren erfolgreicher Tätigkeit in Redaktionen.
Das Phänomen ist anscheinend in Krisenzeiten, die auch die Medienwelt betroffen haben, stärker ausgeprägt – zum Beispiel in

Zeiten, in denen Zeitungen schließen müssen, wie seinerzeit die *Financial Times Deutschland*. Derzeit ist das Gegenteil der Fall, in den Medien herrscht Nachwuchsmangel. Daher sind von den Absolventen und Absolventinnen der vergangenen fünf Jahre heute nur sehr wenige in der PR oder der Beratung tätig. Allerdings arbeiten einige freie Journalistinnen und Journalisten nicht nur für Verlage oder Sender, sondern parallel auch für Firmen oder Institutionen. Dies wirft natürlich Fragen von Unabhängigkeit und Transparenz auf, aber das ist ein ganz anderes Thema.

Die Interview führte Stephan Russ-Mohl am 14.9.2022.

STEFAN HUNGLINGER

Journalismus auf einem Stand- und einem Spielbein

›Domänenkompetenz‹ übersetze ich für mich mit *Standbein*. Journalistische Arbeit zu Themen jenseits meiner ›Domäne‹ möchte ich *Spielbein* nennen.

Mein journalistisches Standbein ist Religion und ihre Rolle in Gesellschaft und Politik. Mehr oder weniger zufällig habe ich Theologie studiert, im Anschluss und wesentlich bewusster dann Kultur- und Religionswissenschaft. Dabei interessierte mich besonders die gelebte Religion. Das also, was Menschen in ihrem Alltag aus religiösen Überlieferungen machen. Empirische Methoden können einen Einblick in die oft undogmatischen, hybriden Formen und Funktionen der Religion im Alltag geben und Muster sichtbar machen.

In der Berichterstattung, aber auch bei Meinungsbeiträgen profitiere ich sehr von dieser Forschungserfahrung. Vom Theologiestudium profitiere ich, wenn ich zu neuen religiösen Phänomenen, sexualisierter Gewalt in den Kirchen oder Kirchenpolitik arbeite. Aber auch, wenn es um das Religionsverfassungsrecht oder ethische Fragen geht. Ich denke oder hoffe zumindest, dass auch die Nutzer und Nutzerinnen davon profitieren, dass ich sattelfest bin und sich meine Fragestellungen und Gesprächspartner ein wenig abseits der ausgetretenen Zugänge befinden. Denn bei aller Fachlichkeit achte ich darauf, dass meine Beiträge zugänglich bleiben.

Meine Domänenkompetenz wird innerhalb und außerhalb meiner ›Heimatredaktion‹ geschätzt und angefragt. Im Journalismus ist sie sicher auch ein gewisses Alleinstellungsmerkmal und hilft mir voran. Ich könnte sie wahrscheinlich noch besser vermarkten, wenn ich wollte. Spätestens, wenn die nächste Religionsdebatte hochkocht.

So sehr ich mein thematisches Standbein und auch das Standbein einer festen Redaktion (Kritik, Resonanz, Kollegialität, wirtschaftliche Sicherheit) schätze, möchte ich mein Spielbein nicht missen. Denn ich mag es sehr, anderen Interessen weiter nachgehen zu dürfen, die mir im Leben oder bei Recherchen zustoßen. Mit gutem Grund bei Experten und Expertinnen anrufen zu dürfen, damit sie mich weiter aufklären. Es ist ein großer Luxus, wenn der Beruf aus ständigem Dazulernen besteht.

Ein Standbein fest in einer Redaktion, möchte ich deshalb mittelfristig gerne einen Teil meiner Arbeitszeit ›frei‹ verbringen: an einem interessanten Podcast mitwirken oder einem Datenprojekt, ein neues Format entwickeln, vielleicht doch einer der Buchideen nachgehen, die auf Halde liegen. Das Stand- und Spielbein zu wechseln, ist nicht ausgeschlossen.

Ich möchte dabei nicht für eine bestimmte Haltung ›eingekauft‹ werden. Das soll nicht heißen, dass ich als Journalist keine Haltung habe. Frei nach Paul Watzlawick denke ich manchmal: Man kann nicht nicht eine Haltung haben. Denn auch eine Enthaltung ist eine Haltung, gerade bei redaktionellen Entscheidungen. Das Bekenntnis zu journalistischen, wissenschaftlichen und demokratischen Prinzipien ist für mich selbstverständlich. Auch der Einsatz für diese Prinzipien und gegen gruppenbezogene Menschenfeindlichkeit. Meinungsbeiträge versuche ich empirisch gesättigt, fair und konstruktiv zu halten. Auch wenn die Klicks locken.

SERAFIN REIBER

Tiefer wühlen

Zwei Jahre vor meinem ersten Schultag an der Deutschen Journalistenschule in München, es war Herbst geworden, kniete ich auf einem kleinen Flecken Land in Graubünden und erntete Kartoffeln. Mit dem Traktor und einem kleinen Schüttelroder brachen wir die letzten Dämme, die noch übriggeblieben waren, auf und klaubten dann die Kartoffeln mit den Händen zusammen.

Es war mein zweites Lehrjahr zum Landwirt. Ich stand unter strenger Beobachtung, besonders durch die Mutter meines Lehrmeisters. Sie sorgte dafür, dass wir nicht nur die Kartoffeln aufsammelten, die oben lagen. Sondern auch mit den Händen im kalten Boden wühlten, um ja keine zu übersehen.

Ich ahnte damals nicht, wie sehr sich investigative Recherche und die händische Kartoffelernte ähneln. Auch heute, vier Jahre später, verwende ich einen Großteil meiner Zeit mit Pulen. Weniger im Acker als in Archiven, Datenbanken und Papieren, oft auch im persönlichen Gespräch.

Als politischer Investigativjournalist will ich versuchen, so tief wie möglich zu wühlen, den Dingen auf den Grund zu gehen. Nachzeichnen, wann, weshalb und auf welcher Faktenbasis Entscheidungen im Staat getroffen werden. Ich will kontrollieren, nicht bloß abbilden. Und mich nicht treiben lassen vom Chor der schrillen Meinungen.

Gewiss ist dafür Domänenkompetenz entscheidend. Ich tue mich aber schwer mit dem Begriff ›Kompetenz‹. Einerseits, weil er seit einigen Jahren inflationär verwendet wird. Aber auch, weil er suggeriert, dass die ›Fähigkeit, etwas zu tun‹ gleich viel wiegt wie das Wissen über die Dinge. Wissen finde ich aber viel entscheidender, denn nur, wenn man etwas weiß, kann man Fachpolitikern und Experten auf Augenhöhe begegnen und das Vertrauen von Quellen gewinnen.

Zusammen mit der Intuition, dem Bauchgefühl, ist Wissen das wichtigste Werkzeug in meinem Beruf – abgesehen von der Sprache, die ein Journalist freilich auch beherrschen muss.

Zurzeit versuche ich mich intensiv mit dem öffentlichen Verkehr, besonders der Bahn, auseinanderzusetzen. Deutschland ist hier, trotz einiger guter Ansätze, ein Entwicklungsland. Um zu verstehen, warum die Bahn in Deutschland nicht funktioniert – und entgegen aller Versprechen noch lange nicht funktionieren wird –, hilft mir mein Wissen über die Bahn.

Ich weiß, wie Zugsicherungssysteme funktionieren, wie interne Dienstvorschriften aufgebaut sind und warum im ICE 4 der Hublift für Rollstuhlfahrer und -fahrerinnen niemals funktionieren kann.

Ähnlich ist es mit der Landwirtschaft. Hier habe ich durch die Berufslehre mehr praktisches als systemisches Wissen. Das will ich ändern. Durch Gespräche mit Experten und Expertinnen, Politikern und Politikerinnen – und indem ich viel lese.

Als zuständiger Berichterstatter für das Bundesumweltministerium bin ich gerade dabei zu lernen, wie Ökosysteme funktionieren. Hier möchte ich so viel Wissen wie möglich ansammeln, weil ich merke, dass ich bislang durch meine Ausbildung einen eher praktischen Blick auf die Natur habe.

Bei meinen Recherchen versuche ich, so offen und mutig wie möglich an die Dinge heranzugehen. Gewiss lasse ich mich dabei von meinen Überzeugungen leiten. Etwa der, dass ich den Klimawandel als größte Krise der Menschheit begreife. Aber ich bemühe mich, auch da nur eine Haltung einzunehmen: die des kritischen Beobachters.

ANDREA RÖMMELE

Die Kompetenzkrise der Medien beginnt im Medienmanagement

Man muss lange suchen, bis man einen Kopf im Journalismus findet, der zufrieden wäre mit der Entwicklung der letzten Jahre und Jahrzehnte. Kaum jemand im Journalismus bestreitet die Erosion von Qualität, Vielfalt und Tiefe. Unbestritten ist auch, dass verflachender und ausdünnender Journalismus die freiheitliche, offene, plurale und tolerante Gesellschaft in ihrem Kern gefährdet. Recherche, Präsentation von Fakten, Meinungen müssen in einer Demokratie die Grundlage des Diskurses bleiben. Auch das wird nicht ernsthaft bestritten. Woran liegt es dann, dass sich die Spirale weiter nach unten dreht?

Nahezu alle Verschlechterungen im Journalismus in den letzten zwei Jahrzehnten sind das Ergebnis wirtschaftlicher Zwänge. Die Einnahmen nehmen ab; und dann müssen eben auch die Ausgaben schrumpfen. Und wenn bei Druck, Papier und Boten Kostensteigerungen nicht zu vermeiden sind, dann ist notgedrungen vor allem der große variable Kostenblock dran: die Löhne und

Gehälter in den Redaktionen. Das trifft alle querbeet, vor allem der Lokaljournalismus hat in den letzten Jahren enorm geblutet.

Der Einbruch der wirtschaftlichen Basis der Qualitätsmedien hat zunächst mit dem Journalismus wenig zu tun. Entscheidend ist der Strukturbruch in den Werbemärkten. Erst gingen die Rubrikanzeigen ins Netz, dann die Handelsanzeigen in die Anzeigenblätter und Postwurfsendungen. Übrig blieben die Todesanzeigen von Zeitungslesern, die auf diesem Weg auch Zeugnis ablegen vom Ende ihres Abonnementbezuges.

Die Fantasielosigkeit der Zeitungsmanager und -managerinnen, die immer nur mit Sparrunden bei Redaktionsstellen und Papierumfängen reagiert haben, überrascht leider nicht. Sie sind mustergültige Opfer des Innovatorendilemmas, wie es Clayton M. Christensen beschrieben hat. Wer wie die Zeitungsbranche ein halbes Jahrhundert lang von einem erfolgreichen Modell und regionalen Monopolen gelebt hat, der tut sich mit fundamentalen Veränderungen so leicht, wie Kodak mit der Digitalfotografie.

Die Neubegründung des Journalismus ist deswegen nicht nur eine Sache der Redaktionen, sondern vor allem der Medienwirtschaft und führt zu einer ernüchternden Erkenntnis: Kaum eine Sparte der Betriebswirtschaft hat in den vergangenen Jahren so an Attraktivität verloren. Die unternehmerischen Talente wandern ab in die Digitalwirtschaft und Start-ups, danach kommen Weltkonzerne und Beratungen, nur eben nicht die Medien. Wer Business machen will, der geht heute nicht in die Medien.

Die innovativen Lichtblicke in der sparsam-siechenden Medienwelt geben zugleich einen Hinweis, wo positive Veränderung ansetzen kann. Von Benjamin Fredrichs *Katapult* in Greifswald über das *Medienschiff* von Gabor Steingart über seinen Finanzier Mathias Döpfner bis zum Siegelgeschäft von Philip Welte bei *Focus* und den *Line extensions* von Rainer Esser bei der *Zeit*: Das Spiel machen Journalisten, die auf die Verlagsseite gewechselt sind. Das scheint auch außerhalb Deutschlands zu gelten.

Politico, *Axios*, *Industry Dive*, *Huffington Post* und *Mediapart* wurden von Journalisten gegründet und zum Erfolg geführt, keine Kaufleute. Auch das Erstarken der NZZ in Zürich wird vor allem einem unternehmerischen Chefredakteur zugeschrieben.

Wenn dem so ist, dass das Medienmanagement in der Krise ist und vor allem Journalisten Lösungen aufzeigen, dann drängt sich eine Frage für die Journalistenausbildung auf: Müssten die journalistisch Interessierten nicht nur in Schreibstil und Recherche ausgebildet werden, sondern auch in Medienmanagement?

Für die Journalistenausbildung an Hochschulen, in Akademien und Volontariaten bietet sich die Erkenntnis an, dass hier die Talente zu finden sind, die nicht nur in den Redaktionen, sondern auch im Management die Lösungen finden. Für die Aus- und Weiterbildungsorte ist das eine spannende neue Aufgabe. Sie können zeigen, ob sie Teil des Innovatorendilemmas sind oder der Lösung.

Relevanz für die PR

STEFAN REKER

Den Trampelpfad des Mainstreams verlassen

Was haben die wirtschaftlichen und technologischen Veränderungen der letzten Jahrzehnte aus dem deutschen Qualitätsjournalismus gemacht? Gibt es ihn noch? Und wenn ja, wo und wie? Dies soll kein Lamento werden, dass früher alles besser war – denn das war es nicht. Der Text kann auch keine umfassende Analyse sein, schon gar nicht mit wissenschaftlichem Anspruch. Es ist schlicht eine persönliche, mithin subjektive Reflexion von jemandem, der seit über 40 Jahren Teil des Medienbetriebs ist. Zunächst seit den 1980er-Jahren als Zeitungs- und Magazinredakteur, dann nach fast 30 Jahren im Journalismus seit 14 Jahren im Lobbyismus als Pressesprecher eines Wirtschaftsverbandes. Durch den Seitenwechsel bin ich sozusagen aus der ›Täterrolle‹ in die ›Opferrolle‹ gewechselt und kann vielleicht aus beiden Perspektiven etwas zur Debatte beisteuern.

Selige Zeiten. Die Verlage verdienten gut, gute Verlage verdienten sehr gut. Das Mobiltelefon war noch nicht erfunden, geschweige denn das Internet. Die regionalen und überregionalen Leitmedien in Deutschland hatten tatsächlich leitende Rollen für die öffentlichen Debatten im Land – sie waren einflussreich im ›Agenda-Setting‹. Noch zur Jahrtausendwende hat es der damalige Bundeskanzler Gerhard Schröder auf seine saloppe Weise auf den Punkt gebracht: »Bild, BamS und Glotze« reichten ihm zur medialen Vermittlung seiner politischen Agenda.

Als junger politischer Redakteur war ich jeden Tag glücklich über die Fülle an Freiheit und an Möglichkeiten, in immer neue interessante Themenwelten einzutauchen und sie mir durch Recherche anzueignen – ausgestattet mit dem Privileg des Journalisten in einem freien Land, quasi auf Augenhöhe jeden mit Fragen löchern zu können, vom Bettler bis zum Bundespräsidenten. Diese Freiheit gibt es gottlob noch immer. Man konnte sich indes damals bei einer Regionalzeitung auch schon mal mehrere Tage Zeit nehmen für eine Recherche, ohne sofort etwas Druckreifes abliefern zu müssen – entsprechend gründlich konnte man eine Materie durchdringen. Selige Zeiten.

Dennoch empfand ich schon in den 1980er-Jahren zuweilen große Skepsis angesichts der selbstgemachten Limitierungen in unserer ›Szene‹. Denn die Journalisten in den Leitmedien hatten im Alltagsbetrieb eine Art Mainstream etabliert, welche Narrative in den Redaktionen gut ankommen und welche nicht. Wenn ich den Ehrgeiz hatte, den politischen Streit, z.B. um eine komplizierte und folgenreiche Arbeitsmarktreform, wirklich zu verstehen und den wichtigsten Argumenten Pro und Contra gerecht zu werden, dann hätten die damaligen Artikel-Formate dafür durchaus ausreichen können. Aber die Redaktionen fanden eine solche Analyse zur Sache eben weitaus weniger interessant als die vorherrschende Lesart, bei dem Thema handele es sich um einen Machtkampf zwischen Kanzler A und Minister B oder zwischen den Koalitionspartnern C und D. Also lieferte ich zumeist genau diese Art Korrespondentenbericht ab, angereichert mit knackigen Zitaten und gegenseitigen Vorwürfen der unterschiedlichen Beteiligten. Die hinreichend differenzierte Erläuterung jedoch, worum es bei dem Thema eigentlich geht, kam dabei leider oft zu kurz.

Schon damals: ausgetretene Trampelpfade

Im Ergebnis liefen schon damals in der Medienszene ganz viele kluge Leute, die über ganz viele, breit recherchierte Informationen hätten verfügen können, dann doch meist über die gleichen schmalen Trampelpfade der Berichterstattung. Dieses Phänomen betraf vor allem die aktuellen Top-Themen. Daneben gab es immer wieder ›Orchideenwiesen‹, auf denen gelegentlich auch weniger dominante, gleichwohl relevante Themen ausgebreitet werden konnten.

Noch bessere Möglichkeiten für breite und tiefe Recherchen bot in den 1990er-Jahren die Arbeit bei einem Nachrichtenmagazin. Das journalistische Privileg zur Befragung der ›Mächtigen‹ in Politik, Wirtschaft und Gesellschaft gilt für ein bundesweit beachtetes Leitmedium natürlich noch viel stärker als für eine große Regionalzeitung. Im Unterschied zu Tageszeitungen haben Magazine und zusehends auch Wochenzeitungen ja nicht das Ziel, die aktuelle Nachrichtenlage regelmäßig aufzubereiten, sondern sehr stark zu bündeln und dann die möglichst ›große Erzählung‹ über ein Thema oder einen (vermeintlichen) neuen Trend abzuliefern – auch bekannt als Thesen-Journalismus.

In den Redaktionssitzungen wird dann üblicherweise gefragt: »Wie geht die Geschichte?« oder »Was ist die Story?« Und wer darauf nicht mit einer steilen These antworten kann, hat eben schlechte Aussichten, sein Thema ins Blatt zu bringen. Mit dieser quasi dramaturgisch geprägten Methodik von Magazinjournalismus hat sich schon früh Hans Magnus Enzensberger kritisch und brillant auseinandergesetzt – ein Lesetipp für Genießer, der eine Masche entlarvte (ENZENSBERGER 1957).

Eine qualifizierte Redaktion mit Pluralität und guter Streit-kultur kann es schaffen, mit Thesen-Journalismus die jeweils relevantesten Themen herauszukristallisieren. Und auch eine nach den Regeln des Magazinjournalismus komponierte ›Story‹ kann die relevantesten Aspekte halbwegs differenziert beleuch-ten. Trotzdem fallen auch bei handwerklich sehr guten Maga-zinen und Wochenzeitungen (zu) viele wichtige Informationen und Themen unter den Tisch. Wer sich einmal die Mühe macht, am Jahresende die Ausgaben eines solchen Mediums durchzu-blättern, wird rückblickend im Wissen um die tatsächlichen Ent-wicklungen feststellen, wie viele relevante Informationen dort im Jahresverlauf gefehlt haben – und wie viele irrelevante Stür-me in irgendwelchen Wassergläsern aufgepustet wurden.

Die Magazin-Masche dringt in die Tageszeitungen vor

Die dramaturgisch geprägte Machart von Magazinen hat sich seit den 1990er-Jahren auch bei Tageszeitungen mehr und mehr verbreitet. Seitdem lassen sich auch dort viele Redaktionskon-ferenzen eher von der Frage leiten »Was ist die Story?« als von der Frage »Was ist wichtig?« So übernimmt dann die (scheinba-re) Dramatik eines Themas die Vorherrschaft über die Relevanz. Differenzierte Erläuterungen komplizierter Themen fallen bei dieser Methodik oft hinten runter.

Ein Beispiel, wie sich das immer gleiche Spiel wiederholt: Kaum hat die jeweilige Koalitionsregierung einen Kompromiss zur Steuerpolitik in ersten Umrissen formuliert, dann ist die hei-ßeste Wette auf das Ergebnis der nächsten Redaktionssitzung: »Wir erklären unseren Lesern exklusiv und leicht verständlich, was das ganz konkret für sie bedeutet!« Dummerweise lässt sich dies aus den dürren Zeilen des anfänglichen Koalitionspapiers nicht präzise herleiten, also wird auf Basis irgendwelcher Annah-men irgendwas berechnet und plakativ berichtet.

Wenn später der relevante Gesetzentwurf auf dem Tisch liegt – nicht exklusiv, dafür aber als reale Basis für eine differenzierte Analyse der Auswirkungen –, wird der zuständige Korrespondent es schwer haben, die Redaktionskonferenz für dieses komplexe Thema zu gewinnen. »Das hatten wir ja schon; das ist ja nicht mehr neu, nur noch Vollzug.« Dann hat im Alltagsbetrieb einmal mehr die Dramaturgie zu Lasten der Relevanz gesiegt.

Digitalisierung – Reflex auf Klickzahlen

Und dann kam das Internet. Die Redaktionen wurden zu Newsrooms, die dramaturgisch getriebene Themenauswahl wurde ergänzt durch den Reflex auf die Klickzahlen in den jeweiligen Online-Medien. Die Messbarkeit der erfolgreichsten Anreize erzeugt eine weitere Themen-Hierarchie im Redaktionsalltag: Masse statt Relevanz. Das Phänomen des Clickbaiting zum Steigern der messbaren und geldwerten Reichweiten erzeugt eine weitere Kaskade von Fehlentwicklungen: Rätsel statt Lösung, Fragezeichen statt Auskunft, Radau statt Relevanz.

Dennoch sehe ich in der technologischen Disruption der Medienlandschaft durch Internet und soziale Medien nicht die Hauptursache für den vielfältigen Niedergang der Relevanz als Kriterium für die Auswahl journalistischer Inhalte. Nach meiner subjektiven Beobachtung war diese Tendenz schon in den obengenannten »seligen Zeiten« so angelegt. Damals war mein Leidensdruck als beteiligter Journalist noch relativ gering, wenn differenzierte Erläuterungen komplizierter Sachverhalte bei der Themenauswahl der Redaktionskonferenz hinten runterfielen. Denn stattdessen gab es ja jede Menge anderer spannender Themen zu bearbeiten.

Grenzen der Komplexitäts-Verarbeitung

Das ist heute anders. Seit ich als Pressesprecher für eine Branche arbeite, in der es jede Menge komplizierte Themen gibt, die infolge der skizzierten Entscheidungsabläufe dummerweise so gut wie keine Chance haben, in den Leitmedien stattzufinden – geschweige denn in ihrer Komplexität halbwegs differenziert erklärt zu werden.

Als Sprecher eines politischen Interessenverbandes zielt meine Informationsarbeit sehr stark auf politische Entscheider und Multiplikatoren. Die orientieren sich zwar zusehends an sozialen Medien – aber zugleich auch noch relativ stark an den (Print-)Leitmedien. Dort gab es in den 2010er-Jahren immerhin noch starke Redaktionen und große Politik- und Wirtschaftsteile, oft mit einem Umfang von jeweils 8 bis 12 Seiten. Dieser verfügbare Raum für Informationen ist seither sehr geschrumpft. Nun ist Quantität nicht alles, aber wenn sie fehlt, schlägt das irgendwann auch auf die Qualität durch. Es gibt eben Themen, die nur eine Minderheit betreffen und die überdies so komplex sind, dass sie sich kaum in weniger als 100 Zeitungszeilen erklären lassen. Dafür gab es in den meisten Print-Wirtschaftsteilen vor 10 Jahren gelegentlich noch Platz, heute liegt die Chance bei nahe Null – und zwar unabhängig vom Wissensstand und vom Interesse des zuständigen Redakteurs.

Zugleich nutzen die Redaktionen der Leitmedien die potenziell quasi unendlichen Platzreserven in ihren Online-Medien nur begrenzt für die Aufbereitung komplexer Themen, für die in den Print-Produkten kein Raum bleibt. Obwohl in den Online-Kanälen ohne Weiteres Platz für Artikel mit der mehrfachen Länge eines Zeitungs-Aufmachers zur Verfügung stünde. Doch Online-Redaktionen zielen vor allem auf die schnellen Greifreflexe der Nutzer. Also dominieren auch hier die Kriterien von Geschwindigkeit und Dramaturgie über einem Eintauchen in die Tiefe der Themen. Daneben existiert zwar eine Reihe von On-line-Portalen, die jede Menge (lange) Texte bieten, die aber leider nicht von qualifizierten Redaktionen editiert werden, sondern in flüchtiger Fließbandarbeit bzw. durch Redaktions-Bots entste-hen – und folglich von Entscheidern und Multiplikatoren kaum genutzt werden.

In den Leitmedien und Nachrichtenagenturen gibt es nach wie vor sehr qualifizierte und umsichtige Redakteure und Korres-pondenten, die allerdings mehrere große Fachgebiete gleichzei-tig bearbeiten müssen – und sich daher manchmal z. B. um das Themenfeld Gesundheitspolitik wochenlang nicht kümmern können. Das erweist sich als zusätzliches Problem. Dass Wirt-schaftsberichterstattung sich überwiegend zu Verbraucherjour-nalismus gewandelt hat und lieber einfache Tipps gibt, als kom-plizierte Zusammenhänge zu erklären, macht die Sache aus Sicht der Wirtschaftsakteure nochmals schwerer.

Erlebnisse mit vermeintlichen Experten, die in ihren Redak-tionen als Branchenkenner gelten, möchte ich noch am Rande erwähnen. Nicht selten haben diese noch nie beim Branchenver-band recherchiert, oder schon ihre Anfragen zeigen, dass ihnen elementarstes Grundwissen fehlt. Was sollte man von einem Auto-Journalisten halten, der nicht weiß, was PS oder ABS bedeuten?

Deep Journalism auf dem Vormarsch

All diese Veränderungen im Medien-Umfeld wirken sich natür-lich auch auf die Pressearbeit unserer Branche aus. Jahrzehnte-lang funktionierte sie vorwiegend wie eine B2B-Kommunikation zwischen Pressestellen und Medien. Heute ist es immer mehr B2C-Kommunikation. Die PR-Abteilungen übernehmen die journalistische Aufbereitung zunehmend selbst. Sie investie-ren immer mehr Aufwand in eigene redaktionelle Content-Pro-duktion, die den Nutzern einen echten Mehrwert an relevanten

Informationen bietet. Da Internet und soziale Medien die frühere Gatekeeper-Funktion der etablierten Medien weitgehend beseitigt haben, finden die redaktionellen Inhalte der PR-Abteilungen heute andere Wege zum interessierten Publikum – und dies oft sogar zielgenauer als in Massenmedien. So können die Nutzer entscheiden, welche Informationen für sie relevant sind.

Inzwischen sind neue journalistische Formate in die qualitative Lücke bei etablierten Leitmedien vorgestoßen. Unter dem Begriff ›Deep Journalism‹ versuchen sie, für unterschiedliche Themenschwerpunkte und die damit verbundenen Branchen jeweils Fachredaktionen aufzubauen, die den Namen verdienen. Deren Expertise und üppigen Raum für differenzierte Berichterstattung lassen sich die neuen Dienste teuer vergüten. Und sie finden offenbar genügend zahlungsbereite Abnehmer, die diesen Journalismus zu schätzen wissen.

Der Mehrwert liegt z. B. aus Sicht eines Fachverbandes oder eines Unternehmens zum einen in der Qualität der Informationen für die eigenen Leute. Und zum anderen in der Chance, mit Anzeigenformaten in einem seriösen Umfeld eine kleine, aber feine Zielgruppe hochkarätiger Entscheider und Multiplikatoren rund um die eigene Branche und bis hinein in die Politik mit den eigenen Botschaften zu erreichen. Punktgenau, ohne die in anderen Medien unvermeidlichen ›Streuverluste‹.

Wo Mängel entstanden sind, da finden sich in einer agilen Gesellschaft und zumal in einer Marktwirtschaft zum Glück auch neue Lösungen. ›Deep Journalism‹ ist heute auch deshalb nötig (und möglich), weil unsere Wirtschaft zunehmend auf der Wissensarbeit hochqualifizierter Fachkräfte basiert – und damit einen neuen Markt schafft, der wiederum die Arbeit hochqualifizierter und spezialisierter Journalisten dauerhaft finanzieren kann.

Literatur

ENZENSBERGER, HANS MAGNUS (1957, republiziert 1997): *Die Sprache des SPIEGEL.* https://www.spiegel.de/spiegel/a-383297.html

IRINA LOCK

Domänenkompetenz in Public Relations. Gefragt sind Branchenkenntnis und journalistische Praxis

Corporate Social Responsibility, Digital Analytics oder Social Media Content sind nur ein paar Trends der Public-Relations (PR), die sich in den letzten Jahren zu den etablierten Teilbereichen der Branche wie Mitarbeiter- oder Finanzmarktkommunikation gesellt haben. Verglichen mit dem Journalismus stellt sich die Frage, ob PR-Praktiker und -Praktikerinnen genauso viel wie oder gar noch mehr Domänenkompetenz haben als ihre journalistischen Counterparts. Brauchen PR-Praktiker und -Praktikerinnen tiefergehende Kenntnisse in Psychologie, um interne Kommunikation zu betreiben? Ist es notwendig, dass sie programmieren können, um via Digital Analytics die Online-Präsenz ihres Unternehmens oder ihrer Organisation auszuwerten? Müssen sie eine Vorlesung zu Rechnungswesen belegt haben, um Ad-hoc-Börsenmeldungen zu formulieren? Meiner Ansicht nach eher nein.

Gerade PR-Praktiker und -Praktikerinnen sind oft Allrounder, die externe und interne Kanäle gleichzeitig bespielen, die bei Bedarf in den Krisenkommunikationsmodus schalten und sich in neue Themen einlesen, wenn es die Geschäftsstrategie (oder -leitung) verlangt. Kaum ein großes Unternehmen leistet sich Inhouse einen Pool von PR-Praktikern, die jeden Teilbereich durch ein eigenes Team abdecken. Eher werden PR-Abteilungen kleingehalten, und es wird spezielle Arbeitskraft, zum Beispiel für Content Creation in den sozialen Medien, über Agenturen eingekauft. Im Falle von kleinen und mittelständischen Unternehmen sowie bei nicht profitgetriebenen Organisationen verantwortet mitunter eine einzelne Vollzeitkraft die Kommunikation, muss also Allrounder sein.

Vertieftes Branchenwissen

Diese Alleskönner haben in der Regel allerdings eine spezifische Form der Expertise, nämlich vertieftes Wissen über ihre Branche. Kommunikatoren bei Banken darf man erhöhtes Finanzmarktwissen unterstellen, PR-Leute bei Halbleiterherstellern werden die Technologie für Jedermann erklären können. Nicht selten trifft man bei Pharmaunternehmen Mediziner oder Biochemiker in den Kommunikationsabteilungen an. Bei Behörden ist es noch üblicher, dass man solchen Quereinsteigern über den Weg läuft, oder dass die Kommunikationsabteilung gar einen Schritt auf dem Karriereweg darstellt: Deutschlands Gerichtssprecherinnen sind mehrheitlich Juristinnen. Polizeisprecher sind ebenfalls Polizeibeamte, wie das berühmt gewordene Beispiel des Münchner Polizeisprechers Marcus da Gloria Martins nach dem Terroranschlag auf das Olympiaeinkaufszentrum zeigt. Nach einem Jahr im bayerischen Gesundheitsministerium als Corona-Krisen-Sprecher kehrte er 2021 als Leiter der Einsatzzentrale zur Münchner Polizei zurück.

Was also ist wichtiger, Branchenwissen oder PR-Expertise in Teilbereichen?

Im Krisenfall ist es für einen PR-Praktiker der Chemieindustrie wahrscheinlich wichtiger, die Risiken der jeweils betroffenen Chemikalien zu kennen und gut einschätzen zu können, als bereits zehn Krisensituationen kommunikativ gemeistert zu haben. Denn diese Expertise kauft man sich zur Not bei spezialisierten Agenturen ein.

Diese Beobachtungen sehe ich auf der Nachfrageseite widergespiegelt: So suchen PR-Agenturen bereits beim Einstieg, aber auch im Senior-Bereich, branchenspezifisch nach Experten für ›Greentech‹, ›Digital Business‹ oder ›Gesundheitsmanagement‹, die vertieftes Wissen von und vor allem ein Netzwerk in der Branche mitbringen.

Natürlich gibt es Ausnahmen: In der Finanzmarktkommunikation sind oft PR-Leute beschäftigt, die sich auf diesen Bereich spezialisiert haben, vielleicht weil hier die meisten Gesetzesvorschriften lauern. Häufig schlägt sich das auch in separaten Stabsstellen nieder, und es entspringen aus dieser Spezialisierung eigene Berufsorganisationen (siehe Deutscher Investor Relations Verband). Eine zweite PR-Spezialdisziplin, die oft als Stabsfunktion am Vorstand ›dranhängt‹, ist Public Affairs. Public-Affairs-Manager haben größtenteils in der Politik gearbeitet, in Abgeordnetenbüros oder in Parteien und Behörden. Sie wissen, wie politische Entscheidungsfindung funktioniert, und wo man am besten kommunikativ auf sie einwirken kann. Kaum einer von ihnen ist ausgebildeter Kommunikator (KOCH/SCHULZ-KNAPPE 2021), was sich auch in ihrem wenig strategischen Verständnis von Kommunikation niederschlägt. Politisches Engagement ist, wie Stellenanzeigen zum Beispiel der niederländischen Public-Affairs-Agentur Considerati zeigen, schon ein Einstellungskriterium bei Praktika. Hier öffnet sich die ›Drehtür‹ zwischen Lobbying und Politik erstmals und schwingt später weiter, wenn

Politiker jeder Couleur nach ihrem aktiven Politikerdasein bei Lobbying-Agenturen arbeiten (*Politik & Kommunikation*, 2016).

Bei Public Affairs zeigen sich die Effekte von fehlender Domänenkompetenz im Journalismus deutlich. Public Affairs versteht sich als über das klassische Lobbying hinausgehendes Tätigkeitsfeld und räumt den Medien eine zentrale Bedeutung ein. Als Taktik zur Beeinflussung politischer Entscheidungsprozesse wird auf die Medien eingewirkt, weil Politiker – so nimmt man an – auf die Bedürfnisse ihrer Wähler hören und diese ja fleißig Nachrichten konsumieren. Die Beeinflussung der öffentlichen Debatte durch Public-Affairs-Taktiken im Auftrag ihrer Unternehmen, Verbände oder auch gemeinnützigen Organisationen wird in den Medien in Deutschland aber wenig thematisiert. Ja, das Hin und Her um das deutsche Lobbyregister oder Drehtürpolitiker, die als Lobbyisten enden, finden sich gelegentlich in der Zeitung. Wenn es aber um harte Regulierung geht, wie bei sogenannten ›Forever chemicals‹, also chemischen Substanzen, die nicht natürlich abgebaut werden können und potenziell schwerwiegende gesundheitliche Schädigungen hervorrufen, ist die journalistische Berichterstattung handzahm, wie ein Artikel der *Süddeutschen Zeitung* zeigt (HOFERICHTER 2022). Die Aussagen des Bundesverbands der Deutschen Industrie werden nahezu unkommentiert abgedruckt, ohne weitere Reflexion über die Motive und deren Einfluss auf den politischen Prozess. Die Presse ist eher kuscheliger Schoßhund als bissiger Wachhund (MELLADO/VAN DALEN 2014). Ausnahmen sind Verticals wie *Politico*, die das Spiel um die Einflussnahme durch Kommunikation besser reflektieren (SCOTT 2022).

Ein Gegenbeispiel für vielleicht zu bissigen, und dabei teilweise ebenso unreflektierten, Journalismus findet man im Bereich Nachhaltigkeit. PR-Leute können Erfolgsstorys zum gesellschaftlichen Engagement ihres Unternehmens (Corporate Social Responsibility) anbieten wie sie wollen, kaum etwas davon landet in der Presse (VOGLER/EISENEGGER 2021). Was veröffentlicht wird, sind einzelne Skandale oder Greenwashing-Anschuldigungen wie zum Beispiel die Verleihung der ›Goldenen Himbeere‹ durch Foodwatch, bei der irreführende Werbeversprechen von Nahrungsmittelunternehmen angeprangert werden. *Publication bias*, würde man in der Wissenschaft dazu sagen (FRANCO et al. 2014). Journalisten und Kritiker, die hinter jedem nachhaltigen Gebaren von Unternehmen Lug und Trug vermuten, werden daher von der ehemaligen Corporate-Social-Responsibility-Forscherin Dorothea Baur auch treffend als »Greenwashing-Truther« bezeichnet (BAUR 2022). Hilft es da, wenn PR-Praktiker Nachhaltigkeitsexperten sind? Eher nicht. Es hilft vielmehr, wenn PR-Praktiker journalismuskompetent sind, also wissen, wie journalistische Produkte entstehen und welche Faktoren über eine Veröffentlichung entscheiden.

Die Domäne Journalismus

Journalistische Kompetenz wird in der PR durch die vielfältigen digitalen Möglichkeiten zum Bespielen eigener Kanäle zunehmend wichtiger. Zu nennen ist zum einen die Journalistenkompetenz, also das Verständnis um die Arbeitsweise von Journalisten und wie sie bestmöglich gemanagt werden. Die PR reagiert also auf den hohen Zeitdruck in den Redaktionen und produziert journalistische Fertigprodukte, bei denen nur noch das Layout angepasst werden muss. Oder sie setzt der Berichterstattung von vorneherein enge Leitplanken wie beim Vorfertigen von Interviewfragen (FREI 2022). Wenn sie aber auch damit nicht an den medialen Gatekeepern vorbeikommt, produziert sie Nachrichten selbst, wofür Journalismuskompetenz nötig ist. Parteien und Unternehmen leisten sich also eigene Newsrooms (vgl. den Beitrag von Hardt [S. 277]), PR-Agenturen buhlen erfolgreich um Content Creators. So hat das *Republik*-Magazin für die Schweiz beobachtet, dass in den letzten sechs Jahren durchschnittlich jede Woche eine Journalistin/ein Journalist in die PR abgewandert ist (ALBRECHT/BÜHLER 2021).

Setzt sich der Trend fort oder werden andere Domänenkompetenzen in der PR gefragt sein? Einiges spricht dafür, dass in Zukunft neue Kenntnisse und Fähigkeiten nachgefragt werden, wie man mit Blick auf den Journalismus lernen kann. Automatisch generierte Nachrichten sind inzwischen in den Ressorts Sport, Wetter und Finanzen bei vielen, auch traditionellen Medien zu finden. Nachrichtenprodukte auf Algorithmenbasis benötigen eher computerspezialisierte Linguisten und Softwareprogrammierer in den Redaktionen als Journalisten. Wird, wie in der Wissenschaft schon oft beobachtet, die PR-Praxis auch hier dem Journalismus folgen? Automatisierte Pressemitteilungen, Posts für das Intranet oder Ad-hoc-Börsenberichte sind keine ferne Zukunftsmusik, Digital Analytics und Suchmaschinenoptimierung längst gelebte Praxis.

Die Automatisierung von Kommunikation ist der nächste Trend, der neue Domänenkompetenz erfordern wird. Hier wird die PR-Praxis aber in einem noch heißeren Markt um Domänenkompetente kämpfen müssen, beziehungsweise sind die Hochschulen gefragt, dieses Wissen und diese Fähigkeiten zu vermitteln.

Literatur

ALBRECHT, P.; BÜHLER, D. (2021, 29. April): Jede Woche eine Journalistin weniger. In: *Republik*. https://www.republik. ch/2021/04/29/jede-woche-eine-journalistin-weniger

BAUR, D. (2022, 05. Oktober): Greenwashing Truther: Wenn alle Unternehmen lügen. In: *Ellexx*. https://www.ellexx.com/de/

themen/nachhaltigkeit/greenwashing-truther-wenn-alle-unternehmen-lugen/

FREI, T. (2022, 19. Oktober): Die Redaktion hat für Breitling geworben. In: Persoenlich.com. https://www.persoenlich.com/medien/die-redaktion-hat-fur-breitling-geworben

FRANCO, A.; MALHOTRA, N.; SIMONOVITS, G. (2014): Publication bias in the social sciences: Unlocking the file drawer. In: *Science*, 345(6203), S. 1502-1505

HOFERICHTER, A. (2022, 13. Oktober): Glatt, gefährlich, global. In: *Süddeutsche Zeitung*. https://sz.de/1.5673613

KOCH, T.; SCHULZ-KNAPPE, C. (2021): Corporate lobbying. Role perceptions and perceived influence on political decisions of public affairs professionals. In: *Public Relations Review*, 47(4), S. 102062

MELLADO, C.; VAN DALEN, A. (2014): Between rhetoric and practice: Explaining the gap between role conception and performance in journalism. In: *Journalism Studies*, 15(6), S. 859-878

Politik & Kommunikation (2016, 25. November): Schlauch ist Aufsichtsratsmitglied bei WMP Eurocom. In: *Politik & Kommunikation*. https://www.politik-kommunikation.de/personalwechsel/schlauch-ist-aufsichtsratsmitglied-bei-wmp-eurocom/

SCOTT, M. (2022, 22. Februar): Dark news: The murky world of undercover EU lobbying. In: *Politico*, https://www.politico.eu/article/brussels-eu-media-peddling-undisclosed-influence/

VOGLER, D.; EISENEGGER, M. (2021): CSR communication, corporate reputation, and the role of the news media as an agenda-setter in the digital age. In: *Business & Society*, 60(8), S. 1957-1986

CHRISTOPH HARDT

Die Simulation von Journalismus? Domänenkompetenz in der Unternehmenskommunikation

»Ich kann das Wort Newsroom nicht mehr hören«, schrieb mir im Herbst 2020 der neue Chef im Gesamtverband der Deutschen Versicherungswirtschaft (GDV) als ich ihn darum bat, einen meiner Tweets zum Thema GDV-Newsroom zu retweeten. Diese Klatsche könnte darauf hindeuten, dass der ganze Themenkomplex Newsroom inklusive Content Marketing seinen Höhepunkt im Herbst 2020 längst überschritten hatte. Dem spottete jedoch schon der Anlass für die Tweets Hohn: Die Deutsche Public Relations Gesellschaft (DPRG), einer der anerkannten Vereine der Kommunikationsbranche, hatte seinerzeit die Arbeit des GDV-Newsrooms mit zwei ersten Preisen ausgerechnet für ihre Social-Media-Kommunikation ausgezeichnet. Gegen die These, der Corporate Newsroom habe die beste Zeit hinter sich, spricht bis heute auch die anhaltende Attraktivität des Newsroom-Gedankens. Noch immer wollen namhafte Kommunikationsabteilungen von Unternehmen und Institutionen mittels eines solchen Newsrooms ihre Kommunikation modernisieren. Die Bandbreite an Anfragen, die mich noch in jüngster Zeit erreichten, reicht von Wirtschaftsprüfern bis hin zu internationalen Ärzteorganisationen.

Der Corporate Newsroom – ein großes Missverständnis

Einen der beiden Herausgeber dieses Buches lernte ich vor Jahren bei einer der vielen Zusammenkünfte kennen, auf denen Kommunikationschefs mit Kommunikationschefs über die Bedeutung von Kommunikation sprechen. Das ist mitunter anstrengend, kann aber unterhaltsam und manchmal auch lehrreich sein. Sebastian Turner kam, als er hörte, ich käme vom GDV, schnell auf mich zu und erzählte die Geschichte, dass sich ein führender GDV-Funktionär in einer der wichtigsten Berliner Hintergrundzirkel darüber beklagt habe, dass in den Redaktionen das Know-how zum Thema Versicherungen verloren gehe. Daraufhin konnte Turner dem Verbandsmann überraschende Gründe nennen: sein eigenes Verhalten. Schließlich habe ausgerechnet der GDV in der *Tagesspiegel*-Redaktion jüngst einen Kollegen abgeworben, um ihn im neu geschaffenen Newsroom des GDV unterzubringen. Für Turner als Herausgeber war das seinerzeit eine Art Menetekel: Die reichen und mächtigen Lobbyisten des GDV sind selbst verantwortlich für die zunehmend ungleichen Verhältnisse zwischen Redaktionen und Kommunikationsabteilungen, über die sie sich dann auch noch beklagen.

Eine alte Geschichte

Nun ist die Sorge, dass die Macht der organisierten PR die Rolle des unabhängigen Journalismus gefährde, alles andere als neu (BAERNS 1985; SCHNEDLER 2008). Schnedler untersuchte für das

Netzwerk Recherche das problematische Verhältnis von Journalismus und PR eingehend und diagnostizierte einen Verlust von journalistischer Qualität. Dabei fielen nicht nur einzelne Regionalzeitungen negativ auf, auch die Ikone dpa bekam schon damals ihr Fett ab: Mehr als die Hälfte aller in einer Studie untersuchten dpa-Geschichten hatten PR-Texte zur Grundlage, ein Resultat, das auch den *Spiegel* zu einer warnenden Geschichte veranlasste (SCHNEDLER 2008: 4ff.). Mir fällt in diesem Zusammenhang die schöne Anekdote über einen meiner ersten Arbeitgeber ein: den *Trierischen Volksfreund*. Dessen ausgesprochen sparsame Unternehmenskultur hatte stets für sprudelnde Gewinne des Verlags bei eher schmalen Redaktionsetats gesorgt – mit entsprechenden journalistischen Konsequenzen. In einer Pressemitteilung Anfang der 1990er-Jahre teilte die immer agile Handwerkskammer Trier voller Stolz mit, dass »*der Volksfreund*« als Monopolzeitung der Region mehr als 90 Prozent aller Pressemitteilungen der Kammer abgedruckt habe, davon etwa 75 Prozent ungekürzt! Der neue Chefredakteur Walter W. Weber nahm dies Mitte der 1990er-Jahre zum Anlass, nicht nur die Wirtschaftsredaktion einer gründlichen Erneuerung zu unterziehen.

Invasion und Zersetzung

Die mit der Digitalisierung einhergehende Beschleunigung hat dem Thema zweifelsohne neue Brisanz gegeben. 2016 kam der Würzburger Kommunikationswissenschaftler Lutz Frühbrodt auf den GDV zu, um mit uns im Newsroom des GDV Interviews zum Content Marketing und unserem Verhältnis zum Journalismus zu führen. Von den ausführlichen Gesprächen ist in der Studie, die später von der Otto-Brenner-Stiftung publiziert wurde (FRÜHBRODT 2016), nicht so viel übriggeblieben. Die Tendenz aber war schon damals klar: Frühbrodt, um kernige Thesen nie verlegen, sieht in der »Invasion« des Content Marketings der

Unternehmen eine »Entgrenzung des Journalismus« (ebd.: 78f.), eine Diagnose, die ihn zu bisweilen noch krasseren Formulierungen treibt: Der historisch durchaus problematische Begriff der »Zersetzung« des Journalismus durch die angeblich neue Variante des Content Marketings gehört zu den Lieblingsvokabeln des Medienwissenschaftlers (ebd.: 9, 71). Kein Wunder, dass er sich daher auch um das »bewährte Regime der öffentlichen Meinungsbildung« (ebd.: 71) als Fundament der Demokratie sorgt. Den in der digitalen Medienrealität sicher nicht von der Hand zu weisenden Bedeutungsverlust von Leitmedien ausgerechnet dem Content Marketing in die Schuhe zu schieben, ist dann aber vielleicht doch etwas zu viel der Ehre für den Corporate Newsroom und seine Produkte. Viel deutet darauf hin, dass die Verlage selbst ganz entscheidend dazu beigetragen haben, mit tatsächlich negativen Folgen für die bürgerliche Gesellschaft. Aber das ist eine ganz andere Geschichte.

To the roots

Der Newsroom der Siemens AG in München war wahrscheinlich der erste große Corporate Newsroom seiner Art in Deutschland. An seinem Anfang stand aber alles andere als die sinistre Vorstellung, mit vielen Leuten, viel Geld und guten Geschichten die Redaktionskompetenzen im ganzen Land zu unterwandern. Es ging dem ersten, nicht aus der Siemens AG entstammenden CEO, Peter Löscher, schlicht und ergreifend darum, die Qualität der Arbeit einer überaus teuren Kommunikationsabteilung des Weltkonzerns zu modernisieren und mit neuer Glaubwürdigkeit und Schlagkraft auszustatten. Hintergrund war natürlich auch der verheerende Schmiergeldskandal, der die Glaubwürdigkeit der Siemens AG erschüttert, die Mitarbeiterschaft tief frustriert und die alte Unternehmensführung hinweggefegt hatte. »Wir wollen interne und externe Kommunikation enger zusammenbringen«, lautete demgegenüber mein erster, doch recht diffuser Arbeitsauftrag im Sommer 2010. Dass daraus bis Dezember 2010 die Vision eines Corporate Newsroom entstand, der alle Gewerke der fast 200 Leute starken Corporate Communcations bei Siemens vereinen sollte, konnte sich zu Beginn des Prozesses kaum jemand im Team vorstellen. Und es brauchte viel Überzeugungsarbeit, einen zum Wandel demonstrativ entschlossenen CEO (Peter Löscher), es brauchte unzählige Beratungsrunden, harte Kämpfe mit Vorgesetzten, es brauchte die Kompetenz des Dortmunder Kommunikationswissenschaftlers Christoph Moss, die große Geduld gleich zweier kluger Berater (Thomas Hartwig und Adel Gelbert), die Hartnäckigkeit meines zur Veränderung entschlossenen Teams der internen Kommunikation und die wichtige Unterstützung der finanzstarken Siemens-Marketing-Abteilung unter Michael Rossa, um die Idee des Newsrooms im Lauf des Jahres 2011 gegen Widerstände auch aus so manch anderer Abteilung der Kommunikation in die Wirklichkeit umzusetzen.

Kulturrevolution

Um es noch einmal deutlich zu sagen: Der Mangel an hochwertigen Inhalten war nie das entscheidende Problem, das mit dem Siemens-Newsroom gelöst werden sollte. Der Druck kam vielmehr von dem schönen Spruch, der nicht nur für die Informationskultur der deutschen Industrieikone so paradigmatisch ist: »Wenn Siemens wüsste, was Siemens weiß.« Es ging also darum: Wie bringe ich die an sich unendlich große Menge an potenziell guten Geschichten zu den richtigen Leuten – und vor allem zum richtigen Zeitpunkt. Und in genau diesem Zusammenhang wuchs bei mir und Christoph Moss die Idee, es mit einem Prinzip zu versuchen, das Anfang der 2000er-Jahre auch schon die journalistische Arbeit im *Handelsblatt* beflügelt hatte – in direkter Konkurrenz zur damals neu gegründeten *Financial Times Deutsch-*

land (FTD) übrigens: Sich nicht im Egoismus einzelner Ressorts zu verlieren, sondern stattdessen das Zusammenspiel der verschiedenen Gewerke in einem möglichst offenen und intelligent gestalteten Raum zu hegen und zu pflegen. Das war im *Handelsblatt*, mit der wirklich scharfen Konkurrenz zwischen Finanz- und Unternehmensberichterstattung, schon schwer genug. Bei Siemens mit seiner übermächtigen ›Pressestelle‹ und einer völlig eigenständig mit dreistelligen Millionenbeträgen spielenden Marketing-Abteilung kam es einer kleinen Revolution gleich.

Meine liebste Spruchweisheit in der hier zu verhandelnden Angelegenheit lautet bis heute: »Der Newsroom findet im Kopf statt«. Zumindest ist es der mit Abstand wichtigste Ort, an dem er stattfindet. Das sollte sich immer wieder bewahrheiten. Jedenfalls wandelten sich die Leute vom Marketing bei Siemens von Skeptikern zu Unterstützern der Idee, die intern stets privilegierte Pressestelle hingegen tat sich schwer damit. ›Haltung‹, das war damals unser Zauberwort. In diesem Zusammenhang entscheidend: Es ging um einen internen Veränderungsprozess, also darum, Professionalität vor allem durch die Qualität der Zusammenarbeit zu erhöhen und dabei jedem einzelnen Mitarbeiter zu ermöglichen, neue Erfahrungen, neue Kenntnisse zu gewinnen.

Professionalisierung

Kurzum, der Corporate Newsroom ist ein Professionalisierungsprojekt. Er bedient sich dabei Methoden, die im Journalismus üblich sind und implementiert sie in die Logik von Organisationen, Unternehmen. Diese journalistischen Elemente, physisch wie prozessual, sind aber alles andere als der Versuch, hier in der Umgebung eines Großraums mit der »fast perfekten Simulation von Journalismus« (FRÜHBRODT 2016: 61) Redaktionen zu kapern.

Niemals bestand im Zusammenhang mit dem Corporate Newsroom der Anspruch, die Unabhängigkeit von Redaktionen zu unterwandern, nie der Anspruch, unabhängigen Journalismus zu machen. Es gehörte bei Siemens und beim GDV stets zum festen Kern unserer Arbeit, den Absender der Kommunikation klar kenntlich zu machen, wohl wissend, dass Vertrauen, entgegen aller landläufigen Meinung, das wichtigste Kapital des Lobbyisten ist (GESAMTVERBAND DER DEUTSCHEN VERSICHERUNGSWIRTSCHAFT 2020: Vff.). Dennoch oder vielleicht gerade deshalb war auch das Newsroom-Projekt im Gesamtverband zunächst sehr umstritten, der wohl einflussreichste Versicherungsjournalist, Herbert Fromme, ging unser Projekt damals frontal an (FROMME 2014), witterte gar Gefahr für die Meinungsfreiheit im Land. In einem Kommentar pochte er stattdessen auf die traditionelle Arbeitsteilung – »wir machen Medien, ihr macht Pressearbeit«. Dabei war schon 2014 klar, dass Organisationen angesichts der Dynamik der digitalen Kommunikation gar nicht umhinkommen, eigene mediale Angebote zu entwickeln, ihre digitalen Kanäle auszubauen. Die Pressemitteilung als wichtigstes Produkt einer Kommunikationsabteilung hatte damals schon ihre beste Zeit hinter sich, das haben aber bis heute noch lange nicht alle so verstanden.

Jubiläumsgeschichte

Mit Herbert Fromme habe ich längst Frieden schließen dürfen, der Siemens-Newsroom geht nun schon ins elfte Jahr und hat als Idee die Irrungen und Wirrungen von Neubau, Umzug und diversen Konzernumbauten überstanden. Beim GDV sind es, den von der neuen Verbandsspitze her ausgelösten Abnutzungstendenzen zum Trotz, auch schon gut acht Jahre. Und noch immer kommen die Besucher, noch immer wollen Unternehmen und Organisationen erfahren, wie arbeitsteilige Kommunikation in dieser offenen, flexiblen Struktur funktioniert.

Traurig hingegen wird mir zumute, wenn ich an die Wirklichkeit in deutschen Redaktionen denke. Als ich beim *Kölner Stadt-Anzeiger* Anfang der 1990er-Jahre volontierte, da maß man sich dort vom journalistischen Anspruch her noch mit der *Süddeutschen Zeitung*. Heute werden die Mantelteile des *Stadt-Anzeigers* für das Publikum der »Medienstadt« Köln (siehe IHK Köln: www.medienstadt.koeln) in Hannover produziert, es gibt längst kein Hauptstadtbüro mehr, ein Wirtschaftsressort war zumindest zwischenzeitlich gar nicht mehr zu finden. Das ist ein erschütterndes und nur beispielhaftes Resultat von redaktionellem Kompetenz- und Ressourcenabbau, der sich auch durch die Digitalisierung des redaktionellen Angebots allein nicht rechtfertigen lässt.

Historische Aufgabe

An der Schwelle zur Demokratie in Deutschland stand im Jahr der ersten bürgerlichen Revolution im Jahr 1848 die Forderung nach Pressefreiheit. Als »Macht der Kritik, der Bewegung und Revolutionierung« (NIPPERDEY 1983: 590) war die Presse Motor und Anker der Veränderung, Fixpunkt der Kritik, eigentlicher Ort der Bildung von dem, was bis heute ›öffentliche Meinung‹ genannt wird. Was aber geschieht, wenn vergleichsweise intransparente Plattformen wie Twitter zum Fixpunkt der Meinungsbildung in der Gesellschaft werden, das ließ sich zuletzt beispielhaft an der krassen Social-Media-Begleitung des Verleumdungsprozesses von Johnny Depp gegen Amber Heard in den USA erleben. Gewonnen, so Nina Rehfeldt in der FAZ, hätten Plattformen wie Tik-Tok und Twitter, auf denen Hohn, Spott und Desinformation ein enormes Nutzerengagement zur Folge gehabt hätten. Verlierer, so der Kommentar, sei hingegen die amerikanische Gesellschaft, die nicht mehr in der Lage sei, sich ernsthaft mit wichtigen Themen auseinanderzusetzen (Nina Rehfeldt, faz.net, zuletzt am 02.06.2022).

Was tun?

Um nicht falsch verstanden zu werden: Das Gatekeeper-Monopol der Redaktionen ist für alle Zeiten verloren, Qualitätsjournalismus wird einen Markt haben und muss gefördert werden, auch durch uns Abonnenten. Aber in der Breite wird Meinung in der digitalen Epoche sicherlich viel differenzierter, schneller, krasser und damit intransparenter gebildet als wir uns das noch Ende des 20. Jahrhunderts hätten träumen lassen. Umso mehr sind Bildungs- und Kulturpolitik gefordert, Medienkompetenz in der Gesellschaft, insbesondere in den Schulen zu fördern. Nicht nur hier ist den Folgerungen aus der Studie von Frühbrodt (2016: 78) ausdrücklich zuzustimmen. Medienkompetenz darf dabei aber auf keinen Fall zu kurz verstanden werden. Denn Twitter ist ja vielerorts nicht nur eine Attacke auf den guten Geschmack, die guten Sitten, wenn man so will. Die Sprach-, Sprech- und Lesekompetenz der Gesellschaft ist langfristig in Gefahr, wenn solcher Austausch zum Muster von Kommunikation wird. Wer aber nicht mehr zu lesen und zu schreiben versteht, der kann die Welt nicht mehr begreifen.

Literatur

BAERNS, BARBARA (1985/1991, 2. Aufl.): *Öffentlichkeitsarbeit oder Journalismus?* Köln: Verlag Wissenschaft und Politik

FROMME, HERBERT (2014): Newsroom ohne News; *Versicherungsmonitor* vom 04.07.2014

FRÜHBRODT, LUTZ (2016): *Content Marketing. Wie »Unternehmensjournalisten« die öffentliche Meinung beeinflussen,* Frankfurt am Main: Eine Studie der Otto-Brenner-Stiftung, OBS-Arbeitsheft 86

GESAMTVERBAND DER DEUTSCHEN VERSICHERUNGS-
WIRTSCHAFT (Hrsg.) (2020): *Verlässlichkeit, Verantwortung,
Vertrauen*; Festschrift für Jörg von Fürstenwerth, Karlsruhe:
Verlag Versicherungswirtschaft

NIPPERDEY, THOMAS (1983): *Deutsche Geschichte 1800-1866,
Bürgerwelt und starker Staat*. München: Verlag C.H. Beck

SCHNEDLER, THOMAS (2008): *Getrennte Welten? Journalismus und
PR in Deutschland*; nr-Werkstatt Nr. 8, Wiesbaden

TEIL 4

FAQ

STEPHAN RUSS-MOHL / SEBASTIAN TURNER

Frequently Asked Questions:
»Wenn Deep Journalism nach
Tiefenbronn kommt...«

Gute Websites haben oft einen Bereich FAQ – häufig gestellte
Fragen. Den Herausgebern sind begleitend zur Arbeit an diesem
Buch von den Autorinnen und Autoren und darüber hinaus im-
mer wieder kluge Fragen gestellt worden. Darum hat auch dieses
Buch als Abschluss ein Kapitel FAQ – natürlich inklusive Ant-
worten.

*Ist die von Ihnen, Sebastian Turner, vorgestellte Umsetzung mit den hoch-
preisigen Expertenbriefings nicht dazu verdammt, sehr ausgrenzend zu
sein – in Geld, Sprache und Vorbildung? Verstärkt der Ansatz womöglich
die gesellschaftliche Spaltung, ist Deep Journalism nur etwas für die Up-
per Class?*

TURNER: Dreimal nein. Mit der Sprache ist es am einfachsten.
Die Professional-Briefing-Sparten, die ich beim *Tagesspiegel* und

jetzt bei Table.Media gegründet habe, beschäftigen fast ausnahmslos Journalisten, die bei breit wahrgenommenen Qualitätsmedien ausgebildet wurden und gearbeitet haben. Die Sprache entspricht der guter Zeitungen. Was die Vorbildung der Journalisten angeht, haben Sie recht, aber das spaltet nicht, im Gegenteil. Nachrichten werden recherchiert, dabei wird auch neues Fachwissen erarbeitet und zugänglich gemacht. Zugleich sorgen domänenkompetente Autoren für einen Kontext, den Laien oder Generalisten kaum schaffen könnten. Nach sehr kurzer Zeit – meist nach wenigen Wochen – sind die neuen Publikationen fest verankert bei den Multiplikatoren. Wenn die eine Information für breitere Kreise relevant finden, bringen sie diese sofort in die breite Öffentlichkeit. Der Aufenthalt des chinesischen Unternehmers Jack Ma, der Abgang der Europa-Abgeordneten Ska Keller, der Terminalverkauf im Hamburger Hafen nach China, der Aufruf chinesischer Menschenrechtler anlässlich der Scholz-Reise – das wurde alles von Table.Media-Redakteuren zuerst veröffentlicht und danach von vielen Medien in die Breite getragen. Table-Redakteure sind auch häufig als Experten im Fernsehen, bei öffentlich-rechtlichen Sendern und privaten. Dabei sind die Zitate für uns auch von Vorteil, es ist also nützlich für alle, auch für uns.

RUSS-MOHL: Zitationen sind ja ein bekanntes Phänomen, selbst die elitärsten Medieninhalte werden so in die Breite getragen. Das gilt oft sogar bei den noch viel teureren und exklusiveren wissenschaftlichen Journals. Wenn dort Publikumsrelevantes erscheint, wird es breit zitiert.

TURNER: Einer der meistbeachteten Scoops der letzten Monate ging auf ein sehr teures amerikanisches Professional Briefing zurück. Die Entwurfsfassung der Entscheidung des Obersten Gerichtes zu Schwangerschaftsabbrüchen stand zuerst bei einem Briefing, dann ging es um die Welt.

RUSS-MOHL: Man kann auch die Auffassung vertreten, dass die Abnahme der Domänenkompetenz in den Publikumsmedien einen gesellschaftlichen Schaden bewirkt, der von neuen, domänenkompetenten Fachmedien gemindert wird. Das wäre ein klares gesellschaftspolitisches Plus.

Dennoch kann es sich nicht jeder leisten. Ihre Briefings kosten bis zu 200 Euro im Monat.

TURNER: Die kommunikative Wirkung kann man auch genau gegenteilig beschreiben. Wir können inzwischen gut beobachten, dass die Informationen aus unseren Publikationen sehr schnell bei nahezu allen betroffenen Gruppen ankommen, auch bei den sozial schwachen. Nahezu jede Gruppe, auch sozial schwächere, ist organisiert – ob im Mieterverein, bei den Gewerkschaften oder für Menschenrechte. Diese Organisationen zählen immer zu den ersten Bestellern, weil die Fachpublikationen ihnen etwas bieten, was sonst nur zahlungskräftigeren Organisationen durch Anwälte oder Public-Affairs-Agenturen zugänglich gemacht wird – die das Doppelte kosten, aber pro Stunde.

RUSS-MOHL: Dieser Medienbereich ist leider noch nicht gut erforscht. Es ist aber zumindest plausibel, dass neue Fachpublikationen in ihren Domänen mehr Transparenz schaffen und durch Zitation diese auch in die Breite tragen. Ich beobachte noch ein anderes Phänomen seit 30 oder 40 Jahren. Viel wissenschaftliche Erkenntnis wird nicht in die Breite getragen, weil es zu wenige Journalisten gibt, die dafür Zeit haben und die entsprechende Domänenkompetenz pflegen können. Durch die endlosen Sparrunden in den Redaktionen wurde die Lage nicht besser. Der Ansatz der Professional Briefings mit einem halben Dutzend und mehr spezialisierten Journalisten verspricht da eine Verbesserung.

TURNER: Auch da haben wir eine interessante Beobachtung gemacht. Schon nach kurzer Zeit sind die jeweiligen Briefings in ihren Domänen auch ein Forum der Wissenschaftler. Es werden Gastbeiträge oder Repliken angeboten, und wir hören dann, dass wir das Lagerfeuer der jeweiligen Szene seien, mit der sich die Wissenschaftler austauschen wollen.

Sie wollen die wissenschaftlichen Publikationen ablösen?

TURNER: Nein, das wäre vermessen. Die wissenschaftlichen Journals gibt es ja schon und sie erfüllen ihre Aufgabe, allerdings meist beschränkt auf die Binnenkommunikation der Wissenschaftswelt. Wir sind eher ein Scharnier zwischen den Wissenschaftlern und den Praktikern in einer Domäne.

RUSS-MOHL: Aus der Beobachtung der journalistischen Praxis sehen wir zwei zunehmende Probleme. Einmal nehmen die Spezialisten ab zugunsten von Generalisten, und was bis auf wenige Ausnahmen verschwunden ist, sind journalistische Teams, die kontinuierlich auf Spezialthemen orientiert sind. Stabile Themen-Teams sind das beste Biotop für ein breites Meinungsspektrum, weil im Diskurs der Domänenkompetenten viel eher auch abweichende Auffassungen einen Vertreter finden.

TURNER: Ich habe dieses Argument kürzlich beim Verlegerkongress vorgebracht. Ein prominenter Vertreter hat das sehr persönlich belegt. Er war früher im kopfstarken Feuilleton der FAZ und berichtete von der Breite an Argumenten, die im produktiven Streit hervorgebracht wurden. Der Generalist, der sich schnell einem Thema widmet, wird sich viel eher an den zuvor geäußerten Standpunkten orientieren, als dass er einen originellen, deutlich abweichenden Blickwinkel einnimmt.

RUSS-MOHL: Und die vorbekannten Standpunkte – auch das ist gut belegt – sind ganz überwiegend von Interessengruppen durch ihre PR markiert. Ein guter Generalist wird nie unreflektiert den Standpunkt einer Interessengruppe übernehmen, aber er wird immer zögern, eine Sichtweise einzunehmen, die nicht von Experten gedeckt ist. Journalisten mit Domänenkompetenz, am besten in Gruppen – fast wie in einer Fakultät – können diesen Meinungskanal verlassen.

Haben Sie dafür Beispiele?

TURNER: Das China.Table-Team besteht aus 12 Journalisten, die zusammen über 100 Jahre in China waren oder sind. Alle sprechen Mandarin, einige sogar muttersprachlich. Deren Diskurs über Sozialpunkte, Decoupling, Made-in-China-Strategie und Menschenrechte wird von den China-Fachleuten als besonders differenziert geschätzt. Sie sind auch besonders schnell und haben vieles als Erste, sogar breit wahrgenommene Ereignisse wie den UNO-Bericht über die Menschenrechte. Die erste Analyse dazu erschien wenige Stunden nach dem Erscheinen in China.Table, verfasst von Marcel Grzanna, einem der besten Kenner. Seine Analyse wurde von vielen Medien in ihre Bewertung einbezogen.

Errichten Sie damit dann ein Monopol?

TURNER: Die Entwicklung in den USA und die marktwirtschaftliche Logik legen etwas anderes nahe. Als Erster auf dem Markt, als ›early innovator‹ kann man einen Markt machen und eine solide Markt- und Innovationsführerposition erreichen – das streben wir auch an. Aber zugleich lockt man Nachahmer an, die ›early followers‹ und die ziehen dann den Mainstream nach. In den USA haben die erfolgreichen Erstgründungen viele Nachfolger aktiviert. *The Hill, Politico, Axios, Roll Call, Punchbowl, Industry Dive* und so weiter. Wenn ich mich jetzt verteidigen müsste, würde ich noch vorbringen, dass ich mit den zwei Gründungen beim *Tagesspiegel* und bei Table.Media das neue Segment nicht nur angestoßen, sondern dort auch noch den Wettbewerb eingebracht habe.

Wenn Sie den Markt leerkaufen, dann monopolisieren Sie am Ende doch!

TURNER: Die Realität sieht etwas anders aus. Ich erzähle einem bekannten Chefredakteur einer bekannten nationalen Tageszeitung, wer alles bei uns ist. Er sieht einen Namen und sagt: ›Der ist jetzt bei euch! Ein wirklich guter Kopf, es hat uns wirklich weh getan, uns von ihm zu trennen.‹ Professional Briefings schaffen in einem insgesamt schrumpfenden Markt ein paar zusätzliche Plätze für gute Journalisten, die ihren Themen treu bleiben.

RUSS-MOHL: Der Markt in Deutschland ist enger als in den USA. Aber wenn da nur für einen China.Table Platz sein sollte, ist eine solche Konzentration von Domänenkompetenz immer noch gesellschafts- und medienpolitisch wünschenswerter als eine Handvoll verstreuter Einzelkämpfer, die sich bei diesem oder jenem Medium mit China und womöglich noch ganz Ostasien herumschlagen und ihren Lebensunterhalt oftmals auch noch teilweise als PR-Autoren decken müssen.

Das Wissenschaftsministerium hält Wissenschaftler an, mehr mit der Gesellschaft zu kommunizieren. Forscher können keinen Drittmittelantrag mehr formulieren, ohne auf mehreren Seiten Kommunikationsabsichten zu berücksichtigen. Universitäten schicken ihre jungen Leute durch Graduiertenkollegs, wo sie lernen zu schreiben und zu kommunizieren. Ziel ist es, dass in der Wissenschaft in der Breite journalistische Kompetenz aufgebaut werden soll. Das heißt: Domänenkompetente Forscher entwickeln auch Vermittlungskompetenz. Ihr Modell verhält sich dazu spiegelbildlich. Die Vermittlungskompetenten sollen auch Domänenkompetente werden. Ergibt sich da eine Konvergenz oder sogar eine aufwendige, unnötige Doppelstruktur?

RUSS-MOHL: Journalismus ist zwar angewiesen auf die Domänenkompetenz der Wissenschaftler, aber die Journalisten können das kaum sachgerecht verarbeiten, wenn sie selbst keine Domänenkompetenz haben. Vertrauen zwischen den beiden Seiten und Vertrauen in die Berichterstattung kann erst entstehen, wenn beide Seiten domänenkompetent sind – wobei Domänenkompetenz in der Wissenschaft natürlich viel enger und auf Tiefbohrungen hin ausgelegt ist als im Medienbetrieb. Dem Ministerium und allen anderen Institutionen, die die Wissenschaftskommunikation voranbringen wollen, würde ich deshalb raten, mehr in Wissenschaftsjournalismus statt in Wissenschafts-PR zu investieren – allerdings auf eine Weise, die nicht die Unabhängigkeit des Journalismus gefährdet.

Ihr Argument setzt voraus, dass die Medien als vierte Gewalt auch die Wissenschaft kontrollieren sollen und der innerwissenschaftliche Diskurs nicht ausreicht.

RUSS-MOHL: Ja, das halte ich für richtig. Auch in den Wissenschaften gibt es Fehlverhalten, auch da brauchen wir die Kontrolle wie bei der Politik und der Wirtschaft, wo sie leider abnimmt nach meinem Eindruck.

TURNER: Das, was vorhin ›Doppelstruktur‹ genannt wurde, ist die Voraussetzung für eine funktionierende Öffentlichkeit. Kundige Wissenschaftler sollten auf einordnungsbefähigte Medien treffen. Das ist notwendig, um die wissenschaftliche Bandbreite zu einem Thema einzuordnen und nicht zuletzt, um Spinner in der Wissenschaft als solche zu erkennen. Wer zu viel Respekt vor akademischen Graden hat, sollte zum Abkühlen mal die Gremien der AfD durchforsten. In Bundestagsfraktion und Bundesvorstand finden sich 15 Doktoren, zwei davon sind auch Professoren, die ehemaligen Parteichefs Professor Lucke, Dr. Petry und Professor Meuthen gar nicht mitgezählt.

Wir hätten weniger ›False Balance‹ in den Medien, wenn die Wissenschaft ihre Selbstkontrolle besser ausüben würde. Das Mindeste sind dann domänenkompetente Journalisten, die schwarze Schafe unter den Wissenschaftlern schnell erkennen und nicht ahnungslos als Talkshowdekoration einladen. Domänenkompetenz auf beiden Seiten steigert die inhaltliche Qualität. Die Medien müssen die Kritik hinnehmen, dass diese Domänenkompetenz bei ihnen erodiert. Die Professional Briefings stellen einen kleinen Beitrag dazu dar, dies zu verbessern.

In den Medien werden wissenschaftliche Standpunkte, die sich oft nur graduell unterscheiden, teilweise so polarisierend vermittelt, dass das auch einen negativen Rückstoß-Effekt in die Wissenschaft hat und dort den Austausch und die Differenzierung behindert. Bei Corona war das sehr zu spüren. Welche Rolle spielen dabei die domänenkompetenten Journalisten?

RUSS-MOHL: Das Zuspitzen der Gegensätze ist meist Sache der Medien, die polarisieren und emotionalisieren. Man könnte auch sagen: Ihre Zuspitzungskompetenz ist hoch, weil ihre Domänenkompetenz so gering ist.

TURNER: Der Chefredakteur, der nach seinen eigenen Worten die führenden Virologen zur Strecke bringen wollte, brüstet sich damit, nie eine Hochschule besucht zu haben. Umgekehrt sind die Grenzen zwischen Journalismus und Wissenschaft fließend bei denen, die besonders domänenkompetent sind. Um keine lebenden Journalisten durch Lob in Verlegenheit zu bringen: Persönlichkeiten wie Walther Stützle oder Sylke Tempel sind immer wieder hin- und hergewechselt zwischen Medien und Akademia.

Bei der Suche nach domänenkompetenten Köpfen, mit denen wir neue Briefings aufbauen können, bin ich sehr oft auf diesen Typus gestoßen, nicht so prominent wie die beiden genannten Außenpolitik-Gurus, aber in ihren Nischen bekannt. Zur Grundausstattung dieser Persönlichkeiten gehört meist auch eine wissenschaftliche Verankerung, etwa ein Lehrauftrag. Je nischenhafter die Themen werden, desto mehr hat man es nicht wie nach drei Jahren Corona überall mit Experten zu tun, sondern man findet nur mit Mühe in Wissenschaft und Medien überhaupt Köpfe. Da weiten die Briefings den Arbeitsmarkt aus und schaffen eine Möglichkeit für Fachleute, ihrem Thema treu zu bleiben und Domänenkompetenz zu erhalten.

RUSS-MOHL: ...und nicht die Seiten zu wechseln von den um Neutralität bemühten Feldern Wissenschaft und Journalismus hin zur Interessenvertretung in Verbänden oder zu Beratungsunternehmen.

TURNER: Domänenkompetente Briefings sind auch ein attraktiver Ort, zu dem die zweite Reihe gerne von Lehrstühlen wechselt, um den befristeten Arbeitsverträgen zu entkommen und doch im Thema zu bleiben.

Dennoch bleibt die Frage: Wenn die Journalisten domänenkompetenter werden, warum müssen dann Forschungseinrichtungen ihre Nachwuchswissenschaftler auch medial qualifizieren?

TURNER: Im Wissenschaftszentrum Berlin (WZB) hängt eine Tafel zu Ehren von Karl Deutsch, einem großen transatlantischen

Denker und Aufbauhelfer des WZB. Ich habe ihn einmal für die FAZ interviewen dürfen, und da nannte er einen vollkommen ausreichenden Grund: Die deutschen Wissenschaftler benutzen Sprache wie die Medizinmänner ihre Maske – nicht um verstanden zu werden, sondern um zu beeindrucken. Wenn wir den nächsten Generationen das abgewöhnen, ist das schon an sich ein gutes Werk. Dass sich ihnen so auch eine zusätzliche Berufsperspektive in den Medien eröffnet, ist auch kein Fehler.

RUSS-MOHL: Wenn die Kommunikation gelingen soll, müssen beide Seiten aufeinander zugehen. Ein domänenkompetenter Journalist ist immer noch weit weniger spezialisiert als der Wissenschaftler, deshalb muss auch der Forscher zur Verständigung beitragen. Aber der Journalist sollte zumindest so domänenkompetent sein, dass er kluge Fragen stellen und die ›richtigen‹ Gesprächspartner identifizieren kann. Das ist allein schon im unüberschaubar gewordenen Wissenschaftsbetrieb eine riesige Herausforderung.

Sie beklagen die Klickökonomie in den Medien und die damit verbundene Verflachung und Emotionalisierung. Wird sich daran etwas ändern durch Ihren domänenkompetenten Journalismus?

TURNER: Nein. Es gibt in der Medienwirtschaft das reichweiten- und werbemarktorientierte Modell. Privat-Fernsehen und Radio an erster Stelle – dort wird prächtig Geld verdient und das Handwerkszeug ist Personalisierung, Emotionalisierung, Zuspitzung. Wer diesem Trend folgt, enttäuscht regelmäßig den Teil des Publikums, der selbst domänenkompetent ist. Weil das Angebot für diese Gruppe abnimmt, entsteht der Markt, den domänenkompetente Briefings besetzen können. Sie werden aber RTL oder *Bild* nicht beeindrucken. Die gehen ihren Weg weiter.

Erlaubt Ihr Geschäftsmodell nicht gerade diesen Medien, ihren polarisierenden Weg noch konsequenter fortzusetzen?

TURNER: Das ist denen einfach wurscht. Die streben seit ihrer Erfindung nach Reichweite und alles andere kümmert sie nicht. Aber selbst RTL und *Bild* zitieren Experten-Briefings, wenn die etwas herausgefunden haben, was ihr Publikum interessieren könnte.

RUSS-MOHL: Leider muss man feststellen, dass nicht nur Boulevardmedien wie *Bild* und RTL der Klickökonomie folgen, sondern auch viele Regionalzeitungen und vormals angesehene Magazine. Wir beobachten fast flächendeckend medialen Populismus – Zuspitzung verdrängt die Differenzierung, und Generalisten ersetzen die Spezialisten. Es ist für sie wichtiger, einen Stoff auf mehreren Kanälen reichweitenoptimal zuzuspitzen, als den Stoff gründlich zu durchdringen. Das ist eine regelrechte Seuche.

Ich hätte jetzt erwartet, dass Ihre Medizin der Domänenkompetenz auch da hilft.

TURNER: Wünschen würde ich mir das auch. Wahrscheinlich muss der Deep-Journalism-Ansatz erst krachend erfolgreich sein, ehe andere dem folgen. Wir arbeiten daran. Beim *Tagesspiegel* hat es ein paar Jahre gedauert.

Sie haben ein Koordinatensystem entworfen, in dem Sie die Leitmedien in Schubladen stecken. Der Spiegel *und Steingarts* Pioneer *beim Thesenjournalismus,* FAZ *und* SZ *bei der Differenzierung für die Breite und die Professional Briefings bei Differenzierung und Domänenkompetenz. Ich vermisse die* Zeit. (Siehe auch die Abbildung »Entscheidermedien: Segmente & Leistungsversprechen« auf Seite 38.)

TURNER: Um übersichtlich zu sein, habe ich jedem Quadranten nur ein oder zwei Medien zugeordnet. Das ist natürlich ungerecht bei über 10.000 Periodika in Deutschland. Ich habe zudem bewusst die Medien, in deren Aufsichtsrat bei Dieter von Holtzbrinck ich war, ausgeklammert, damit mein Bias nicht überhandnimmt. Aber die Verortung der *Zeit* ist in der Tat knifflig. Ich will das gerne versuchen. Die *Zeit* ist sehr erfolgreich, und vielleicht ist sie das, weil sie die vier Pole sehr souverän verbindet. Im ersten Buch differenziert sie, im Ressort »Streit« spitzt sie zu. Ihre Redaktion ist groß, und sie versammelt darüber hinaus exzellente Köpfe. Ihr Platz wäre vielleicht im Ursprung, wo sich die Achsen kreuzen. Da will jeder sein.

RUSS-MOHL: Das Deep-Journalism-Modell ruft nach einer kommunikationswissenschaftlichen Vertiefung. Vielleicht liest das jemand, der noch ein Thema für eine Master- oder Doktorarbeit sucht. Ich wäre sehr an Ergebnissen interessiert.

Die Zeit *hat nach Ihrer Meinung auch Domänenkompetenz?*

TURNER: Aber ja! Sie ist auch hochgradig vertikalisiert. Das hat schon angefangen mit Gerd Bucerius Ende der 1960er-Jahre. Er hat gesehen, wie der Bildungs- und Wissenschaftssektor explodiert und das Thema mit einer Domänenkompetenz belegt, bei der kein anderes Publikumsmedium mitkommt. Das ist mit *Zeit-Campus* und Veranstaltungen glänzend in die Gegenwart geführt worden.

Ist Domänenkompetenz beschränkt auf bestimmte Themen? Ihre Briefings befassen sich nur mit bundesweiten oder sogar globalen Themen — es fehlt das Herz des Journalismus im demokratischen Staat, der Lokaljournalismus.

RUSS-MOHL: Das ist in der Tat eine Sorge, die ich auch habe. Es ist schön, wenn von der EU-Regulierung bis zum Bildungspakt tiefgründige Analysen erscheinen, aber die Implosion des Lokaljournalismus, wie wir sie in den USA sehen, richtet mehr gesellschaftlichen Schaden an, als Entscheiderbriefings Gutes tun können.

TURNER: Domänenkompetenz kann es in jeder Domäne geben, von der Quantenphysik bis zur Krebsmedizin, oder geografisch bis zum Ortsteil. Vielleicht muss man das sperrige Wort ›Domänenkompetenz‹ anschaulicher ausdrücken, um die Möglichkeiten zu erkennen. Mir gefällt ›Ahnung, die man spürt‹ und ›Dickbrettbohren‹. ›Deep Journalism‹ trifft es auch gut. Das geht natürlich auch im Lokalen. Da ist es für jeden sogar besonders gut zu überprüfen.

Bei Table.Media konzentrieren wir uns allerdings zunächst auf die Professional Briefings. Beim *Tagesspiegel* haben wir für Berlin eine lokale Vertical-Gattung geschaffen, die auf Bezirksebene ins Lokale eintaucht. Etwa 300.000 Berliner haben eine der zwölf Lokalausgaben bestellt – sie sind still und unbemerkt das Periodikum mit der größten Reichweite in der Stadt, und der *Tagesspiegel* hat damit sogar im Ostteil die Marktführung übernommen. Wenn ich vier Arme hätte, dann würde ich das auch bei Table sofort beginnen, aber zur Domänenkompetenz eines Kleinunternehmers gehört auch, dass er sich nicht verzettelt und zu viel auf den Teller nimmt. Wenn es der Deep Journalism wirklich in die Fläche schafft, dann wäre das – noch ein Anglizismus – ein Game Changer. In den USA sehen wir bereits, dass *Axios* regionalisiert, und *Politico* ist immerhin in viele Hauptstädte von Bundesstaaten aufgebrochen. Warum soll das nicht auch in Deutschland gehen? In einigen Hochschulstädten gibt es das bereits, in Konstanz, Münster, Cottbus und Düsseldorf beispielsweise. Wenn der Deep Journalism auch in Tiefenbronn angekommen ist, dann ist es vorbei mit der Oberflächlichkeit.

Autoren, Interviewpartner und Herausgeber

Autoren und Interviewpartner

SIGRUN ALBERT ist seit April 2022 Hauptgeschäftsführerin des BDZV. Zuvor war sie seit 2019 als Chief Product Officer und Mitglied der Geschäftsleitung bei der NZZ in Zürich beschäftigt. Vorher war sie sieben Jahre lang als Geschäftsführerin bei der Mediengruppe Oberfranken tätig und baute dort einen Venture-Capital-Arm auf. Sie hat ein Studium der Germanistik und Anglistik in Würzburg und Brighton absolviert und ist an der Henri-Nannen-Schule ausgebildete Journalistin. Sie volontierte bei den *Nürnberger Nachrichten* und arbeitete im Anschluss einige Jahre als Redakteurin und Autorin in Hamburg.

THOMAS BAEKDAL ist seit 2010 Medienanalyst – er beobachtet Branchentrends und entwickelt Geschäftsmodelle und Strategien für den Medienmarkt. Sein Online-Newsletter Baekdal Plus richtet sich an Verleger und Verlagsmanager.

AXEL BOJANOWSKI, Diplom-Geologe (Diplom über Klimaforschung), arbeitet seit 1997 als Wissenschaftsjournalist, zunächst freiberuflich für zahlreiche Medien in Deutschland, der Schweiz, Österreich und Großbritannien; dann war er beim *Stern* und bei der *Süddeutschen Zeitung* und von 2010 bis 2019 Redakteur beim *Spiegel*. Beim Wissenschaftsmagazin *Nature Geoscience* begründete er die Kolumne »In The Press« über die Rezeption von Wissenschaft in Massenmedien. Seit 2020 ist er Chefreporter Wissenschaft bei *Welt*. Er schreibt einen Newsletter über Hintergründe der Klimadebatte: https://axelbojanowski.substack.com/

ALEXANDRA BORCHARDT arbeitet als unabhängige Journalistin, Medienforscherin, Beraterin und Dozentin unter anderem für die World Association of News Publishers, die Hamburg Media School und die European Broadcasting Union. Sie war mehr als 25 Jahre im tagesaktuellen Journalismus tätig, davon 15 Jahre in Führungspositionen, zuletzt als Chefin vom Dienst der *Süddeutschen Zeitung*. Sie ist dem Reuters Institute for the Study of Journalism an der Universität Oxford verbunden und Mitglied verschiedener Beiräte, außerdem hält sie eine Honorarprofessur an der TUM School of Management. Ihr jüngstes Buch ist *Mehr Wahrheit wagen – Warum die Demokratie einen starken Journalismus braucht* (Dudenverlag 2020).

STEFAN BRAUN ist promovierter Politologe und leitet seit Oktober 2022 das Team von Berlin.Table. Er berichtet seit mehr als zwanzig Jahren aus der Hauptstadt; Schwerpunkte seiner Arbeit sind die Union, die Grünen und die FDP, dazu das Innen- und das Außenministerium. Zum Journalismus kam er mit 15 Jahren als Lokalreporter; später schloss sich ein Volontariat bei der *Stuttgarter Zeitung* an. Aus Bonn und Berlin berichtete er erst für die *Stuttgarter Zeitung*, dann für den *Stern* und zwischen 2008 und 2022 für die *Süddeutsche Zeitung*. In seiner Promotion ging es um die besonderen Beziehungen zwischen Israel und den Vereinigten Staaten.

WOLFGANG BÜCHNER, geboren in Speyer, Jahrgang 1966, ist seit Dezember 2022 Stellvertretender Sprecher der Bundesregierung. Davor hatte er als Journalist und Medienmanager mehrere Führungspositionen inne. Er war unter anderem Chefredakteur der Deutschen-Presseagentur (dpa), Chefredakteur des *Spiegel* sowie Chefredakteur und Geschäftsführer des RedaktionsNetzwerks Deutschland (RND).

CHRISTOPHER BUSCHOW ist Juniorprofessor für »Organisation und vernetzte Medien« im Fachbereich Medienmanagement, Fakultät Medien der Bauhaus-Universität Weimar. Er forscht und lehrt schwerpunktmäßig zu Innovationen in der Organisation und Finanzierung des digitalen Journalismus sowie zu Unternehmensgründungen in der Medienbranche. Aktuell leitet er das Forschungsprojekt »Neue Formen der organisierten Zusammenarbeit im Journalismus«, das von der Deutschen Forschungsgemeinschaft (DFG) unterstützt wird. Buschows Arbeiten wurden unter anderem mit dem Niedersächsischen Wissenschaftspreis und dem Deutschen Studienpreis der Körber-Stiftung ausgezeichnet. Er ist Mitglied im Rundfunkrat des Mitteldeutschen Rundfunks (MDR) und Juror der Wiener Medieninitiative.

RAINER ESSER, Jahrgang 1957, ist Geschäftsführer der ZEIT Verlagsgruppe. Nach einer Banklehre studierte er Jura in München, Genf und London und machte daraufhin seinen Master of Law in den USA. Im Anschluss an das 2. Juristische Staatsexamen besuchte er die Deutsche Journalistenschule in München, arbeitete mehrere Jahre lang als Anwalt und promovierte 1989. Seine erste Leitungsfunktion in den Medien übernahm er im selben Jahr bei der Verlagsgruppe Bertelsmann als Chefredakteur zweier juristischer Fachzeitschriften. 1992 wechselte er in die Position des Geschäftsführers des Spotlight-Verlags und war dort gleichzeitig Herausgeber mehrerer Zeitschriften. Nach vier Jahren als Geschäftsführer der *Main-Post* ging er 1999 zur *Zeit*. Seit dem 1. Mai 2011 ist Rainer Esser auch als Geschäftsführer für die DvH Medien GmbH tätig.

BENJAMIN FREDRICH ist einsprachig. Er studierte Politikwissenschaft und gründete während seines Studiums das *Katapult*-Magazin. Aktuell pausiert er erfolgreich eine Promotion im Bereich der Politischen Theorie zum Thema »Die Theorie der radikalen Demokratie und die Potentiale ihrer Instrumentalisierung durch Rechtspopulisten«.

ALFONS FRESE wurde 1962 im Sauerland geboren und hat Politische Wissenschaften und Wirtschaft an der FU Berlin studiert sowie die Berliner Journalistenschule abgeschlossen. Er ist seit 1991 Wirtschaftsredakteur des *Tagesspiegels*. Von 1994 bis 2019 war er Mitglied des Betriebsrats, davon zwölf Jahre als Vorsitzender.

GERD GIGERENZER, langjähriger Direktor am Max-Planck-Institut für Bildungsforschung, leitet das Harding-Zentrum für Risikokompetenz an der Universität Potsdam. Er war Professor an der University of Chicago und John M. Olin Distinguished Visiting Professor an der School of Law der Universität von Virginia. Er ist Ehrendoktor der Universität Basel und der Open University of the Netherlands. Er trainiert Manager, Ärzte und amerikanische Bundesrichter im Umgang mit Risiken und Unsicherheiten.

CHRISTOPH HARDT, M.A., ist Wirtschaftsjournalist und Kommunikationsberater. Er war Politik-Redakteur beim *Kölner Stadt-Anzeiger*, Parlamentskorrespondent für die Holtzbrinck-Zeitungen in Bonn und Berlin und bis 2010 zehn Jahre in leitenden Funktionen für das *Handelsblatt* tätig – vor allem in der Politik- und Unternehmensberichterstattung. Dann wechselte er als Kommunikationsdirektor zur Siemens AG in München und entwickelte dort den Siemens-Newsroom. Anschließend war er bis 2021 Kommunikationschef beim Gesamtverband der Deutschen Versicherungswirtschaft. Zuletzt engagierte Hardt sich als Kommunikationschef beim Erzbistum Köln und arbeitet seit Sommer 2022 selbstständig.

DORIS HELMBERGER-FLECKL, geboren 1974 in Kirchdorf/Krems (Oberösterreich). Studium der katholischen Theologie und Germanistik in Graz und Strasbourg. Seit 2000 Redakteurin der Wochenzeitung *Die Furche* mit wechselnden Zuständigkeiten (Gesellschaft, Bildung, Wissenschaft, Film, SINN:BILDER), seit August 2019 Chefredakteurin.

CARL GRAF HOHENTHAL, Studium der Volkswirtschaft und Geschichte in Hamburg. 25 Jahre Journalist bei *Zeit, Frankfurter Allgemeine Zeitung* und *Die Welt*, davon 14 Jahre als Parlamentskorrespondent der FAZ in Bonn und Berlin. 2001 bis 2005 stellvertretender Chefredakteur und Ressortleiter Wirtschaft und Finanzen der *Welt* und der *Berliner Morgenpost*. Von 2006 bis 2021 Partner und Senior Advisor bei Brunswick Group, deren Berliner Büro er gegründet hat. Brunswick ist ein weltweit tätiges Beratungsunternehmen für strategische Kommunikation mit Sitz in London.

STEFAN HUNGLINGER, Jahrgang 1991, arbeitet als Journalist, unter anderem für die *taz* und den Deutschlandfunk. Ausbildung an der Deutschen Journalistenschule in München. Zuvor: Studium der Theologie, Religions- und Kulturwissenschaft in Freiburg, Wien und Berlin. Forschungs- und Studienaufenthalte in Südafrika und den USA.

CHRISTOPH KEESE ist Journalist, Buchautor und Unternehmer. Er war Chefredakteur der *Financial Times Deutschland* und der Welt-Gruppe. Von ihm stammen sechs Bücher, darunter *Silicon Valley*, *Silicon Germany* und jüngst *Life Changer*. Als Executive Vice President trieb er maßgeblich die digitale Transformation bei Axel Springer voran. Heute ist er Geschäftsführender Gesellschafter der Axel Springer Consulting hy und Co-Chef der internationalen Business- und Science Community World Minds.

BERTHOLD KOHLER hat Politikwissenschaft an der Universität Bamberg und der London School of Economics studiert. Er gehörte 1988 zu den ersten sechs Volontären, die von der *Frankfurter Allgemeinen Zeitung* ausgebildet wurden. In den neunziger Jahren war er Korrespondent für mittel- und südosteuropäische Länder, über die er von Prag und Wien aus schrieb. Seit 1999 ist er einer der Herausgeber der FAZ.

IRINA LOCK ist Professorin für Strategische Kommunikation am Institut für Kommunikationswissenschaft der Friedrich-Schiller-Universität Jena. Sie promovierte an der Università della Svizzera italiana in Lugano und war Assistenzprofessorin an der Universität Amsterdam. Sie forscht konzeptionell und empirisch zu Public Affairs, Corporate Social Responsibility und den Mechanismen digitaler strategischer Kommunikation.

HENRIETTE LÖWISCH ist die Leiterin der Deutschen Journalistenschule (DJS) in München. Bevor sie 2017 diese Aufgabe übernahm, war sie Auslandskorrespondentin und Chefredakteurin der internationalen Nachrichtenagentur AFP und Professorin für Journalismus in den USA (University of Montana). Sie ist selbst Absolventin der DJS.

LORENZ MAROLDT ist seit 2004 Chefredakteur beim *Tagesspiegel*. Zuvor war er dort Redakteur für Politik und Reportagen, Ressortleiter Berlin und stellvertretender Chefredakteur. 2014 erfand er das u.a. mit dem Grimme-Online-Award ausgezeichnete Newsletter-Format »Checkpoint«. Als Autor veröffentlichte er 2020 das Buch »Berlin in 100 Kapiteln, von denen leider nur 13 fertig wurden«, 2022 folgte »Klassenkampf: Was die Bildungspolitik aus Berlins Schuldesaster lernen kann.« Maroldt wurde mehrfach vom *Medium Magazin* als Chefredakteur des Jahres ausgezeichnet.

ANNETTE MILZ ist Herausgeberin von *medium magazin*, der unabhängigen Branchenzeitschrift für Journalistinnen und Journalisten. Die studierte Politikwissenschaftlerin und freie Journalistin gehörte 1986 zum Gründungsteam von *medium magazin*, das sie von 1990 bis 2020 als Chefredakteurin verantwortete. Daneben gründete sie 2004 die »Chefrunde« als Forum für Führungskräfte der Medienbranche mit dem Ziel, die Innovationskultur in Medien zu stärken und die Entwicklung von Qualitätsjournalismus voranzutreiben.

SERAFIN REIBER wurde 1997 in Chur, Graubünden, Schweiz geboren. Nach Matura und Zivildienst Ausbildung zum Landwirt mit Fachrichtung Biolandbau in Valendas und Nyon. Ab 2020 Besuch der Deutschen Journalistenschule in München mit Stationen beim ZDF *heute journal* in Mainz und beim *Spiegel* in Berlin. Seit 2021 Redakteur im *Spiegel*-Hauptstadtbüro, wo er hauptsächlich über die Grünen, das Umweltministerium und die Bahn berichtet.

STEFAN REKER ist seit 2008 Geschäftsführer für Kommunikation beim Verband der Privaten Krankenversicherung (PKV). Von 1998 bis 2008 leitete er die Parlamentsredaktion der *Rheinischen*

Post, davor war er Politischer Korrespondent des Nachrichtenmagazins *Focus* sowie der *Westfälischen Nachrichten*. Buchveröffentlichungen: Porträt des Bundespräsidenten Roman Herzog (1994) und *50 Jahre Deutscher Bundestag* (1999).

ANDREA RÖMMELE ist Professorin für Politische Kommunikation und Vize-Präsidentin an der Hertie School in Berlin. Ihr Forschungsinteresse gilt den Themen vergleichende politische Kommunikation, politische Parteien und Public Affairs. Sie war Fulbright Distinguished Chair in Modern German Studies 2012/13 an der University of California in Santa Barbara, Visiting Fellow an der Johns Hopkins University in Washington D.C., und an der Australian National University in Canberra. Sie hat an der Universität Heidelberg promoviert und an der Freien Universität Berlin habilitiert. Sie gehörte zum Wahlkampfteam von Gerhard Schröder und Hillary Clinton. In ihrem neuesten Buch *Zur Sache* widmet sie sich dem Thema Streit und Streitkultur als zentrale Voraussetzungen für Demokratien.

KATJA SCHUPP ist seit 2017 Professorin für audiovisuellen Journalismus am Journalistischen Seminar der Johannes Gutenberg-Universität Mainz. Nach einem Studium der Neueren Geschichte, Germanistik und Publizistik in Münster und einer journalistischen Ausbildung an der Medill School of Journalism in Chicago arbeitete sie für 10 Jahre als Redakteurin und Autorin beim ZDF, machte sich dann mit ihrer eigenen Produktionsfirma augenAUF! Filmproduktion selbstständig und stieg parallel wieder in Lehre und Forschung ein, zunächst an der Deutschen Welle Akademie in Bonn, dann an der Fachhochschule Graubünden in der Schweiz. Ihr Interessensschwerpunkt liegt derzeit auf Innovationsentwicklung im und für den audiovisuellen Journalismus und auf der Entwicklung des öffentlich-rechtlichen Rundfunks.

ANTJE SIRLESCHTOV ist seit 2021 Chefredakteurin des Berliner Medienunternehmens Table.Media. Zuvor war sie politische Korrespondentin des Berliner *Tagesspiegels*, hat dort die Hauptstadtredaktion geleitet und als Geschäftsführende Redakteurin den Fachmedienbereich »Tagesspiegel Background« aufgebaut und geleitet.

MARKUS SPILLMANN war während mehr als 20 Jahren als Journalist in diversen Funktionen bei der *Neuen Zürcher Zeitung* tätig, zuletzt über neun Jahre hinweg als deren Chefredaktor. Seit 2015 arbeitet er als unabhängiger Medien- und Strategieberater, u. a. für die Schweizer Regierung. Von 2018-2021 präsidierte er das Internationale Presseinstitut in Wien, das sich seit 1950 weltweit für Pressefreiheit und Sicherheit im Journalismus engagiert. Daneben lehrt er als Dozent an verschiedenen Hochschulen Medienökonomie, Redaktionsmanagement und Journalismus.

FRANK ÜBERALL ist seit 2015 Bundesvorsitzender des Deutschen Journalisten-Verbands (DJV). Seit 2012 lehrt der promovierte Sozialwissenschaftler an der HMKW Hochschule für Medien, Kommunikation und Wirtschaft in Köln als Professor Journalismus und politische Soziologie. Zudem arbeitet er als freier Journalist, vor allem für WDR und ARD.

ANKE VEHMEIER leitet das Lokaljournalistenprogramm der Bundeszentrale für politische Bildung. Sie hat nach ihrem Studium der Mittleren und Neueren Geschichte, Politikwissenschaft sowie Publizistik- und Kommunikationswissenschaften bei der *Oberhessischen Presse* (OP) in Marburg volontiert. Danach war sie Redakteurin bei der OP und beim *General-Anzeiger* in Bonn. Sie war Leiterin des Bonner Büros der Medienfabrik/Bertelsmann sowie Projektleiterin der »Initiative Lokaljournalismus in NRW (INLOK)«. Sie ist Autorin in journalistischen Fachmedien und

Mitherausgeberin des Buches *Das verkannte Ressort. Probleme und Perspektiven des Lokaljournalismus.*

KURT W. ZIMMERMANN ist Journalist und war Chefredakteur und Herausgeber verschiedener Zeitungen und Zeitschriften in der Schweiz. Dann wechselte er die Seite und war zwanzig Jahre als Verlagsmanager und Verleger in der Schweiz, in Italien und in Deutschland aktiv. Heute ist er Kolumnist der *Weltwoche* und des Wirtschaftsmagazins *Bilanz*.

Herausgeber

STEPHAN RUSS-MOHL ist emeritierter Professor für Journalistik und Medienmanagement an der Università della Svizzera italiana in Lugano sowie Gründer des European Journalism Observatory (deutsche Version: https://de.ejo-online.eu/; englisch: https://en.ejo.ch/).

Absolvent der Deutschen Journalistenschule, München; Studium der Sozial- und Verwaltungswissenschaften in München, Konstanz und Princeton/USA; von 1985 bis 2001 Ordinarius für Publizistikwissenschaft an der FU Berlin; Forschungsaufenthalte an der University of Oregon, der University of Wisconsin, am Europäischen Hochschulinstitut in Florenz sowie mehrfach an der Stanford University in Kalifornien. Letzte Monografie: *Die informierte Gesellschaft und ihre Feinde. Warum die Digitalisierung unsere Demokratie bedroht*, Köln: Herbert von Halem, 2017

SEBASTIAN TURNER ist Gründer und Herausgeber des Digitalpublishers Table.Media, Berlin. Der Politikwissenschaftler (Duke University, USA) gründete nach dem Abitur *Medium, Magazin für Journalismus*. Während seiner Zeit als Vorstandsvorsitzender wurde Scholz & Friends die kreativste und größte unabhängige Kommunikationsgruppe in Deutschland. In seiner Zeit als Aufsichtsrat bei Dieter von Holtzbrinck und als Herausgeber und Mitinhaber des *Tagesspiegels* stieg das Blatt mit dem Deep-Journalism-Ansatz von Nr. 4 zur größten und erfolgreichsten Tageszeitung von Berlin auf. Er initiierte den Falling Walls Science Summit und das Creative Bureaucracy Festival. Turner ist Honorarprofessor an der Universität der Künste in Berlin und wurde von der University of York (GB) für seine Beiträge zur Pressefreiheit mit der Ehrendoktorwürde ausgezeichnet.

Schriften zur Rettung des öffentlichen Diskurses

PETER SEELE
Künstliche Intelligenz und Maschinisierung des Menschen
2020, 200 S., 190 x 120 mm, dt.
ISBN 78-3-86962-512-6

MICHAEL MÜLLER
Politisches Storytelling.
Wie Politik aus Geschichten gemacht wird
2020, 168 S.,
Broschur, 190 x 120 mm, dt.
ISBN 978-3-86962-499-0

STEPHAN RUSS-MOHL (Hrsg.)
Streitlust und Streitkunst.
Diskurs als Essenz der Demokratie
2020, 472 S.,
Broschur, 190 x 120 mm, dt.
ISBN 978-3-86962-552-2

STEPHAN RUSS-MOHL /
CHRISTIAN PIETER HOFFMANN (Hrsg.)
Zerreißproben.
Leitmedien, Liberalismus und Liberalität
2021, 256 S.,
Broschur, 190 x 120 mm, dt.
ISBN 978-3-86962-535-5

MARCO BERTOLASO
Rettet die Nachrichten!
Was wir tun müssen, um besser informiert zu sein
2021, 358 S.,
Broschur, 190 x 120 mm, dt.
ISBN 978-3-86962-493-8

ISABELLE BOURGEOIS
Frankreich entschlüsseln.
Missverständnisse und Widersprüche im medialen Diskurs
2023, ca. 270 S., Broschur,
190 x 120 mm, dt.
ISBN 978-3-86962-643-7

TOBIAS ENDLER
Demokratie und Streit.
Der Diskurs der Progressiven in den USA: Vorbild für Deutschland?
2022, 208 S., Broschur,
190 x 120 mm, dt.
ISBN 978-3-86962-645-1

SEBASTIAN TURNER /
STEPHAN RUSS-MOHL (Hrsg.)
Deep Journalism.
Domänenkompetenz als redaktioneller Erfolgsfaktor
2023, Broschur, 190 x 120 mm, dt.
ISBN 978-3-86962-660-4

HERBERT VON HALEM VERLAG

Boisseréestr. 9-11 · 50674 Köln
http://www.halem-verlag.de
info@halem-verlag.de

Schriften zur Rettung des öffentlichen Diskurses

STEPHAN RUSS-MOHL /
CHRISTIAN PIETER HOFFMANN (Hrsg.)

Zerreißproben.
Leitmedien, Liberalismus und Liberalität

Schriften zur Rettung des öffentlichen Diskurses, 4
2021, 256 S., Broschur, 190 x 120 mm, dt.

ISBN (Print)   978-3-86962-535-5
ISBN (PDF)   978-3-86962-538-6
ISBN (ePub)   978-3-86962-532-4

Liberale Werte werden öffentlich gefeiert – und vehement bekämpft. Die öffentliche Debatte ist bunter denn je – und bedroht durch Intoleranz und Diskursverweigerung. Wie steht es also um Liberalismus und Liberalität im öffentlichen Diskurs? Sie stehen unter Druck und sind Zerreißproben unterworfen: Neoliberalismus, Identitätspolitik, Corona-Krise. Im Mittelpunkt dieser Zerreißproben stehen immer wieder die Medien. Doch was wissen wir über das Verhältnis von Leitmedien, Liberalismus und Liberalität? Wie wird über liberale Anliegen oder Parteien berichtet? Wie sehen und empfinden Journalisten ihr Verhältnis zum Liberalismus – und die Liberalität des Berufsfelds?

Die Autoren dieses Bandes erkunden Antworten auf diese Fragen.

HERBERT VON HALEM VERLAG

Boisseréestr. 9-11 · 50674 Köln
http://www.halem-verlag.de
info@halem-verlag.de

Schriften zur Rettung des öffentlichen Diskurses

STEPHAN RUSS-MOHL (Hrsg.)

**Streitlust und Streitkunst.
Diskurs als Essenz der
Demokratie**

*Schriften zur Rettung des öffentlichen
Diskurses, 3*
2020, 472 S., Broschur, 190 x 120 mm, dt.

ISBN (Print)   978-3-86962-552-2
ISBN (PDF)   978-3-86962-553-9
ISBN (ePub)   978-3-86962-555-3

Zuletzt die Corona-Pandemie, davor die Klimakatastrophe und die Migrationskrise – die öffentliche Diskussion polarisiert sich, sie wird schriller und der Umgangston rauer, ja oftmals unerträglich. Auf der Strecke bleiben Streitlust, Streitkunst und Diskurse, die in der Tradition der Aufklärung nach tragfähigen politischen Kompromissen in unseren Demokratien suchen.

Im vorliegenden Band leuchten Experten und Querdenker am Beispiel verschiedener Themenfelder aus, ob und inwieweit es in der Aufmerksamkeitsökonomie und als Folge der Digitalisierung Diskursversagen gibt. Welche Schäden entstehen dadurch dem Gemeinwesen? Und was lässt sich tun, um zivilgesellschaftliche Diskurse als Ringen um Problemlösungen wiederzubeleben?

Der Reader ist als Einführungsband in die *Schriften zur Rettung des öffentlichen Diskurses* konzipiert.

HERBERT VON HALEM VERLAG

Boisseréestr. 9-11 · 50674 Köln
http://www.halem-verlag.de
info@halem-verlag.de

Journalismus

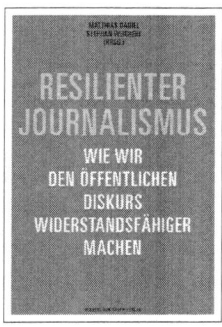

MATTHIAS DANIEL / STEPHAN WEICHERT
(Hrsg.)

**Resilienter Journalismus.
Wie wir den öffentlichen Diskurs
widerstandsfähiger machen**

2022, 344 S., 6 Abb., Broschur,
213 x 142 mm, dt.

ISBN (Print)   978-3-86962-630-7
ISBN (PDF)   978-3-86962-631-4
ISBN (ePub)   978-3-86962-632-1

In den jüngsten Krisenzeiten ziehen sich viele Menschen – gestresst von ihrer Mediennutzung – aus dem öffentlichen Diskurs zurück.

Hier soll dieses Buch abhelfen. Trotz Medienkritik ist es konstruktiv angelegt, macht sich mit 40 klugen Positionen für einen widerstandsfähigen Journalismus stark und reflektiert dessen Potenziale und Probleme. Es geht um journalistisches Engagement gegen die Klimakrise, neue Spielarten des Lokaljournalismus, den Dialog mit dem Publikum und mehr. Die Beiträger sind Medienprofis, journalistische Gründer, Nachwuchstalente, Autodidakten, Wissenschaftler und Führungskräfte.

Dieses Buch richtet sich an alle Medienschaffenden und -nutzer, die sich fragen, wie wir den Journalismus – und mit ihm den öffentlichen Diskurs – robuster, resilienter machen können.

HERBERT VON HALEM VERLAG

Boisseréestr. 9-11 · 50674 Köln
http://www.halem-verlag.de
info@halem-verlag.de

MENSCHEN MACHEN MEDIEN

Probeheft und Abonnement:
service@verlag-weinmann.com
https://mmm.verdi.de/mediadaten

**DAS MEDIENPOLITISCHE VER.DI-MAGAZIN
ONLINE UND ALS THEMENHEFT**

„M MENSCHEN MACHEN MEDIEN"
ist die medienpolitische Publikation der
Vereinigten Dienstleistungsgewerkschaft ver.di.

Informativ, kritisch, analytisch richtet sich M an alle in
der Medienbranche Tätigen und an Studentinnen und
Studenten der verschiedenen Kommunikationsrichtungen.

M Online wartet täglich mit neuen Meldungen, Berichten
und Meinungsbeiträgen auf!
https://mmm.verdi.de
Zweimal monatlich erscheint der M Online Newsletter mit
den neuesten Artikeln. Abonnieren lohnt sich!

M Print kommt viermal im Jahr mit einem Heft heraus,
das ein Thema hintergründig, analytisch und im Überblick
darstellt. Auflage 50 000 Exemplare.
Das Jahresabo kostet 36 Euro. Ausgaben können auch
einzeln für 9 Euro erworben werden.

Für Mitglieder der ver.di-Medien-Fachgruppen ist der
ABO-Preis im Mitgliedsbeitrag enthalten.